佛冈县革命老区发展史

佛冈县革命老区发展史编委会　编

SPM 南方出版传媒　广东人民出版社
·广州·

图书在版编目（CIP）数据

佛冈县革命老区发展史 / 佛冈县革命老区发展史编委会编. —广州：
广东人民出版社，2020.10
（全国革命老区县发展史丛书·广东卷）
ISBN 978-7-218-14504-4

Ⅰ.①佛… Ⅱ.①佛… Ⅲ.①佛冈县—地方史　Ⅳ.①K296.54

中国版本图书馆CIP数据核字（2020）第188732号

FOGANG XIAN GEMING LAOQU FAZHANSHI

佛冈县革命老区发展史

佛冈县革命老区发展史编委会　编　　　　　　　　　

出　版　人：肖风华

责任编辑：王智欣
装帧设计：张力平等
责任技编：吴彦斌　周星奎

出版发行：广东人民出版社
地　　址：广州市海珠区新港西路204号2号楼（邮政编码：510300）
电　　话：（020）85716809（总编室）
传　　真：（020）85716872
网　　址：http://www.gdpph.com
印　　刷：广州市浩诚印刷有限公司
排　　版：广州市友间文化传播有限公司
开　　本：715mm×995mm　1/16
印　　张：24.75　插　页：8　字　数：318千
版　　次：2020年10月第1版
印　　次：2020年10月第1次印刷
定　　价：95.00元

如发现印装质量问题，影响阅读，请与出版社（020-85716849）联系调换。
售书热线：（020）85716826

微信扫描二维码 ◀◀◀
您立即获得本书主要内容/
丛书介绍。

广东省编纂《革命老区县发展史》丛书
指导小组

组　长：陈开枝（广东省老区建设促进会会长）

副组长：林华景（广东省老区建设促进会常务副会长）

宋宗约（广东省农业农村厅二级巡视员、广东省老
区建设促进会副会长）

刘文炎（广东省老区建设促进会副会长）

郑木胜（广东省老区建设促进会副会长）

姚泽源（广东省老区建设促进会副会长兼秘书长）

谭世勋（广东省老区建设促进会副会长）

廖纪坤（广东省农业农村厅总经济师）

办公室

主　任：姚泽源（兼）

副主任：韦　浩（广东省农业农村厅扶贫协作与老区建设处
处长）

柯绍华（广东省老区建设促进会副秘书长）

伍依丽（广东省老区建设促进会副秘书长）

微信扫描二维码 ◀◀◀
您立即获得本书作者的
相关资料。

《佛冈县革命老区发展史》编纂委员会

在举国欢庆新中国成立 70 周年前夕，中国老区建设促进会王健会长请我为《全国革命老区县发展史》丛书作序，作为一名在老区战斗过并得到老区人民生死相助的老兵，回首往事，心潮澎湃，感慨万千，深感义不容辞，欣然应允。

中国革命老区，是以毛泽东为代表的中国共产党人在领导人民推翻帝国主义、封建主义和官僚资本主义三座大山，争取民族独立和人民解放伟大斗争中建立的革命根据地，在这片红色的土地上，诞生了无数可歌可泣的革命英雄儿女，为后人树起了一座不朽的丰碑，她是新中国的摇篮，是党和军队的根。

在艰苦卓绝的战争年代，老区人民把自己的命运与中华民族的命运紧紧地联系在一起，与中国共产党和人民军队的命运紧紧地联系在一起，他们生死相依，患难与共。我曾亲历过战争年代，并得到过老区红哥红嫂的救助，切身感受到发生在身边的一幕幕撼天动地的革命故事，在那极其艰难的条件下，老区人民倾其所有、破家支前，不怕艰难困苦，不怕流血牺牲。"最后一碗米送去做军粮，最后一尺布送去做军装，最后一件老棉袄盖在担架上，最后一个亲骨肉送去上战场"，这是当时伟大的老区人民为建立新中国做出巨大牺牲的真实写照，它将永远镌刻在中国共产党、中国人民解放军、中华人民共和国的历史丰碑上。他们的光辉业绩永载史册，他们的革命精神必将影响一代又一代的革命新人，造就一代又一代的民族脊梁。

在社会主义革命和建设时期，革命老区和老区人民响应党的号召，面对落后的面貌、脆弱的经济、恶劣的生态环境，他们本色不变，精神不丢，自力更生，艰苦奋斗，干一行爱一行。始终坚持"革命理想高于天"，自觉做共产主义远大理想的坚定信仰者和忠实实践者，勇于向恶劣的自然环境和贫穷落后宣战，他们在各条战线上为国建功立业，用平凡的双手创造了一个又一个不平凡的奇迹，彰显了老区人的崇高精神和人格力量。

在改革开放的伟大进程中，老区人民解放思想，勇于创新，发奋图强，攻坚克难，老区的经济社会建设取得了辉煌成就。特别是在改变中国的面貌、中华民族的面貌、中国人民的面貌、中国共产党的面貌的伟大实践中发挥了至关重要的作用。老区人民既是改革开放的参与者，也是改革开放的推动者。

艰苦练意志，危难见精神。老区人民在近百年的革命战争、社会主义建设和改革开放的伟大实践中，孕育形成了伟大的老区精神：爱党信党、坚定不移的理想信念；舍生忘死、无私奉献的博大胸怀；不屈不挠、敢于胜利的英雄气概；自强不息、艰苦奋斗的顽强斗志；求真务实、开拓创新的科学态度；鱼水情深、生死相依的光荣传统。这是党和人民宝贵的精神财富、丰厚的政治资源，是凝心聚力、振奋民族精神的重要法宝，也是社会主义核心价值观的重要内容。

中国老区建设促进会怀着强烈的政治责任感和历史使命感，组织全国各地老促会人员克服困难，尽心竭力编纂《全国革命老区县发展史》丛书，记录老区的光辉历史和辉煌成就，传承红色基因，弘扬老区精神，是功在当代、利及千秋的一件大事。手捧这部丛书的部分书稿，读着书中的故事，倍感亲切，深感这部丛书具有资政、育人、存史的社会功能，有着重要的时代和历史价值。它是不忘初心、牢记使命的源头活水，是赞颂共产党、讴歌老区人民的一部精品力作，是弘扬老区精神、传承红色记忆的丰厚载体，是一项继承优秀传统文化、弘扬革命文化、发展社会主义先进文化，坚定"四个自信"的宏大文化工程。它必将成为一种文化品牌，为各界人士了解老区宣传老区支持老区提供一部有价值的研究史料。希望读者朋友们能从中了解并牢记这些为党和民族的利益不断奉献的老区人民，从中得到教益，汲取人生奋斗的精神动力。

新时代赋予新使命，新起点开启新征程。让我们更加紧密地团结在以习近平同志为核心的党中央周围，坚持以习近平新时代中国特色社会主义思想为指导，增强"四个意识"，坚定"四个自信"，做到"两个维护"，弘扬老区精神，铭记苦难辉煌。为实现"两个一百年"奋斗目标，实现中华民族伟大复兴的中国梦作出新的更大的贡献！

迟浩田

2019 年 4 月 11 日

　　2017 年 6 月，中国老区建设促进会组织全国各地老促会启动编纂《全国革命老区县发展史》丛书，按照"建立中国共产党、成立中华人民共和国、推进改革开放和中国特色社会主义事业"三大里程碑的历史脉络，系统书写革命老区百年历史，深入挖掘革命老区红色文化资源，这对于充实丰富中国革命史籍宝库、在新时代传承红色基因、弘扬革命精神、强固根本，对于激励人们在新的历史条件下夺取中国特色社会主义伟大胜利，实现中华民族伟大复兴的中国梦具有重要意义。

　　丛书编纂以习近平新时代中国特色社会主义思想为指导，以《中国共产党历史》《中国共产党的九十年》等重要文献为基本依据，以党的领导为核心，以老区人民为主体，以老区发展为主线，体现历史进程特征，突出时代发展特色，坚持辩证唯物主义和历史唯物主义相统一、历史真实性与内容可读性相统一的原则，书写革命老区从站起来、富起来到强起来的光辉革命史、不懈奋斗史、辉煌成就史，把老区人民的伟大贡献、伟大创造、伟大成就、伟大精神充分展示出来，形成一部具有厚重历史特征和鲜明时代特色的精品力作。这是一部培根铸魂、守正创新，既为历史立言，又为时代服务，字里行间流淌着红色血脉、催生着革命激情的传世之作。丛书的编纂出版将成为讴歌党讴歌人民讴歌时代、传播红色文化、为革命老区和老区人民树碑立传的重要载体。

丛书按照编年体与纪事本末体相结合、以编年体为主的编写体例确定框架结构；运用时经事纬、点面结合的方式记述史实；坚持人事结合、以事带人的原则处理人与事的关系；采取夹叙夹议、叙论结合以叙为主的方法展开内容。做到了史料与史论、历史与现实、政治与学术统一，文献性、学术性、知识性相兼容。

为编纂好《全国革命老区县发展史》丛书，打造红色文化品牌，中国老区建设促进会认真组织积极协调，提出政治立场鲜明、史料真实准确、思想论述深刻、历史维度厚重、时代特色突出、编写体例规范、篇目布局合理、审读把关严格、出版制作精良的编纂出版总要求，力求达到革命史籍精品的精神高度、思想深度、知识广度、语言力度，增强丛书的权威性和社会影响力。各省（区、市）、市（州、盟）、县（市、区、旗）老促会的同志，以强烈的使命感、责任感和紧迫感，勇于担当，积极作为，认真实施，组织由老促会成员、专家学者等参加的十余万人编纂队伍。编纂工作主体责任在县，省、市组织协调、有力指导、审读把关。各方面人员以高度负责的精神和科学严谨的态度，满腔热情地投入工作，为丛书编纂出版做出了重要贡献。丛书编纂工作还得到了党和国家有关部委、地方各级党委政府及有关部门的大力支持和积极参与，社会各界也给予了热情帮助。中共中央政治局原委员、中央军委原副主席、原国务委员兼国防部长迟浩田上将，对老区人民怀有深厚感情，对革命老区建设发展十分关注，欣然为《全国革命老区县发展史》丛书作总序。

丛书由总册和1599部分册（每个革命老区县编纂1部分册）组成，共1600册。鉴于丛书所记述的史实内容多、时间跨度长和编纂时间紧，不妥之处，敬请批评指正。

中国老区建设促进会

中共湛江区工委、中共湛从区工委旧址（原汤塘中学，现汤塘濂溪书院）（朱家佑 2017 年摄）

位于水头镇石潭村的中共天西乡支部旧址——廖氏宗祠（朱家佑 2017 年摄）

位于高岗镇宝山村的东纵北江支队司令部旧址——钟氏宗祠（李协湖 2017 年摄）

位于水头镇王田村的中共佛冈特支、中共佛冈区委、中共佛冈县委旧址——邹华衍烈士故居（朱家佑 2017 年摄）

位于汤塘镇官山村的中共潖从区工委、中共潖江县工委旧址——人民之声官山希望小学（佛冈县史志办公室供稿，2012 年摄）

位于迳头镇青竹村的思源亭（佛冈县史志办公室供稿，2012 年摄）

石角东二革命烈士纪念碑
（佛冈县史志办公室供稿，
2012 年摄）

佛冈县革命烈士陵园（钟榕斌 2017 年摄）

位于水头镇王田村的纪念邹华衍烈士的华衍亭（朱家佑 2017 年摄）

位于高岗镇高镇村的挂牌径大捷纪念碑（佛冈县史志办公室供稿，2012 年摄）

石角镇黄花中华里老区村（朱家佑 2017 年摄）

石角镇三莲村麦坝自然村（朱家佑 2017 年摄）

迳头镇楼下村百亩荷花盛开（黄超贤 2016 年摄）

位于水头镇莲瑶村的碧桂园清泉城（黄超贤 2016 年摄）

位于佛冈县汤塘镇的加多宝浓缩液生产基地（黄超贤 2017 年摄）

位于石角镇的松峰机械厂（黄超贤 2017 年摄）

位于石角镇的科惠白井（佛冈）电路有限公司（黄超贤 2017 年摄）

广东顺意佳纺织服装有限公司（黄超贤 2017 年摄）

汤塘镇四九村荔枝丰收（佛冈县新闻信息中心供稿，2016 年摄）

迳头镇湖洋村玉米丰收（迳头镇党政办供稿，2016年摄）

佛山市南海区对口帮扶的汤塘镇江坳村粉葛种植项目（黄超贤2016年摄）

汤塘镇围镇村槟榔香芋种植基地（黄超贤2016年摄）

石角镇三八村花水潭自然村的五丰园蔬菜智能水培种植示范基地（佛冈县现代农业办公室供稿，2017年摄）

高岗镇发展"订单农业"，打造无公害绿色蔬菜基地，村民正在基地管理瓜果（程浩2016年摄）

高岗镇宝山村竹头下自然村的百香果园（佛冈县史志办公室供稿，2016年摄）

水头镇果农把采摘的鹰嘴桃分拣装箱（黄超贤2016年摄）

迳头镇青竹老区盘山公路（朱家佑2017年摄）

石角镇观山村放牛洞水库（李协湖2016年摄）

迳头镇楼下村官塅围村前公园（黄超贤 2016 年摄）

水头镇王田村王田公园（黄超贤 2016 年摄）

迳头镇楼下村田心公园（佛冈县林业局供稿，2016 年摄）

石角镇三莲村坑尾公园（佛冈县农业局供稿，2016年摄）

2003年，省老促会副会长何振才（前右三）、朱小仲（前右一）和理事黄渡江等到佛冈县迳头镇青竹小学视察（佛冈县老促会供稿）

2011 年 11 月，佛冈县老促会召开佛冈县 2011 年度革命烈士后裔助学金发放会议（佛冈县老促会供稿）

2012 年，省老促会第一副会长萧耀棠（前中）、市老促会会长赵伯杰（前左）到佛冈县老区调研。图为省、市老促会领导视察汤塘镇黄渠成纪念小学思源室（佛冈县老促会供稿）

2016 年，省老促会会长陈开枝（前左）、市老促会会长赵伯杰到佛冈县汤塘镇菱塘村开展老区调研工作（佛冈县老促会供稿）

精挑细选砂糖橘（佛冈县新闻信息中心供稿）

2016 年 10 月 16 日，"HUGO CACA 杯" 2016 广东省（清远·佛冈站）山地自行车公开赛在田野绿世界举行（黄超贤摄）

佛冈县石角镇森波拉森林公园（黄超贤摄）

2017 年，石角镇观音山王山寺风景区全貌（佛冈县史志办公室供稿）

佛冈县人民中心广场（宋抗壹摄）

佛冈民俗——高岗镇社岗下村狂欢豆腐节（黄超贤摄）

佛冈民俗——迳头镇舞鸡公狮（范桂玉摄）

迳头镇楼下村丰业葡萄园（迳头镇党政办供稿）

高岗镇的佛冈县海胜种养殖业专业合作社的火龙果产业园（高岗镇供稿）

石角镇石铺村水稻丰产区（石角镇供稿）

2010 年 11 月 22 日，汤塘镇石门村农网改造施工现场作业人员正在进行紧张施工，争取尽快为农村用户提供优质供电服务（黄灵辉摄）

2011 年 12 月 27 日，汤塘镇竹山村粉葛专业合作社在当地收购粉葛现场（佛冈县科农局供稿）

2012 年 8 月 8 日，全面健身活动大展演（佛冈县文广新局供稿）

2012 年 12 月 26 日，国道 G106 线清远段（佛冈南）路面改造工程动工仪式在佛冈县举办（佛冈县公路局供稿）

位于汤塘镇的国珠集团拥有全自动数控高精确度生产设备，2011 年实现工业产值 2 亿元（汤塘镇供稿，2012 年摄）

位于汤塘镇的清远市广生元畜牧发展有限公司的蛋鸡场工作人员在捡鸡蛋（黄超贤摄）

位于石角镇龙南片区的田野绿世界（佛冈县新农村管委会供稿，2015年摄）

汤塘镇田心村的乡村公园（佛冈县科农局供稿，2015年摄）

佛冈中学（佛冈县教育局供稿，2015 年摄）

佛冈中学体育场，下午放学后（佛冈中学供稿，2015 年摄）

迳头中心小学（迳头镇供稿，2015年摄）

老区水头镇潭洞庵仔新村（水头镇供稿，2015年摄）

微信扫描二维码
您立即开展本书的
延伸阅读。

佛冈县位于广东省中部，是一个具有光荣革命斗争历史的山区县。早在20世纪初的大革命时期，许多佛冈籍进步青年探索救国救民的真理，投身革命事业。在抗日战争和解放战争时期，佛冈（潖江）人民在中国共产党的领导下，开展武装斗争，建立人民政权，英勇抗击日本侵略者和打击国民党反动武装。在革命战争年代，这里的人民在艰苦峥嵘的斗争岁月里，经受了血与火的严峻考验，取得了一个个的辉煌胜利，谱写出一曲曲的战斗凯歌，并创建了300多个革命老区村，涌现了200多名为民族独立和人民解放事业而光荣献身的革命烈士。宋华、邹华衍、冯光、黄渠成等革命先烈用热血和生命谱写出无数可歌可泣的故事，为世人留下极其宝贵的精神财富，在全社会和人们心中树起一座座红色丰碑，值得我们永远追忆、铭记和传承。

中华人民共和国成立后，佛冈老区人民保持和发扬革命传统，在巩固人民政权、发展生产、改善生产生活条件等方面团结奋斗，攻坚克难，不断前进。改革开放后，人民群众更加意气风发，锐意创新，推动经济社会加快发展。进入21世纪以来，佛冈县委、县政府全面深化改革，创新体制机制，统筹推进"五位一体"总体布局，坚持共享发展，着力加快重大基础设施建设，有序开发优势资源，培育壮大特色产业，保护生态环境，推进民生改善，促进转移就业，实施精准扶贫。在经济建设、政治建设、社会建设、文化建设和生态文明建设中取得更加显著的成绩，革命老区的经济社会、基础设施和精神文明建设发生根本性的变化，为推动老区向富裕、文明、和谐方向发展奠定了坚实的物质基础和思想基础。无论是革命战争年代还是社会主义建设和改革开放时期，老区人民为党和人民的事业作出了重大的贡献，老区的光辉历史和优良传统是宝贵的精神财富和丰厚的政治资源。

《佛冈县革命老区发展史》按中国老区建设促进会和广东省老区建设促进会的统一部署编纂的规范要求，结合县内实际情况安排篇目，除前言、附录和后记外，分为5章16节，节下设目（部分设分目）。入史数据主要以统计部门公布的数据为准，史实主要以县内党史、地方志典籍为准，系统地记述从土地革命时期起至2017年，佛冈（滠江）人民在中国共产党的领导下，开展武装斗争、创建革命老区和进行社会主义建设的发展历史。全书体例完整，内容丰富，图文并茂，共约34万字。

本书的编纂出版，为佛冈县革命老区提供了一部真实、全面的历史资料，并且是落实习近平总书记在中共十九大报告中提出的"不忘初心、牢记使命""传承红色基因"的具体行动。同时，本书在迎接中国共产党建党100周年之际出版，更具有重要意义。它不仅有助于我们加深对佛冈县革命老区发展历史的了解、对老区人民为中国革命的胜利和社会主义建设所作出的重要贡献的认识，而且有助于我们在习近平新时代中国特色社会主义思想和党的十九大精神的指引下，树牢"四个意识"，坚定"四个自信"，做到"两个维护"，为实现"两个一百年"奋斗目标、实现中华民族伟大复兴的中国梦而努力奋斗。

《佛冈县革命老区发展史》编纂委员会
2019 年 8 月

1

第一章

区域和革命老区概况

第一节 基本情况

　　佛冈县位于广东省中部，珠江三角洲的北部边缘，是最靠近珠江三角洲的山区县之一。东与韶关市新丰县、广州市从化区接壤，南与广州市从化区、清远市清城区交界，西与清远市清城区、英德市毗邻，北与英德市相连。介于东经113°17′28″～113°47′42″、北纬23°39′57″～24°07′15″之间。县境东西长50.92千米，南北宽50.35千米，全县行政区域范围总面积（据县统计局公布的2010年国土勘测面积）为1295.17平方千米。2017年，全县设高岗、迳头、水头、石角、汤塘、龙山6个镇，78个行政村，12个社区，有1个省级自然保护区和1个国有林场。县政府驻石角镇。县境内有京港澳高速公路、国道106线和省道354线、252线、292线（即英佛公路）通过，县道和乡村公路遍布县内各地。2017年末，全县户籍人口34.98万人，其中非农业人口12.61万人。

一、建制沿革

　　佛冈地域古代分属中宿（清远）、浈阳（英德），有"囊钥三州（广州、韶州、惠州）"之称。

　　清雍正九年（1731）在大埔坪（今石角镇府城附近）设捕盗同知署，辖清远、英德、从化、花县（今广州市花都区）、长宁（今韶关市新丰县）、广宁6个县捕务。

清嘉庆十八年（1813），划出清远县吉河乡（今水头镇、石角镇）和英德县6个乡，即白石乡、迳头乡（均在今迳头镇内）、独石乡、观音乡、高台乡、虎山乡（均在今高岗镇内），建立佛冈直隶军民厅，简称佛冈厅，成为国家行政区划的地方建制。

1914年6月3日，撤厅改县，称佛冈县。1949年10月12日，佛冈县全境解放，隶属北江人民临时行政委员会（后改称北江专员公署）。

1952年4月13日，佛冈县与从化县合署办公，佛冈只设办事处。同年10月，分县办公，恢复佛冈县，属粤北行政公署辖。1953年2月，清远县第七区（即今汤塘镇）划归佛冈县辖，列为佛冈县第四区。1958年7月，清远县龙山乡（即龙山镇）划归佛冈县辖，列为佛冈县龙山乡。同年10月23日，佛冈县并入从化县，属韶关专署辖。1959年1月，从化县属佛山专署辖，1960年4月11日，属广州市辖。1961年5月4日，原佛冈县辖区由从化县分出，恢复佛冈县建制。1963年6月15日，佛冈县划归韶关专区辖。1983年7月16日，佛冈县划归广州市辖。1988年1月，清远市成立，佛冈县划归清远市辖。

二、地理气候

地形　佛冈地势自东北向西南起伏下降，地形大体可划分为山地、丘陵、平原三种，比例为7∶2∶1。在东南和西北部有较多中等高度山脉分布，多为东北向西南走向。西北部的观音山山脉是全县主要山脉，在西北边境的亚婆髻海拔1218.8米，是全县最高峰。全县600米以上的山岭有观音山（海拔1218.8米）、通天蜡烛（海拔1047米）、独凰山（海拔828.1米）、羊子栋（海拔804米）、羊角山（海拔675.6米）、黄花石寨（海拔660米）等10多座。佛冈县各地地势为：北部地区海拔一般为200～250米；

中部地区海拔为150～180米；南部地区海拔在100米左右。县内两大山脉形成两道天然屏障，第一道屏障东起青牛塘，西止七星墩，形成一条自东向西走向的山脉。第二道屏障由观音山与东面的独凰山形成，以北的地势向北偏东倾斜，以南的地势向南偏西倾斜。由山脉形成的两道屏障，把佛冈分成北、中、南三个自然区。北部为高丘陵区，包括高岗、迳头两个镇，约占全县总面积28.8%；中部为中丘陵区，包括水头、石角两个镇，约占全县总面积41.2%；南部为低丘陵平原区，包括汤塘、龙山两个镇，约占全县总面积30%。

河流 河流主要有潖江及烟岭河。潖江发源于水头镇上潭洞通天蜡烛，向南流经水头、石角、汤塘、龙山等地后汇入北江。潖江流域支流众多，有潖二水、四九水、龙南水，其在县内流域面积为903平方千米，河段长超过69千米，属北江水系中的一级支流，也是佛冈县的主要河流。烟岭河发源于高岗镇礼溪羊子栋主峰（观音山），为滃江支流，汇合高岗和迳头诸水而成，流向东北方进入英德市境内。烟岭河流域支流主要是大陂水。烟岭河

滃江支流烟岭河（朱家佑2016年摄）

在县内集雨面积361平方千米，河段长32千米。

气候　佛冈县地处北亚热带和中亚热带过渡区，气候湿润，具有温暖多雨、光热充足、温差较小、夏季长、霜期短等气候特征。由于水热同期，极利于作物的生长，但自然灾害威胁也较大。佛冈光热资源充足，近20年年平均日照时数为1676.9小时，年平均气温为21.3℃，日平均气温都在0℃以上；极端最高气温39.8℃，极端最低气温-1.1℃，无霜期356天。雨量充沛，年降雨量为2114毫米，雨季（4—9月）降雨量占全年的80%。佛冈背山，面朝珠江口，因受地形影响，降雨多，是广东三个暴雨中心之一。雷暴活动频繁，年均雷暴日达77.7天。冬夏季风的交替是佛冈季风气候突出的特征。冬季偏北风因极地大陆气团向南伸展而形成，寒冷干燥；夏季偏南风因热带海洋气团向北扩张而形成，温暖潮湿。

三、资源物产

矿产资源　佛冈县已探明的矿产资源有铅锌矿、褐铁矿、萤石矿、石英矿和花岗岩等，其中铅锌矿储量95.52万吨、褐铁矿储量259.83万吨、萤石矿储量25.57万吨、石灰岩储量192.47万吨、霞石正长岩储量313.63万吨、瓷砂储量255.09万吨、花岗岩储量1830.24万立方米、石英矿储量1688.46万吨。

植物资源　植物资源有桉、松、杉、樟、桐、黄檀，还有桫椤、观光木、白桂木、吊皮锥和红椿等珍贵植物，以及砂仁、巴戟、栀子、金银花、蔓荆子、土茯苓、杜鹃花、黄姜等药材资源。常见乔木植物树种有马尾松、湿地松、杉树、黎蒴、木荷、鸭脚木、小叶榕、大叶榕等；经济林树种有砂糖橘、橙、荔枝、龙眼、贡柑、板栗、菠萝、青梅、李等；灌木有黄牛木、桃金娘、岗松、马樱丹、野牡丹、酸藤子、了哥王等；草本有芒萁、芒草、狗尾草、鸭嘴草等。

野生动物资源　野生动物资源有黄猄、山猪、果子狸、穿山甲、雉鸡、白鹇和龟类、蛇类、鸟类等。常见蛇类有眼镜蛇、榕蛇、过山风等。至2017年底，观音山省级自然保护区调查考察报告记录有野生动物164种，其中鸟类106种、哺乳类25种、两栖类11种、爬行类22种。在野生动物中，国家一级保护动物有云豹和蟒蛇2种；国家二级保护动物有穿山甲、小爪水獭、斑林狸、大灵猫等14种。

土地资源　全县土地资源总面积（据县统计局公布2010年国土勘测面积）为129516.96公顷。按土地利用现状分类标准，全县土地包括一级类地12个，二级类地43个。在一级类地中，耕地为11726.37公顷，占总面积的9.1%；园地为16287.64公顷，占总面积的12.6%；林地为87508.85公顷，占总面积的67.6%；草地为450.58公顷，占总面积的0.3%；镇村及工矿用地为6074.73公顷，占总面积的4.7%；交通运输用地为1409.75公顷，占总面积的1.1%；水域及水利设施用地为4753.71公顷，占总面积的3.7%；其他土地为1305.33公顷，占总面积的1%。

旅游资源　佛冈县地形以低山丘陵为主，属亚热带湿润季风气候，森林覆盖率较高，湖泊水库星罗棋布，自然风景优美，拥有丰富的地热温泉资源，适宜发展休闲度假旅游。2017年，县内自然风景区及旅游景区（点）共17个。自然风景区有省级自然保护区观音山、省级森林公园羊角山、通天蜡烛、中国历史文化名村上岳古村落、国家AAAA级旅游景区聚龙湾温泉度假村和森波拉度假森林。旅游景区（点）有黄花湖温泉度假区、金龟泉生态度假村、长盛养生谷基地、鹤鸣洲樱花度假村、勤天熹乐谷温泉酒店、田野绿世界、观音山王山寺、篁胜国际温泉酒店等。乡村旅游景区有快乐无忧生态园、荷花小镇、碧桂园清泉城、洛洞乡

篁胜国际温泉酒店（佛冈县史志办公室供稿，2017年摄）

村旅游区、龙潭小寨、小梅蔬果采摘区、官坝围等。农家乐有60家，其中餐饮、住宿与农事体验相结合的有10家。佛冈县开发通达县内南、中、北部的多条旅游线路。县内特色民俗主要有高岗豆腐节、汤塘舞被狮、四九舞鲤鱼灯等。特色美食有农家醋（俗称臭屁醋）、芋头蒸鹅、葱油白切鸡、客家脆肉、客家酿豆腐、乡村竹拉肠、蒸酿粉葛等。

四、人文历史

历史文物 佛冈地域在新石器时代就有人类活动，历史悠久，积累深厚的历史文化底蕴，留有大量的历史文物古迹。至2017年底，全县出土和收集的各个历史时期珍贵的文物829件（套），其中西周时期的青铜铙为国家一级文物；战国青铜剑2把，一把为国家二级文物，另一把为国家三级文物。全县不可移动文物127处，其中省级重点文物保护单位有水头东坑黄氏宗祠、龙山上岳村古建筑群2处，县级重点文物保护单位有清献崔公祠、三爱亭、上岳古围村和龙岗市古街4处。佛冈县有革命史迹55处，其中县级革命史迹保护单位13处。

古村落和古建筑 清代佛冈建厅时自然村落有450个，民国末年增至830个（含汤塘、龙山地域）。这些古村落建筑主要划分为广府民居和客家民居两大类。龙山镇上岳古村被命名为中国历史文化名村，汤塘镇汤塘村、高岗镇新联村（社岗下村）被评为广东省古村落。县内有特色的古建筑物有清献崔公祠、三德园、君庐、吉河大庙、司马第等。佛冈境内历史上有佛教、道教、基督教和天主教等宗教传播，有寺院及庙宇30多座。这些寺庙至今已大部分不存，小部分经重修重建后，成为人们祭祀祈福之所，其中观音山王山寺、水头龙牙寺、吉河大庙等已重新修建，迳头楼下福音堂修建后成为县内唯一的基督教堂。

文化典籍 佛冈设厅建县有200余年历史，《佛冈厅志》《佛冈县志》为地方志书的历史文献。历史上很多村落组织修编族谱，记载族人各支系繁衍发展情况，县内有清代起编修的《两岳朱家族谱》《英德大陂郑氏族谱》《开佛公族谱》《浛江刘氏族谱》《黄氏族谱》等族谱数十部。

历史名人 佛冈历代名人辈出，先后有南宋年间的大理寺评事朱文焕，明代刑部浙江主事欧阳晖、万历年间举人朱学熙、北城兵马司指挥郑懋中，清代嘉庆年间武进士郑开缙，清代的秀才及贡生有郑玉符、朱翰芬等250多人。民国时期军政界知名人物有朱祺、黄开山、黄祥光、郑景初、李应周等。

传统民俗 佛冈境内有着丰富的传统民俗文化，其中舞被狮、豆腐节被列入广东省非物质文化遗产名录，舞鲤鱼灯、舞春牛、龙南武术、舞鸡公狮、接三王等被列入清远市非物质文化遗产保护名录。舞被狮是汤塘镇围镇村的刘氏家族在长期农耕生活中形成的民俗文化活动。豆腐节是高岗镇社岗下村独特的客家民俗活动，在每年农历正月十三村民集合祠堂上灯举行。舞鲤鱼灯是汤塘镇田心村的民俗活动，每逢春节村民们舞鲤鱼灯以祈求丰衣足食，寓意"年年有余"。此外，水头、石角镇的抢花炮，汤塘镇四九的撞彩门，水头镇王田的舞春牛，石角镇的龙南武术等传统民俗活动，都有各自的起源传说和风俗特色。

节日习俗和传统美食 佛冈的节日习俗和传统美食颇具特色。在节日习俗方面，春节期间，高岗、迳头地区的客家人都要蒸脍肉，酿豆腐。清明时节，佛冈人将桃枝插于门上，采艾做糍，扫墓。在传统美食方面，农家醋、高岗酸水豆腐、水头烧猪肉、浛江猪脚醋、汤塘温泉蛋（用温泉泡熟的鸡蛋）和龙山云吞等美食，都是采用当地原生态原料以传统方式制作的食品。

2011年2月15日，在高岗豆腐狂欢节上制作的特大豆腐，由上海大世界基尼斯总部颁发世界纪录证书（高岗镇党政办供稿）

舞鲤鱼灯（张春兰2016年摄）

革命老区情况

　　佛冈县具有光荣的革命历史，1938年建立中共佛冈地方组织，发动群众开展抗日游击武装斗争，取得抗日武装斗争的辉煌战绩，清远潖江（今潖江大部分地区属佛冈管辖）人民打击日本侵略者的事迹威名远播，传遍大半个广东。抗日战争后期，党领导的抗日武装已建立起南、北两个武装大队（即潖江人民抗日义勇大队和英佛独立第一大队）。解放战争时期，党领导的游击武装斗争更是风起云涌，佛冈、潖江地区两支革命武装队伍迅速发展，人数最多时达千余人。当时这个仅有10多万人口的小县，到解放战争后期已建有中共佛冈县委、中共潖江县委和两支武装团队的建制。这两支武装队伍在中共组织的领导下不断发展壮大，在长期的武装斗争中创建起遍布各地的农村革命根据地，佛冈、潖江的人民群众为掩护、支持党的活动和革命武装斗争作出了不可磨灭的贡献。

　　中华人民共和国成立后，佛冈县分5批开展革命老区申报评划工作，批准革命老区镇7个（高岗、烟岭、迳头、水头、三八、四九、黄花）；批准有抗日战争时期老区的行政村和有解放战争时期老区的行政村共56个（其中有抗日战争时期老区的行政村18个，有解放战争时期老区的行政村38个）；批准抗日战争时期老区自然村和解放战争时期老区自然村共315个（其中抗日战争时期老区村庄107个，解放战争时期老区村庄208个）。在以上老区镇、行政村和自然村中，第一批于1957年由韶关专署批准有抗日战争时期老区的行政村5个、老区自然村38个；第二批于1989年由清远市人民政府批准有抗日战争时期老区的行政村10个、老区自然村54个；第三批于1990年由清远市人民政府批准有抗日战争时期老区的行政村3个、老区自然村15个；第四批于1993年由清远市人民政府批准有解放战争时期老区的行政村38个、老区自然村208个；第五批于1994年由市人民政府批准老区镇7个。

2004年5月、2005年5月先后实行镇和行政村撤并。2004年5月，全县原11个镇撤并为6个镇。在撤并后的6个镇中，革命老区镇3个（高岗、迳头、水头），有革命老区村的镇2个（石角、汤塘）；2005年5月，全县原114个行政村撤并为78个行政村。在撤并后的78个行政村中，有抗日战争时期老区的行政村和有解放战争时期老区的行政村共40个。抗日战争时期老区自然村和解放战争时期老区自然村仍为315个。

按2017年行政区划和人口统计，全县老区总面积732.77平方千米，占全县总面积的56.58%。老区总人口15.37万人，占全县总人口的43.94%。老区村庄在各镇的分布：高岗镇有老区的行政村8个，老区自然村58个；迳头镇有老区的行政村10个，老区自然村64个；水头镇有老区的行政村8个，老区自然村82个；石角镇有老区的行政村5个，老区自然村41个；汤塘镇有老区的行政村9个，老区自然村61个。

一、革命老区镇和有革命老区村的镇

1994年7月，按当年的镇设置，全县有革命老区镇7个，分别是高岗镇、烟岭镇、迳头镇、水头镇、三八镇、四九镇、黄花镇。2004年5月镇域撤并后，全县革命老区镇为3个，分别是高岗镇、迳头镇（含原烟岭镇）、水头镇；有革命老区村的镇2个，分别是石角镇（含原三八镇、黄花镇）、汤塘镇（含原四九镇）。

（一）高岗镇

高岗镇位于佛冈县北部，是位于英德与佛冈交界的一个山区镇，东面与迳头镇山地相接，南面与石角镇三八诚迳相邻，西面是观音山山脉，北面与英德鱼湾镇交界。2017年，全镇总面积为174.03平方千米，下辖8个行政村和1个居民社区，总人口3.31万人。

高岗镇地处全县最大最高的观音山北面，全镇山地面积9300公顷，占总面积约50%以上。由于观音山山脉延伸，村庄农户居住分散。中华人民共和国成立前，这里山高林密、道路崎岖、交通不便、信息闭塞，又是县与县的交界地区，反动统治势力薄弱。以上自然和社会环境特点，为开展游击武装斗争提供了理想的条件。在革命战争年代，高岗人民在共产党的领导下，以革命精神写下一页页光辉的革命历史篇章。

早在大革命时期的1927年，该镇宝结岭村的青年钟伯灵等受英德鱼湾农民革命运动的影响，参加地下党领导的英德鱼湾农民协会（简称"农会"）——犁头会。1931年4月，钟伯灵等10多名犁头会会员前往英德鱼湾参加地下党领导的"鸡麻湖暴动"，加入农民赤卫队。农民赤卫队攻打国民党鱼湾区署，建立红色苏维埃政权。暴动受挫后，这些青年回到村里秘密组织起农会——耕种会。耕种会带领全村群众实行一年多的"二五"减租活动。该村的农会组织的活动，使人们有了新的觉醒，为以后建立红色革命根据地奠定了思想基础。

1945年春，邬强率领的东江纵队（简称"东纵"）北江支队从东江地区北上英（德）佛（冈）边开辟抗日根据地。部队到达英佛边后，司令部机关曾一度设驻在该镇的宝结岭村。部队帮助该村建立民兵中队，北江支队下属部队在该镇的高镇、东坑等观音山一带的山村活动，创建革命根据地。同年6月，宝结岭等根据地的民兵配合北江支队攻打国民党三江区公所，缴获枪支30多支，占据三江粮仓，把1.5万千克

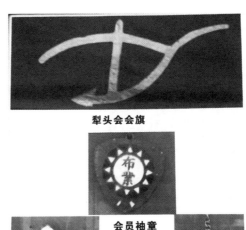

犁头会会旗

会员袖章

会员帽徽　　　　　　奖牌

犁头会会旗、袖章、帽徽、奖牌（高岗镇党政办供稿，2017年摄）

粮食分给群众。同年9月，该镇三江地区创建中共观石乡支部。1946年，在长冈中学建立中共长冈支部。高岗地区的中共组织建立后，一直坚持领导武装斗争直到夺取解放战争的彻底胜利。

解放战争时期，地下党领导的游击武装斗争在高岗镇十分活跃。1947年，在佛冈二区党组织的发动下，观音山地区组建起华山游击中队，中队长由李公安担任，同时在东坑、观音山、冈咀头、社岗下、格田、墩下、路下及宝结岭等村庄，先后建立起8个地方民兵中队。继后，礼溪地区亦举旗暴动，建立礼溪游击中队。各个老区点和游击根据地都建立受共产党游击队领导的基干民兵组织。英翁佛民主先锋大队及后期的粤赣湘边纵队北江第一支队属下的二团、三团、四团和佛冈人民义勇大队等部队，均在该镇驻扎和开展革命活动。地方游击武装中队和各根据地的基干民兵武装配合武装部队，曾在该镇地区多次袭击国民党武装，取

得多次辉煌胜利。1949年5月20日，佛冈游击队和地方武装民兵配合北江第一支队主力连，在该镇黄竹坜地段伏击国民党联防大队，当场击毙英新佛三县联防主任、佛冈县保安营营长范烈光和佛冈县政府军事科科长范秀中（范烈光弟）。同年5月30日，又在该镇挂牌径地段伏击国民党正规军，取得歼敌一个整营的大捷。击毙范烈光和取得挂牌径大捷后，该镇以及整个二区（包括高岗、迳头、烟岭）各乡联防队和地方反动武装纷纷土崩瓦解，整个二区除墩下村和社岗下村等少数村外，于1949年6月获得解放。

中华人民共和国成立后，高岗镇加快建设发展。经过开展社会主义建设特别是改革开放40多年以来的努力，高岗镇基础设施建设、经济建设和社会事业同步发展，全镇呈现出新的面貌。2017年，镇境内有高速公路、国道、省道各1条和县道2条，乡村公路遍布镇境。镇内有观音山自然保护区，全镇建有小型水库3座、水电站9座、自来水厂1间以及高压输变电设施。是年，全镇农业总产值3.08亿元（无规模以上工业总产值）。

（二）迳头镇（含原烟岭镇）

迳头镇（含原烟岭镇）位于佛冈县东北部，东与新丰县遥田镇接壤，南与佛冈县水头镇相连，西通高岗镇，北邻英德白沙镇，距县城26千米。2017年，全镇总面积185.04平方千米，下辖10个行政村和1个居民社区，总人口3.43万人。

1. 原烟岭镇（今迳头镇烟岭片）。

烟岭镇是佛冈县老区镇之一，2004年5月并入迳头镇，当年烟岭镇总面积79.2平方千米，总人口1.4万人。1939年初，在烟岭成立中共佛冈二区支部，5月改为中共佛冈特支，后发展为总支，1939年9月成立中共佛冈二区委员会。1940年，二区党组织发动群众组织起抗日自卫大队，大队长和主力中队长分别由共产党员李泽民、李先士担任。抗日自卫大队在牛栏头、大风坳等地阻击过日军。

1945年春，邬强率领东纵北江支队北上英佛边开辟抗日革命根据地。在此期间，李先士、李奀带领抗日自卫大队的大部分战士参加东纵北江支队，编为北江支队英佛独立大队，李先士任副大队长。北江支队经常到烟岭地区扎营活动，并在该镇课田、井冈等地创建根据地，帮助当地建立起佛冈二区的第一个红色政权——白石乡抗日动员委员会。这个时期，中共佛冈县工委领导机关亦设在该镇的五洞坑边沿的李屋角村（今属英德县辖）。

抗日战争胜利后，1946年6月东纵北撤，组织建立烟岭地区游击中队，由李奀担任中队长。不久，该中队编入佛冈人民救命大队，后来编入北江第一支队（简称"北一支"）一团。在整个解放战争时期，佛冈人民义勇大队、英翁佛人民义勇大队（均隶属广东人民解放军北江先遣支队）和粤赣湘边纵队北江第一支队的二团、三团、四团等部队，经常到烟岭镇的广大农村扎营活动，建立起10多个革命老区和游击根据地。

2. 原迳头镇（今迳头镇迳头片）。

迳头镇是个山区镇，2004年5月烟岭镇并入迳头镇前，该镇总面积106.09平方千米，总人口1.5万人。该镇在中华人民共和国成立前交通不便，山高林密，经济落后。这里的人民虽然遭受"三座大山"的压迫，但勤劳勇敢，富有与天斗、与地斗、与恶势力斗的革命精神。20世纪20年代初，该镇在广州读书的青年学生回到迳头宣传马列主义思想，并发动农民在甲名、湖洋等村组织农会。抗日战争时期，中共地下组织在这里发动进步青年建立青年抗日先锋队（简称"抗先队"），开展抗日救亡活动，并培养建党对象和发展党的组织。1939年9月，在当地建立中共佛冈

迳头镇青竹老区（朱家佑2015年摄）

二区委员会。1943年冬，朱继良到青竹地区发动青年农民，秘密组织地下武装——佛冈人民抗日义勇队，为后来解放战争时期开展武装斗争打下基础。1945年初，建立中共佛冈二区迳头乡支部，发动群众开展武装斗争。1945年春，东纵邬强部队北上英佛边开辟革命根据地，朱继良带领青竹部分抗日武装参加邬强部队。抗日战争胜利后东纵北撤，朱继良与隐蔽下来的人员到迳头和二区秘密活动，开展解放游击武装斗争。这支队伍从小到大，到解放战争后期编为北一支独立一大队。在整个解放战争时期，这支队伍紧密配合北江支队和北一支属下的二团、四团等部队，坚持在迳头、高岗、烟岭一带活动。1949年上半年，北一支司令部设在青洞、中洞等地，在迳头地区部分村庄建立起革命游击根据地。1948年6月，中共佛冈县委在青洞、中洞等地发动群众建立起全县第一个乡级的红色政权——青潭乡人民政府。乡政府遵照党的方针政策开展减租减息、分田分地运动。

中华人民共和国成立后，迳头镇（含原烟岭镇）加快建设发展。经过开展社会主义建设特别是改革开放40多年以来的努力，迳头镇基础设施建设、经济建设和社会事业同步发展，全镇呈现出新的面貌。2017年，镇境内有国道1条和县道2条，乡村公路遍布镇境。全镇建有小型水库3座、水电站12座、自来水厂1间，并建有110千伏变电站1座。是年，全镇工农业总产值15.1亿元。

（三）水头镇

水头镇位于佛冈县东部，距县城10千米，南距广州市120千米。2017年，全镇总面积146.21平方千米，下辖10个行政村和1个居民社区，总人口3.23万人。

抗日战争前期，水头镇王田村赴省城读书的进步青年邹华衍（又名邹北珍）经常在暑、寒假期间回到家乡宣传抗日救亡和传播马列主义，并发动当地进步教师和社会进步青年、店员工人等组织起闹钟剧社。闹钟剧社以演戏的形式，深入乡村进行宣传抗日救亡活动，从中培养发展对象和发展中共地下组织。1938年冬，在水头地区建立佛冈县第一个中共组织——中共天西乡支部。1939年5月，在王田村邹华衍家成立中共佛冈区委员会，同年9月建立中共佛冈县委员会，邹华衍任书记。1940年秋冬，在水头建立中共一区组织。从此，水头的地下党组织发动和带领广大人民群众进行抗日战争。1940年春，日军进犯粤北败退途

水头镇王田村（朱家佑2015年摄）

经水头地区时，遭到中共领导的青年抗日先锋队和抗日武装自卫团、自卫队的袭击。1947年10月，中共水头区委发动群众武装起义，建立游击武装中队。起义后该中队编入清（远）从（化）花（县）佛（冈）人民义勇大队，后该大队改编为广东人民解放军江北支队第四团、北江第一支队第六团。此后，江北支队、北一支属下的游击部队在水头地区建立起游击根据地，执行农村包围城市的战略方针，坚持开展游击武装斗争直至佛冈解放。

中华人民共和国成立后，水头镇加快建设发展。经过开展社会主义建设特别是改革开放40多年以来的努力，水头镇基础设施建设、经济建设和社会事业同步发展，全镇呈现出新的面貌。2017年，镇境内有县道373线通过，乡村公路遍布镇境。全镇建有小型水库2座、水电站10座、自来水厂1间，并建有高压输变电设施。是年，全镇工农业总产值2亿元。

（四）石角镇（含原三八镇、黄花镇）

石角镇位于佛冈县中部，是佛冈县城所在镇。2002年黄花镇并入石角镇，2004年三八镇、龙南镇并入石角镇。2017年，石角镇总面积347.68平方千米，下辖17个行政村和6个居民社区，总人口12.23万人。

1. 原三八镇（今石角镇三八片）。

三八镇是县城的近郊镇，东面连接水头镇的莲瑶、王田、铜溪3个行政村；南面是羊角山林场；西与石角镇的凤星、塘二两个行政村为邻；北面是观音山自然保护区和高岗镇。2004年5月三八镇并入石角镇，并入前三八镇总面积73.53平方千米，总人口1.4万人，分设诚迳、二七、莲塘、三联、双里、下三八6个行政村。

三八镇在革命战争年代，是中共组织领导武装斗争、以农村包围城市的前沿阵地，在该镇的农村建立过许多站点和根据地。

20世纪20年代初，该镇诚迳的宋华、高大彪等数名青年是广州的榨油工人，他们受到进步思想影响，响应共产党的号召参加油业工人工会，并参加省港大罢工和广州起义。宋华还被选送到广州农民运动讲习所（简称"农讲所"）学习，结业后被派往清远石板乡领导农运工作。此后，他的足迹踏遍粤北的仁化、南雄、乐昌、曲江、英德等地区，成为省农运特派员。广州起义失败后，由于叛徒出卖而被捕牺牲。

1941年冬，在该镇诚迳建立中共清（远）佛（冈）特别支部，宋业安任特支书记。同年冬，该地区人民积极配合党领导的青年抗日先锋队和抗日自卫团武装，袭击途经这里的日军，毙敌、伤敌十余人，鼓舞佛冈人民的抗日斗志。诚迳地区的中共地下组织自抗日战争时期创建后，坚持到佛冈全境解放。

1948年3月，中共石角支部（包括三八地区）在中共佛冈县委书记刘少中的直接指导下，发动支部党员和东壁（属石角镇辖）、诚迳村的进步青年，在诚迳水口村举行武装起义。起义队伍被编为清从花佛人民义勇大队第九中队，钟文光任中队长，宋振任指导员。同年8月，中共组织在诚迳村发动群众组建武装队伍——南山武工队。这支武工队在解放战争时期，一直扎根于该镇的广大农村地区进行活动。武工队在上里、下里、三联等地活动时获取过国民党方面的不少重要情报。1949年5月30日，北一支主力团和佛冈游击队获得地下党组织提供的情报后，在该镇挂牌径地段伏击国民党军，取得歼敌一个整营的大捷。在解放战争期间，北一支属下的游击队和东江第三支队第四团（简称"东三支四团"）常到该镇的农村活动、扎营，创建了诚迳、"双里"（上里、下里）、三联、大白洞等革命游击根据地。

中华人民共和国成立后，原三八镇加快建设发展。镇内先后建成国营羊角山林场、石灰厂和水泥厂等县内骨干企业，高速公路、国道均通过镇境，并在镇域范围建有小型水库、水电站、自来水厂。2004年三八镇农业总产值1332万元。2005年5月三八镇并入石角镇，作为石角镇三八片区，继续在原基础上建设发展，建有碧桂园、五丰园等房地产和农业综合开发项目。

2. 原黄花镇（今石角镇黄花片）。

黄花镇位于县城南面，东与从化市（今从化区）良口镇接壤，南连四九镇，西接汤塘镇，北与石角镇为邻。2002年5月，黄花镇并入石角镇，成为石角镇黄花行政村。并入前黄花镇总面积53.01平方千米，总人口6000多人，下辖车头、黄华、滴水岩、存星4个行政村。

黄花是个林业镇，以林、粮为主，山林面积4800公顷。境内群山环抱，层峦叠嶂。林木资源主要有杉树、松树、樟树、柯树等。水果类主要有水柿、白榄、青梅等。其中水柿为拳头产品，有"水柿之乡"的美称。矿产资源主要有石英石、矿泉水等。

黄花镇是佛冈解放战争时期的游击根据地。1945年8月，中共滠江县委发动群众举行武装起义，宣告成立滠江人民抗日义勇大队，起义后把队伍拉到黄花地区安营扎寨，把黄花建成红色游击根据地。在解放战争时期，广东人民解放军江北支队第四团、粤赣湘边纵队北江第一支队第六团（简称"北一支六团"）长期在此驻扎。革命武装部队在这里上课练兵，从这里出发袭击敌人；打了胜仗回黄花表彰庆功；受到挫折回黄花总结整训。1948年11月，江北支队第四团在这里召开军民联欢会。同月，从化、清远、佛冈三县的国民党反动武装联合向黄花大举"围剿""扫荡"，第四团的战士和黄花的革命群众团结一致，并肩战斗，运用游击战术，粉碎敌人的"围剿"，打退敌人的进攻，取得反"围剿"胜利。1948年冬，在这里建立起滠江地区第一个乡级红色政权——黄花乡人民政府。

中华人民共和国成立后，原黄花镇加快建设发展。镇内先后建有小型水库、水电站、自来水厂以及高压输变电设施，有县道连接国道至镇区。2001年黄花镇农业总产值494万元。2002年5月黄花镇并入石角镇，作为石角镇内革命老区片，先后开展社会主义新农村、美丽乡村建设，整体面貌发生重大变化。

（五）汤塘镇（含原四九镇）

汤塘镇位于佛冈县南部，1953年汤塘镇（连同四九镇）从清远县划归佛冈县。2004年四九镇并入汤塘镇。2017年，汤塘镇总面积229.37平方千米，下辖19个行政村和2个居民社区，总人口7.7万人。

原四九镇（今汤塘镇四九片），地处佛冈县最南端，东面是从化县（今从化区）良口镇，南面与著名的风景旅游区从化温泉为邻，西接汤塘镇，北和黄花镇相连。2004年5月四九镇并入汤塘镇，并入前四九镇总面积74.14平方千米，下辖8个行政村和1个居民社区，总人口2万人。

四九镇属半山区半丘陵地貌，地势东高西低，三面大山环抱，形成一个中间盆地。北有海拔775米的棋盘山，东有海拔582米的亚髻山，南有高埗脑山，中间一条四九河，自东向西贯穿镇境内至汤塘汇入潖江。

1938年秋，该镇田心村在广州读书的进步青年黄劲秋于广州沦陷前夕回到家乡，在中共党员雷亢清、郭汉等帮助下，组建起联升乡（当年四九乡名）战时服务团。组建服务团的目的是开展多种形式、生动活泼的抗日救亡宣传，并随时准备配合抗日自卫武装开赴前线投入战斗。广州沦陷后，一大批进步知识青年（其中部分是共产党员）凭着和该镇民主人士黄开山的关系，先后从广州到四九，帮助和参与战时服务团的活动，在四九地区掀起抗日救亡工作的热潮。服务团的建立和活动，为后来组建抗日武装和建立中共地下组织打下良好的基础。

1939年春，战时服务团和汤塘、潖二等地青年抗日先锋队联合组建为由共产党领导的广东青年抗日先锋队潖江支队。同年秋，中共地下组织在该镇中心小学举办两期党员培训班并发展两批党员，同期在该镇田心村建立起潖江第一个党支部——中共田心支部。

1939年冬，日军第一次由从化向粤北进犯。四九地区的青年抗日先锋队配合抗日自卫团、国民党抗日部队，在从化县良口、石岭一带袭击日军，缴获战马11匹、单车数辆、一批枪支弹药等军用物资。

1940年后，中共潖从区委、中共潖江县委领导人和领导机关多年驻在该镇的田心、官山、菱塘、江坳等地。

1945年8月上旬，中共潖江县委领导在四九地区发动武装暴动，宣告成立潖江人民抗日义勇大队，大队长由中共潖江县委委员黄渠成（该镇菱塘村人）担任。潖江人民抗日义勇大队的建立，得到四九人民的大力支持，镇内革命青年踊跃参队。这支以四九优秀儿女为核心的人民武装从无到有、从小到大，到解放战争时期，发展为清从花佛人民义勇大队。队伍发展到最高峰时，人员总数达800多人，四九地区几乎每一个村庄都有子弟参加这支队伍。这支队伍于1948年3月编入广东人民解放军江北支队第四团，1949年7月改编为粤赣湘边纵队北江第一支队第六团。该队伍以四九地区为中心根据地，和国民党反动派展开英勇卓绝的斗争，取得重大的胜利，使潖江地区的四九、汤塘等地获得较早的解放。

中华人民共和国成立后，原四九镇加快建设发展。镇内先后建有小型水库、水电站、自来水厂以及高压输电设施，有省道

354线通过镇境。四九镇盛产荔枝、龙眼等水果，被称为"水果之乡"。2004年四九镇农业总产值3728万元。2005年5月四九镇并入汤塘镇，作为汤塘镇革命老区片，先后开展社会主义新农村、美丽乡村建设，整体面貌发生重大变化。

二、有革命老区的行政村

全县有革命老区的行政村在获批准时为56个，其中有抗日战争时期老区的行政村18个，有解放战争时期老区的行政村38个。2005年行政村撤并后，全县有革命老区的行政村40个，其中有抗日战争时期老区的行政村15个，有解放战争时期老区的行政村25个。

（一）有抗日战争时期老区的行政村

经批准，全县有抗日战争时期老区的行政村18个，分别是：高岗镇的礼溪、高镇、东坑、宝山、三江、新街；烟岭镇的井冈、社坪、龙冈、邓光头；迳头镇的中洞、青竹；水头镇的上洞、石潭；三八镇的诚迳；汤塘镇的围镇；四九镇的田心、菱塘。

2005年行政村撤并后，全县有抗日战争时期老区的行政村为15个，分别是：高岗镇的长江、高镇、宝山、三江、新联；迳头镇的青竹、井冈、社坪、龙冈；水头镇的潭洞、石潭；石角镇的诚迳；汤塘镇的围镇、田心、菱塘。

（二）有解放战争时期老区的行政村

经批准，全县有解放战争时期老区的行政村38个，分别是：高岗镇的新联、路下、高岗、墩下、三联；烟岭镇的高坝、前所、大村；迳头镇的迳头、甲名、湖洋、仓前、陂下；水头镇的西田、丰二、新田、坐下、铜溪、桂元、丰联、下洞、莲瑶；三八镇的三联、上里、下里；石角镇的东二；黄花镇的车头、黄华、滴水岩、存星；四九镇的江坳、高围、涩塱、官山、莲松、横江；汤塘镇的上黎、洛洞。

2005年行政村撤并后，全县有解放战争时期老区的行政村25个，分别是：高岗镇的高岗、墩下、三联；迳头镇的迳头、湖洋、仓前、大陂、楼下、大村；水头镇的西田、新联、莲瑶、新坐、铜溪、桂元；石角镇的三莲、三八、观山、黄花；汤塘镇的黎安、洛洞、江坳、四九、涩江、官山。

三、革命老区自然村

全县革命老区自然村306个，其中抗日战争时期老区自然村98个，解放战争时期老区自然村208个。按现6个镇划分，在革命老区自然村总数中，高岗镇58个，迳头镇64个，水头镇82个，石角镇41个，汤塘镇61个。

表一　佛冈县革命老区名录表

现镇名	原镇名	现行政村	原行政村	自然村	时期	批准时间
高岗镇	高岗镇	长江	礼溪	坑一、坑二、坑三、坑四、中社、上楼、下楼、围肚、田一、田二、晒禾岗、枫树山、山下	抗日战争	1989.11
		高镇	高镇	大围、建龙下、高镇、上黄坑、下黄坑、吊钟岭、大坝、竹山下、罗石、龙潭下、塘肚	抗日战争	1957.10
			东坑	大高洞、瑶洞	抗日战争	1957.10
				石山下、官厅、黄花田、寨下、东坑围、江背	解放战争	1993.3

（续表）

现镇名	原镇名	现行政村	原行政村	自然村	时期	批准时间
高岗镇	高岗镇	三江	三江	黄竹坜、梅子坪、瑶塘、仓下	抗日战争	1989.11
				学堂前	解放战争	1993.3
		宝山	宝山	宝结岭	抗日战争	1957.10
				格田、竹头下	解放战争	1993.3
		新联	新街	茶园坪、瓦屋场	抗日战争	1989.11
				高榜、丁下	解放战争	1993.3
			新联	岗咀头、旗岭	解放战争	1993.3
		高岗	路下	白石凹、九曲坑、月坑、新村、新建、路下围、泥洋背、上坪	解放战争	1993.3
			高岗	逆水流	解放战争	1993.3
		墩下	墩下	曹屋、下张	解放战争	1993.3
		三联	三联	杨梅塘	解放战争	1993.3
迳头镇	烟岭镇	井冈	井冈	井前一、井前二、井前三	抗日战争	1989.11
				楼角头、刘屋岭、新屋角、羊公巷、大门迳、厅下坪、新围坪、围关塘	抗日战争	1990.4

（续表）

现镇名	原镇名	现行政村	原行政村	自然村	时期	批准时间
迳头镇	烟岭镇	社坪	社坪	东涉水、正坪、老围、楼坪、新围、上高塅、莲塘、田心、胡屋、塘肚	抗日战争	1989.11
			前所	上文岭、下文岭、新龙围、新屋、前所、田华围	解放战争	1993.3
		龙冈	龙冈	王屋一、王屋二、王屋三	抗日战争	1989.11
			邓光头	五洞坑一、五洞坑二	抗日战争	1989.11
				野猪湾	抗日战争	1990.4
				谢屋、王屋、围子营	解放战争	1993.3
		大村	大村	牛洞、深坑	解放战争	1993.3
		楼下	高坝	水来镇、马脐塘、田心、高坝	解放战争	1993.3
	迳头镇	青竹	中洞	中洞、水尾、荆竹园、芹菜塘	抗日战争	1957.12
			青竹	上青洞、下青洞	抗日战争	1957.12
		迳头	迳头	菜洞、王丁、迳头、中心坝、泥城、风耕中	解放战争	1993.3
			甲名	云丰、鸭鸥坑、高岗、云岭	解放战争	1993.3
		湖洋	湖洋	上岭排、罗屋、石埂、庆斗坑	解放战争	1993.3
		仓前	仓前	官仓背	解放战争	1993.3
		大陂	陂下	白石洞	解放战争	1993.3

（续表）

现镇名	原镇名	现行政村	原行政村	自然村	时期	批准时间
水头镇	水头镇	潭洞	上洞	上一、上二、上三、上四、上五、上六	抗日战争	1990.4
			下洞	庵仔	解放战争	1993.3
		石潭	石潭	红星、曾屋、新落、石街口、新围	抗日战争	1989.11
		西田	西田	长坑、独凰山、龟咀、老围、潭洞口、瑶塘、南亩、清和、牛肚湾、米仔田	解放战争	1993.3
		莲瑶	莲瑶	亩尾	解放战争	1993.3
		新联	丰二	新塘、坝仔、六河、楼仔、凤山、塘口	解放战争	1993.3
			丰联	上丰、下丰、涩田、湾仔、东队、西队	解放战争	1993.3
		新坐	新田	虎爪岭、旱排、茶园、象田、海仔坝、官田、新庄围、大垯田、下新、中新、上新、中田、新屋、土楼仔、神降	解放战争	1993.3
			坐下	坐下、周陵田、龙江、麻雀亩	解放战争	1993.3
		桂元	桂元	新村、白麻园、新龙围、仓边、五洞、白石镇、咸水塘	解放战争	1993.3
		铜溪	铜溪	白沙、坪坑、耀洞、头洞仔、铜兴、王九坑、竹园、中间、梁屋、永胜、水亩、楼仔、庙下、象湖、新屋仔、榕树塘、枫树下、大塘、嘉禾、梅坝、簕竹兜	解放战争	1993.3

（续表）

现镇名	原镇名	现行政村	原行政村	自然村	时期	批准时间
石角镇	三八镇	诚迳	诚迳	格塘、高寨、水口、石龙、高围、大陂坑、大塘、大岭头、白沙	抗日战争	1989.11
		三八	上里	上里	解放战争	1993.3
			下里	下里	解放战争	1993.3
		三莲	三联	坑尾、大墩、白洞仔、麦坝、江坝、尾洞、杨梅江、祥吉（尾洞、杨梅江、祥吉三村为大白洞）	解放战争	1993.3
	石角镇	观山	东二	土楼、九石围、西元围、和合	解放战争	1993.3
	黄花镇	黄花	车头	车头、耕禾岽、莲塘、坑口	解放战争	1993.3
			黄华	中华里、小水、走马、福龙、老人松、岽尾仔	解放战争	1993.3
			滴水岩	杨梅坑、油榨岭、水尾、滴水岩	解放战争	1993.3
			存星	存久洞、麻蕉岽、方田岽、新坪	解放战争	1993.3
汤塘镇	汤塘镇	围镇	围镇	旧围、新围、禾场埔	抗日战争	1989.11
		黎安	上黎	上黎、坊仔、古洞、三丫树、古楼山、欧坑	解放战争	1993.3
		洛洞	洛洞	上洞、中洞、范围、下格	解放战争	1993.3
	四九镇	田心	田心	横坑、中心、围内	抗日战争	1957.11

（续表）

现镇名	原镇名	现行政村	原行政村	自然村	时期	批准时间
汤塘镇	四九镇	菱塘	菱塘	群丰、柴洞、围内、黄洞、大馆、白石坳	抗日战争	1957.11
		江坳	江坳	社咀、香里江、瓦锡田、江坳、显沥、西坑	解放战争	1993.3
		四九	高围	高围、龙里、山仔、丰岗、后岗	解放战争	1993.3
			莲松	留田、莲塘、松下、涩井、海坐、仁兴里、坊背	解放战争	1993.3
		涩江	涩塱	菱船、围内、门口、方田、狮迳	解放战争	1993.3
			横江	高山围、高埔、横江、大望田、久绵夫、水口坝、高塱	解放战争	1993.3
		官山	官山	坟头、黄洞、旧围、山角、大路、海围、文昌、土楼、隔塘	解放战争	1993.3

注：本表"原行政村""自然村"录自《中国共产党佛冈县地方史》第一卷；高岗镇礼溪村中的晒禾岗、枫树山、山下3个自然村根据佛冈县党史办证明补上；汤塘镇田心行政村原按自然村分片统计抗日老区自然村有横坑、中心、围内3个，现按自然村实际情况核实，补上隔海、宏星、带新、坑仔口、长山、黄竹田、芒寨、荔枝树、沙田9个抗日老区自然村。

表二　佛冈县革命老区自然村分布统计表

单位：个

地区＼时期	共计	高岗镇	迳头镇		水头镇	石角镇			汤塘镇	
			原烟岭	原迳头		原三八	原黄花	原石角	原四九	原汤塘
合计	315	58	42	22	82	19	18	4	57	13
抗日战争	107	33	27	6	11	9	—	—	9	3

（续表）

地区\时期	共计	高岗镇	迳头镇		水头镇	石角镇			汤塘镇	
			原烟岭	原迳头		原三八	原黄花	原石角	原四九	原汤塘
解放战争	208	25	15	16	71	10	18	4	39	10

　　注：本表按批准老区时镇和行政村数量统计，315个老区自然村分布在全县9个镇56个行政村；按2005年后镇和行政村数量统计，315个老区自然村分布在全县5个镇40个行政村。

表三　2017年佛冈县革命老区面积与人口统计表

项目\地区	总面积（平方千米）	其中老区面积（平方千米）	老区面积占比（％）	总人口（万人）	其中老区人口（万人）	老区人口占比（％）
全县	1295.17	732.77	56.58	34.98	15.37	43.94
高岗镇	174.03	174.03	100	3.31	3.31	100
迳头镇	185.04	185.04	100	3.43	3.43	100
水头镇	146.21	146.21	100	3.23	3.23	100
石角镇	347.68	132.35	38.07	12.23	2.5	20.44
汤塘镇	229.37	95.14	41.48	7.7	2.9	37.66
龙山镇	160.47	—	—	5.08	—	—
场区	52.37	—	—	—	—	—

　　注：（1）本表革命老区镇高岗、迳头、水头镇老区面积和人口为全镇数；石角镇老区面积和人口为三八片、黄花片及观山村数；汤塘镇老区面积和人口为四九片、洛洞村、黎安村和围镇村数。（2）本表人口指2017年末户籍人口。

经济社会发展情况

　　佛冈是位于广东省中部的山区县，因受地理环境和自然条件的制约，自清嘉庆十八年（1813）建立佛冈厅后至清末，长期处于生产力水平低下的小农经济状态，在经济上难以自给，基础设施和社会事业发展缓慢。民国时期，佛冈境内经济和社会事业虽有进步，但发展不快，积贫积弱的状态改变不大。中华人民共和国成立后，经过全面建设社会主义时期、改革开放时期以及党的十八大以来的建设发展时期三个阶段的建设和发展，佛冈经济社会的面貌发生根本性的变化，一个文明富裕的新佛冈展现在世人面前。

一、佛冈建厅后至清末经济社会发展情况

　　经济状况　佛冈县清代经济以农业为主要产业，农业耕作技术落后，耕作条件恶劣，管理粗放，产量低下，难以自给。据《佛冈厅志·食货志》记载："佛冈地处深山穷谷，硗确多沙，农皆火种刀耕，勤苦备至。"佛冈农业生产力水平低下的原因，主要是地瘠民贫、税赋畸重。由于社会的不稳定并时常受自然灾害的侵袭，佛冈建厅时厅辖内粮食及其他种养收入，不仅不能完成税赋，所余粮食也难以果腹。佛冈厅辖内没有形成工业产业，只有作坊式的小手工业，如榨油、织土布、木匠、铁匠、烧制砖瓦等。此外，在厅辖内的北部和中部（今高岗镇、迳头镇、水头

镇）有村民从事烧制砖瓦和陶瓷碗碟及手工织布，以上小手工业的产品主要用于自用和销售。佛冈厅的商业活动比较简单，形成圩市14处，规定圩期，随地摆摊。其中石角圩为厅内最大圩市，大小店铺百多间。圩市内的商业交易活动有以物换物、货币交易等，以当地自产自销的农副产品和小手工产品为主，也有少数人从事与外地的商业购销活动。佛冈厅的财政收入主要是田赋（地丁银）和少量的税饷。财政支出主要用于官俸和工薪。佛冈从建厅起至清末，财政入不敷出，厅志记载为"库无存项，仓无余粮"，连养兵的粮米尚需由英德、清远两县拨解。

社会事业 佛冈厅与外地以及厅内交通主要靠古道和水路。其中通英德、从化、清远的古道（含驿道）有5条。水路有潖江和烟岭河2条，潖江水路可通往清远北江，烟岭河水路可通至英德汇入翁江。水利设施主要有木石泥土砌筑的堤坝、陂头及简易的水圳，用于引水灌溉。厅内建有佛冈厅城，各地建有祠堂、佛寺和庙宇，在厅内的北部建有基督教教堂——福音堂。在教育方面，各地设有私塾，并建有5间书院和多间社学作为培养学子的场所。因佛冈厅未设立县学，厅内学子需分别到清远、英德赴考。佛冈厅内各地的民俗活动较多，其中参与人数众多的活动有接三王、抢花炮和大庙会等，各地组织的活动有舞狮、舞龙、舞春牛、舞被狮等。

二、民国时期经济社会情况

经济状况 民国时期，农业是佛冈的主产业，农业仍处于耕作技术落后、管理粗放、产量低下的状态，若遇自然灾害则减收甚至大面积失收。在正常年景下，粮食（水稻）年亩产170多千克，其他经济作物产量也不高。1937年，佛冈稻谷总产量34.13万担（折算为1.71万吨）。1949年，佛冈和潖江地区粮食总产量

（含薯折谷）3.69万吨，其中稻谷总产量3.46万吨；经济作物种植面积2970公顷。此外，禽畜养殖、渔业生产也逐步有所发展；在局部地区开展植树造林；全县（含湮江地区）农业总产值为1267.8万元。佛冈小手工业在民国时期有所发展，有些项目开始从家庭手工作坊转变为小型工业企业；利用本地资源制作商品进行交换等。其主要有（按现行地名）：高岗豆腐和瓷器，迳头铁器农具和造纸，水头熟食制品和棉胎加工，石角砖瓦、石灰和染织，汤塘木器制作，龙山榨油等。到1949年，全县有火柴枝厂等小工厂7家，石灰及砖瓦窑77座，榨油坊等作坊65家，当年没有对全县工业产值进行统计。商业服务业是这段时期发展最快的行业。从民国初年起，全县圩市增加到30多个，其中石角圩成为全县商业中心。各地圩市开始经营进口洋货，如民用煤油经营，从1930年起逐步在各地出现。湮江地区的关前圩、凤洲市、汤塘圩和民安圩是当地村民的主要圩市。村民除经营日用品外，还自制木船从事捕捞和河道短途运输，并蓄水养鱼，以为生计。广州沦陷后，佛冈地区成为抗日前沿，石角圩成为英德、新丰、翁源与沦陷区的商品集散中心，流动人口增多。到民国末年，全县商铺经营资本在1000银圆以内的约30户，1000银圆以上的只有10户，其中1万银圆以上的有3户。在财税方面，由于社会动荡，币制混乱，通货膨胀，加上财政体制多变，佛冈财政状况恶劣，危机重重。当时佛冈及湮江地区的财政支出，有半数来自省的补助拨款，不足部分由本县征收地方税，从而出现乱收乱支行为。到1936年，佛冈地方税捐竟达24类之多。其间，佛冈财政收支没有逐年统计，但从个别年份情况也可以估算整个时期的财政困难情况。1941年、1943年，佛冈县年财政收支预算分别为58.98万元、88.76万元（均为国民政府货币）。1947年，国民政府重新划定县级财政收入范围，规定收入项目。由于佛冈处于国统区，出现恶性通货膨胀，财政预算收支出现虚假的天文数字。当年佛冈预算收入分为10类，总收入为42011万元（国民政府货币），其中课税收入占69.3%。预算支出分为八大类，总支出数字与总收入相等，其中公务人员生活补贴及其他支出占80%。民国时期，佛冈县被广东省列为三等县（贫困县）。

　　基础设施　民国时期佛冈和潖江地区的交通条件有所改善。民国初期起，佛冈水路交通从佛冈县城至清远县江口通航里程79千米，可接通北江航运，潖江下游（大庙峡以南）在枯水期仍可航行6吨以上船艇。自黄口以下，可终年航行浅水机动船。在雨季丰水期，佛冈县城与北江可直接通航。运输工具主要是人力小木船和机动"快艇"，航行于清城至佛冈县石角、汤塘、龙山等地，一般载货10吨，载客十余人，有船工四五人。陆路交通在原来的古道上进行扩展和改善，形成大庙峡、宝山、黄塘径、挂牌径、旧横石5条古道。1931年，投入建筑费11万元（国民政府货币折算为今人民币币值），修筑清远源潭至龙山土路20千米，但

大庙峡（陈国材2016年摄）

未通车。

社会事业　在邮政通信方面，1934年，在潖江地区架设电话线路通清远县。设佛冈邮电局，水头、迳头、高岗邮政代办所；还设立两条邮路：一条由县城通清远横石（45千米），另一条由县城通三江圩（38千米），均为步班。民国末年，县城有磁石交换电话机2台，农村电话中继线路2条。在民居建筑方面，各地逐步把茅草房改建为砖木结构民房。代表性建筑有北部地区（今高岗镇）的君庐和三德园，南部地区（今龙山镇）下岳村的芳庐。在教育方面，民国时期仍有许多官绅富户热心公益，服务桑梓。1915年，吉河刘秀亭捐资500元兴建乡初级小学，获省督学嘉奖。1932年，佛冈县县长李本清（电白县人）创办佛冈县初级中学。1939年，潖江区区长朱履吉（今龙山镇下岳村人）倡建潖江中学。1944年，二区乡绅朱濯生倡建长冈中学。到民国末年，全县有小学39所，初中2所。在医疗卫生方面，全县医疗机构甚少，卫生人员缺乏，医疗技术落后，天花等烈性传染病时有流行；肝炎、痢疾、肺结核、白喉、疟疾、新生儿破伤风等发病率较高。1948年，全县仅有一家卫生院，工作人员6人；各地只有少数私人诊所、药铺和中医医生。

三、中华人民共和国成立后经济社会发展情况

1949年10月中华人民共和国成立后至2017年，佛冈县经济建设和社会事业随着社会进程和发展，经历了缓慢、曲折到加快发展的过程。特别是改革开放后，全县经济发展速度加快，基础设施得到加强，社会事业逐步发展，人民生活水平不断提高。

县域经济逐步壮大。中华人民共和国成立后，佛冈县县域经济在克服种种困难的基础上不断发展壮大。20世纪50—60年代，是经济恢复和曲折发展阶段。县内重点产业是农业，通过土地改

佛冈县城防洪堤围（佛冈县水务局供稿，2016年摄）

革、互助合作以及经济调整，传统农业有较好发展，粮食产量有所提高。县内工业、商业经过社会主义改造后虽然有所发展，但物资奇缺、流通不畅的问题仍然突出。70—90年代，在"文化大革命"后期和徘徊发展的两年里经济恢复，县域经济形势有所好转。改革开放前期，通过建立农村家庭联产承包责任制，城镇经济体制改革，农业、工业、商业产业呈现新的发展势头。80年代中期起，抓住佛冈划归广州市辖的机遇，开展"城乡结合办工业"，为全县工业发展注入新的活力。90年代起，贯彻全省山区工作会议精神，加快"三高"（高产、高质、高经济效益）农业建设，并开展招商引资发展外向型经济，兴办一批"三来一补"（来料加工、来样加工、来件装配和补偿贸易）和"三资"（中外合资经营、中外合作经营、外商独资经营）企业，推动全县经济发展。其中开展农业作物布局调整，在巩固粮食生产基地的同时，建立经济作物商品生产基地，发展"两水一牧一菜"（水果、水产和畜牧、蔬菜），提高农业效益。在工业发展方面，扩大外引内联，引进建滔实业公司、约克空调冷冻设备公司等一批规模大、科技化程度高的企业。县属工业企业也在改革中有所发展，形成味精、水泥、电池、陶瓷四大支柱产业。全县商业贸易改革力度加大，国有商业专业公司通过改革逐步退出一般性竞争领域，而房地产和旅游业逐渐发展成为新的经济增长点。进入21世纪后，全县经济发展思路明确，经济结构优化，经济秩序平稳，经济发展速度加快。在农业生产方面，以农业产业化为中心，以提高农业综合效益为目标，推动农林牧渔业的全面发展。至2017年，全县农林牧渔业总产值17.88亿元。在工业发展方面，根据"工业立县"的发展思路，规模以上工业企业数量增多、规模增大、效益提高。至2017年，全县规模以上工业总产值195.44亿元。在商业贸易方面，商品市场逐步形成多元化主体、多种经济成分并存、多渠道购销经营的局面。房地产市场强势崛起，成为第三产业发展的新动力。旅游业在此期间扩容提质，重点措施是加快以休闲度假为重点的旅游项目发展，努力把旅游业培养成为佛冈第三产业的"龙头"。2017年，全县第三产业增加值55.42亿元，占全县地区生产总值的43.9%。县内第一、二、三产业的发展，为增强县域经济实力提供了保证。2017年，全县公共财政预算收入9.03亿元，财政总收入33.83亿元；地区生产总值1296.38亿元，人均生产总值（当年价）4.01万元。

基础设施建设逐步加强。佛冈县基础设施建设由于地形地

广东省社会主义新农村建设试验区（佛冈）入口广场
（佛冈县委宣传部供稿，2015年摄）

貌和经济条件的制约，历史上一直处于滞后状态。20世纪50—60年代，由县政府组织开展修建广韶公路和防洪堤围、蓄水工程、灌溉设施等，1966年实现全县110个大队通汽车。同时，城乡设施和能源、通信等建设也逐步开展。70—90年代，基础设施建设得到进一步加强。70年代初起，根据韶关地区推广佛冈县汤塘公社洛洞大队"一化带三化"（革命化带水利化、电气化、机械化）的部署，全县开展基础设施建设，建成一批通车公路和机耕路、水库塘坝、小水电站及供电、通信等设施项目。其中交通公路建设的重点工程是改造广韶公路（国道106线）佛冈段、改建省道佛冈段3条、新建和改建县道和乡村公路。农田水利建设的重点工程是建成放牛洞水库（中型水库），并建成小（一）型、小（二）型水库共29座以及拦河陂、山塘等设施。城乡建设的重点工程是县城建设，同时开展各镇圩场及办公场所建设，改善办公和生产生活环境。能源、通信设施建设顺利开展，其中1976年建成35千伏佛冈—黄花河输电线路，此后新建和改建35千伏、110千伏变电站，全县电力得到有效保障。同时，通信网络不断完善，通信信号覆盖全县。进入21世纪后，继续加强交通公路建设，新建京珠（京港澳）高速公路佛冈段工程，至2002年竣工通车。至此，佛冈境内有高速公路和国道高等级公路。2003年起，继续完善"二纵三横"（"二纵"指高速公路和国道，"三横"指2条省道和1条县道）公路网络。同时开展乡村公路硬底化建设，进一步改善交通环境。农田水利建设主要是完成省人大议案的水库除险加固、高标准农田基本建设、农村饮水安全以及河道整治和灌区改造等重点工程项目。城乡建设的重点是围绕"统筹城乡发展、建设幸福佛冈"，开展县城"三线一中心"(中轴线、水轴线、交通线和人民中心）、社会主义新农村、名镇名村示范村、美丽乡村等工程建设。2011年，启动广东省社会主义新农村（佛冈）示范区建设，为全省新农村建设提供示范区经验。能源、通信设施进一步加强，其中电网建设完成220千伏输电线路2条、500千伏输电线路（佛冈段）2条的重点工程，全县电网建设趋于完善。通信方面加强邮政、移动、电信、联通等设施建设，移动通信、互联网用户不断增加。

社会事业逐步发展。中华人民共和国成立后，佛冈的社会事业包括科技、教育、文化体育和卫生医疗事业开始启动。20世纪50—60年代，科技工作的重点是在农业推广良种和耕作技术，在工业推行新式机械和生产技术。教育工作在50年代主要是贯彻执行政务院的指示，对中小学校进行全面整顿，在60年代中期起建设农业中学14所。文化体育事业逐步开展，50年代中期起在农业生产合作社建立文化俱乐部，并组织开展文艺汇演及群众性体育赛事。60年代开展有线广播建设，并组织扫除文盲工作。卫生医疗工作主要是加强县、区、乡三级医疗和预防、保健网络建设，对传染病、慢性病、常见病开展全面防治，医疗技术有所提高。70—90年代，科技和教育事业因受"文化大革命"的影响呈现曲折发展状态，改革开放后逐步转为正常。其中农业试验示范科技项目开始启动，推广的科研成果包括农牧渔业良种及管理技术。教育事业在改革开放后得到恢复和加强，建立重点中学和中心小学制度。1993年起，先后开展扫除青壮年文盲、普及九年义务教育以及"改薄建规"（改造薄弱学校、建设规范化学校）工作，促进教学质量的提高。文化体育传媒工作的重点是加强基础设施建设，建立镇文化站、村文化室，扩大广播电视覆盖面，并于1995年举办全县第一届体育运动会。医疗工作以开展初级卫生保健和"一无三配套"（乡镇卫生院无危房，房屋、设备、人才相配套）为重点，推动卫生医疗机构上等级、上水平。进入21世纪以后，各项社会事业加快发展。科技事业在创品牌、创效益中得到加强，2011年佛冈县被评为全国科技进步先进县。在教育事业方面，按照"长远抓教育"的战略部署，加大投入，创建国家示范性学校和省、市等级学校，2009年佛冈县成功创建省教育强县。在文化体育传媒方面，佛冈县于2004年获"广东省创建文化先进县"称号，此后相继举办迎春花车巡游、龙舟大赛等活动，2011年举办全县第二届体育运动会，把全县群众性文化体育活动推向高潮。在卫生医疗方面，通过实施国家基本药物制度、推行公立医院综合改革、建立卫生医疗服务体系建设等工作，为提高人民健康水平服务。

人民生活水平不断提高。20世纪50—60年代，佛冈人民生活水平仍较低，全县缺粮户、断粮户数量比例较高，难以维持温饱。70—90年代，在改革开放后人民生活水平逐步提高。在农村居住水平方面，1990年全县农村住宅面积436.46万平方米，农民人均居住面积18.34平方米。2010年，农村居民人均居住面积为97.8平方米，以钢筋混凝土结构和砖木结构住房为主。此后，城乡居民居住条件逐步改善。在社会保障方面，改革开放后逐步建立社会保险制度，人民保障水平和生活水平逐步提高。据2000—2017年统计，全县社会保险基金历年滚存累计结余从3063万元增加到10.83亿元；在岗职工年平均工资从8887元增加到6.8万元；农村居民年人均可支配收入从2744元增加到1.37万元；城乡居民储备存款从12.05亿元增加到92.46亿元。全县人民生活水平已达到初步的小康水平，进入富裕、文明、安康的新阶段。

第二章

佛冈县早期革命活动

佛冈人士的革命活动

佛冈人民有勇于探索革命真理、积极投身革命运动的传统。五四运动爆发后，佛冈、潖江地区许多有识之士和进步青年纷纷走上寻求救国真理、参加革命活动的道路。其中有先进青年朱祺赴法留学，佛冈籍青年在广州组织留省同学会以及参加中国共产党领导的广州起义等革命活动，揭开了佛冈地区开展革命活动的序幕。

一、先进青年赴法留学

1920年5月，清远县潖江区下岳村（今属佛冈县）进步青年朱祺，为寻求救国救民的真理，远渡重洋赴法国勤工俭学。

当时，法国是世界工人运动最活跃的国家之一，也是最早建立无产阶级政权——巴黎公社的地方。中国许多进步青年、先进知识分子为寻求救国的真理，都纷纷奔赴法国勤工俭学。朱祺在法期间，于1922年结识周恩来、李富春、蔡畅、邓希贤（邓小平）等同学，1923年加入周恩来等领导的中国社会主义青年团旅欧支部（后转为中国共产党员）。朱祺在旅欧支部领导下积极参与李富春、邓希贤等人创办的进步刊物《赤光》半月刊的编辑、出版和发行工作。

1924年，旅欧支部派朱祺到苏联接受军事政治训练。1925年朱祺回国，在周恩来领导下的国民革命军东征军参谋团任参谋。

东征军攻下惠州后，他留在惠州任东征军惠州留守处特派员、农会办事处主任等职。

1927年4月后，国民党反动派在全国各地大肆搜捕和屠杀共产党人，党的各地组织大部分遭到破坏。朱祺与党组织失去联系，回到家乡。

二、佛冈留省同学会

大革命时期，佛冈有一批青年在广州读书，如水头王田的邹适、白麻园的廖鉴铭，迳头甲名的朱念民、朱应熊，石角科旺的刘永复、小坑的刘健芸，烟岭楼下的范桂霞、范桂筏姐妹等。他们在读书期间，接触到许多新生事物，开阔视野，增长见识。当他们接触马克思主义后，为探索真理，自发地组建起佛冈留省同学会。该组织旨在互相关心、互相爱护、互相支持、共同进步，既是互相帮助的同学会，又是学习马克思主义的研究会。学友们互相传递马列主义读物和各种进步书刊，交流学习心得，互相勉励，共同探讨救国救民方法。范桂霞的父亲在广州行医，全家随父在广州居住，范桂霞姐妹均在广州读书成长。她们参加佛冈留省同学会后，在同乡学友进步思想的影响下，思想不断进步，积极参与中共领导的各种活动，并加入了中国共产党，成了党的活跃分子。事后范桂霞在回忆这段历史时说："当年留省同学会的学友，大家的思想表现都很进步，互相传阅进步书籍，交流时事信息，交流学习心得，研究国家大事，互相勉励，共同进步。可以说当年我是在邹适、朱念民等学友的启蒙指导下走上革命道路的。"①

---

① 《中国共产党佛冈县地方史》第一卷，中共佛冈县地方史编纂委员会，粤清内准字2005年8月第一版，第7页。

佛冈留省同学会的学友在大革命时期大部分先后加入了中国共产主义青年团或中国共产党，1927年冬参加了中国共产党领导的广州起义。起义失败后，反动派大肆捕杀共产党人和革命志士。在白色恐怖的笼罩下，佛冈留省同学会的学友，有的光荣牺牲，有的与组织失去联系回乡隐蔽，有的经不起考验而改名换姓，投身国民党反动营垒。

三、佛冈人士参加广州起义

1927年7月后，中国共产党领导和发动南昌起义、秋收起义和广州起义。领导广州起义的有当时的中共广东省委书记张太雷，省委委员恽代英、杨殷、黄平、周文雍以及叶挺、叶剑英、聂荣臻等一批共产党人。参加广州起义的有国民革命军第四军教导团和警卫团一部，有广州市的工人纠察队、工人赤卫队以及清远、花县等地前去支援的农民武装。当时在广州的佛冈县籍的宋华、高大标、周锡、何辉、刘某等一批工人和佛冈留省同学会的刘特平、刘健芸、廖鉴铭、朱念民、范桂霞、范桂爱、范桂笺等人参加这次起义。据统计，参加广州起义的佛冈人士达100多人。

佛冈的农民运动

大革命时期，农民运动蓬勃发展。由于在外地从事革命活动的佛冈籍共产党员、革命志士节假日回乡宣传农民运动，同时受邻县农民运动的影响，在佛冈县迳头的甲名、仓前、湖洋，高岗（高冈）的宝结岭、礼溪，汤塘的四九以及龙山的关前、三八的诚迳（神迳）等地先后组织、建立起农会（耕种会）等组织。部分农会组织还开展帮耕帮种、发动"二五"减租减息和开办夜校、识字班等活动。

1924—1926年，佛冈县先后有宋华（又名宋华兴，三八诚迳人，广州农讲所第二期学员）、刘精农（龙南小坑人，广州农讲所第三期学员）、梁文（汤塘九岭人，广州农讲所第三期学员）等三四名先进工人、农民代表，被选送到广州农讲所学习。结业后，他们分赴各地从事农运工作。

1927年，高岗宝结岭的青年钟伯灵等36人参加英德鱼湾农会——犁头会。在英德犁头会的影响下，佛冈境内的农民运动逐步开展。

1931年4月，钟伯灵等10多名犁头会会员前往英德鱼湾参加地下党领导的"鸡麻湖暴动"，他们加入农民赤卫队，攻占国民党鱼湾区署，击毙区长陈炳文，建立鱼湾苏维埃政权。后遭国民党英德县反动军警镇压。为了保存革命力量，农民革命队伍一度拉到佛冈县宝结岭、观音山等地活动。宝结岭农会在外来革命力量的支援下，加强农会的政治领导和组织建设，组织成立"耕种会"，开展帮耕帮种、互助互救等活动。农会组织不断发展壮大，有的甚至全村农户都加入农会组织。1932年后，革命处于低潮，全县农会组织相继停止活动。

第三章
全面抗日战争时期

建立中共地下组织

　　1931年九一八事变爆发，日军侵占中国东三省。佛冈县内（潖江中上游地区，今佛冈县高岗、迳头、水头、石角4镇）和清远县潖江地区（潖江下游地区，今佛冈县汤塘、龙山2镇及从化鳌头地域）的有识之士，先后回佛冈、潖江地区开展抗日救亡活动。1937年七七事变，抗日战争全面爆发，战火很快蔓延到广东。1938年10月21日广州沦陷，广东省国民政府以及政府机关撤往粤北韶关，中共广东地下省委机关亦撤到粤北韶关，接着广州郊区花县、从化成为沦陷区和半沦陷区。佛冈、潖江地区与花县、从化毗邻，成为保卫粤北大后方的抗日前沿阵地。中共广东省委为保卫和巩固佛冈、潖江这个前沿阵地，先后派遣党的得力干部到佛冈、潖江发展中共地下组织。中共地下组织建立后，组织、领导佛冈、潖江两地人民开展抗日救亡运动和抗击日军侵略的战斗，抗日武装部队取得过多次战斗的胜利。

　　一、建立中共佛冈地下组织

　　1931年九一八事变爆发后，全国各大中城市很快掀起抗日救亡的游行示威浪潮。佛冈在广州读书的青年学生邹华衍积极投身抗日救亡中，并在运动中受到爱国主义和马列主义的影响和教育，很快便成长为一名无产阶级战士，于1936年加入中国共产党。同年冬西安事变后，全国出现团结抗日的新局面。邹华衍利用暑、寒假期回到家乡佛冈，在中小学校和社会青年中开展抗日救亡的宣传活动，发动和组织他们上街游行、集会、演讲，以及在城乡书写张贴"打倒日本侵略者""团结起来，抗战到底"的标语，同时以学校进步师生为基本队伍，在佛冈各地掀起声势浩大的宣传抗日救亡的高潮。

1938年10月广州沦陷，中共领导的广东青年抗日先锋队撤出广州，在四会县整训，编入第四战区广东民众抗日动员委员会组织的战时工作队（简称"战工队"），开赴全省各地开展抗日救亡宣传工作，发动全省人民行动起来支持抗日，其中以陆飞和邹华衍为正、副队长，率战工队一一八队到佛冈开展抗日救亡宣传工作。一一八队到达佛冈后，以该队中共支部成员为基础，吸收当地先进分子入党，1938年冬建立天西乡（今水头地区）和龙岗乡（今石角镇科旺和小梅村）党支部。1939年2月下旬，中共广东省委派苏曼到佛冈组建中共佛冈特别支部，特支领导一一八队支部和地方支部。佛冈二区（今迳头、高岗两镇）也先后建立中共佛冈二区支部和中共佛冈中学支部。

1939年5月，中共广东省委派谢永宽、陈秋容、吴清（吴凤珠）到佛冈加强组织领导工作，建立县一级领导机构——中共佛冈区委，谢永宽任区委书记，陈秋容任武装委员，吴清任青年委员，邹华衍任组织委员，廖鉴铭任宣传委员。当年佛冈分一区和二区两个行政区域，一区由区委直管，二区成立中共二区总支，胡占丰任总支书记。全县在中共佛冈区委的领导下开展组织发展工作和抗日救亡运动。这时，中共佛冈地下党的组织工作发展迅速，到同年秋从原只有10名党员发展到有100多名党员，具备了建立县级组织机构的条件。同年9月，撤销中共佛冈区委，成立中共佛冈县委，邹华衍任书记，李玉华任组织委员，廖鉴铭任宣传委员，原省委派来的谢永宽等回粤北省委另行分配工作。同时成立中共佛冈二区委员会。全县的抗日救亡运动在县委的领导下开展，各种群团组织相继成立，抗日救亡的宣传面、组织面不断扩大。

1941年冬，中共前北特委派交通员洪韵（洪文亮）到佛冈、潖江发展党的地下组织，建立佛冈、潖江中共地下组织的另一条线。洪韵到佛冈、潖江后，与原属国民党第十二集团军，后转移到地方的地下党员宋业安、许明取得联系，传达中共前北特委的指示，建立中共清（远）佛（冈）特别支部，由宋业安任书记，许明、黄渠成任委员。中共清佛特别支部成立后负责佛冈、潖江两地的组织联系和发展工作。在抗日战争期间，佛冈境内的县级党组织先后有中共佛冈县委、中共佛冈县工委；上级派驻的党组织先后有中共佛冈特别支部、中共佛冈县特派员（负责人）；区级党组织先后有中共佛冈二区支部（后改为特支、总支）、中共佛冈一区组织、中共佛冈二区委员会、中共佛冈一区委员会；基层党组织先后有天西乡、龙岗乡、白石乡（课田）、佛冈中学、水头（佛冈简易师范）、一区水头乡、一区诚迳乡、二区观石乡、二区迳头乡等党支部。在抗战中后期，中共党组织覆盖全县各地。

二、建立中共潖江地下组织

1938年10月广州沦陷后，佛冈、潖江成为保卫粤北大后方的抗日前沿阵地。党组织为加强潖江地区党的领导，于1939年1月派原在广州读书的中共党员刘渭章回潖江汤塘家乡，组织和发动群众开展抗日救亡工作。同年3月，原八路军驻穗办事处工作人员徐青、余萍夫妇（均是中共党员）来到潖江汤塘小学，接上刘渭章的组织关系后，经批准建立起中共潖江特别支部，徐青任书记。

同年4月，中共广东省委为加强党对滃江地区的领导，派王磊率领工作组到滃江开展工作。5月，按省委指示精神，撤销中共滃江特别支部，成立中共滃江区工委，王磊任书记，王强、杨和先后任宣传委员，梁尚立任组织委员，刘渭章任青年委员，梁庄仪任妇女委员，陈赞任军事委员，原特支书记徐青、余萍夫妇调后方南雄工作。6月，中共北江特委书记黄松坚到滃江视察工作，把从化沦陷区的地下党员划入滃江地方党组织，经批准撤销中共滃江区工委，成立中共滃（江）从（化）区工委，王磊、谢永宽、谢裕德先后任书记。抗日战争时期，中共滃从区工委领导机关先后设在汤塘小学、四九官山、田心等地，领导滃江、从化两地党的组织发展和滃江、从化北部人民开展抗日斗争。在抗日战争期间，滃江地区建立的县级党组织先后有中共滃江区工委、中共滃从区工委、中共滃江县工委、中共滃江县委；上级派驻的党组织先后有中共滃江特别支部、中共滃江区特派员（负责人）；先后建立的基层党组织有：汤塘、围镇、古洞、菱（塘）江（坳）、田心、官山等支部，在抗战后期还成立滃江中学特别支部。

地下党为什么在滃江地区投放这么多精干力量以及建立县一级的领导机构？很明显，这是根据当时的斗争需要和滃江所处的特殊环境和特殊的条件所作出的特殊决策。党把工作重点放在滃江，宣传、发动、组织群众开展抗日救亡，保卫粤北大后方，巩固这块抗日前沿阵地，再向半沦陷区的从化推进，都有着极其深远的意义。

中共滃江组织自1939年春建立以后，组织发展很快，经过抗先队的活动和组织学习培训以及抗日战争的考验，涌现出不少的先进分子，到年底便吸收30多人入党。中共滃江组织同时开展上层统战工作，同滃江知名民主人士黄开山、滃江区区长朱履吉建立团结抗战的统战关系。他们对青年抗日救亡运动，对组织民众开展武装抗日斗争给予有力的支持和帮助。潖江人民在得到党的宣传、发动和帮助下，不单组织起近千人的广东青年抗日先锋队潖江支队，而且还帮助潖江8个乡组织起民众抗日武装大队（或中队）。潖江民众抗日武装队伍在共产党的带领下，多次抗击日军的入侵，给侵略者以沉重的打击，取得重大的胜利。1940年2月12日，省委书记张文彬在《中共广东省委关于广东各地情况给南方局、中共书记处的报告》中叙述："潖江三千多民枪是有组织的、有战斗力的，前几次打击敌人，我们的干部在组织上能掌握有二个大队，人枪两百，党员三十多人，多是知识分子及政治工作人员，在部队中有信仰。"1940年4月23日，张文彬在《广东工作报告》中又阐述："在北江有名的潖江民众武装3000余人，曾屡次抗击敌人，成绩优于正规军。"

由于中国共产党在潖江领导青年抗日救亡运动搞得轰轰烈烈、有声有色，宣传、发动、组织民众抗日武装抵抗日寇的入侵，取得了可喜的战绩，受到国民党当局的妒忌和仇视。到1940年夏，反动逆流袭来，国民党反动派公开通缉中共潖从区工委书记王磊，潖从区工委成员被迫撤离潖江。

王磊等人虽撤出潖江，但不等于党要放弃这块刚刚开拓的，且又结出丰硕成果的抗日前沿特区。正如张文彬1940年4月23日在《广东工作报告》中指出："南海、顺德，北江、潖江，南路这三个地区，每一个地区要有一个强有力的军事干部可以领导3000人的，立刻要派去。"王磊等撤出潖江后，党为了进一步加强对潖江地区的领导工作，又派出谢永宽、陈枫（陈国梁）、廖萱、李云、何俊才等人相继来潖工作。

建立抗日群团组织，开展抗日救亡运动

一、创办闹钟剧社

1937年7月7日卢沟桥事变爆发，日军发动全面侵华战争。在国家和民族存亡的紧急关头，为了唤醒民众起来支持抗战，邹华衍发动水头地区石潭培基小学的进步师生以及社会进步青年组建一个群众业余剧团——闹钟剧社（唤起民众觉醒的意思）。剧社到县内各乡村演出戏剧、话剧和作演讲等，先后演出的节目有《侵略者的下场》《王大伯借债》《放下你的鞭子》《兄妹开荒》《送郎参军》等等，通过文艺宣传唤醒民众，行动起来支持抗日救国。

剧社深入全县各圩镇和较大的乡村演出，受到人民群众的热烈欢迎，在演出中激发观众的爱国热情，台上台下"团结起来，共同抗日！""打倒日本侵略者！"抗日救国的口号声此起彼伏。观众的情绪激励着演员，演员的演出教育和感染着观众。剧社的演出是不收费的，经费是自助自筹的，社员不但毫无怨言，而且工作热情高涨。

剧社的宣传教育活动一直坚持到1940年春才结束，为此后中共地下组织和抗日根据地的创建打下了良好的基础。

二、建立佛冈青年抗日先锋队

抗日战争全面爆发后，全国青年抗战浪潮空前高涨，特别是全国大中院校进步师生要求停止内战、一致抗日的游行示威浪潮一浪接一浪。为了引导青年抗日运动健康发展，中共南方工作委员会把广州各大中院校的青年抗日团体统一组织起来，于1938年1月建立广东青年抗日先锋队。广州沦陷后，为了使抗先队取得合法地位，更好地发挥作用，中共广东省委贯彻党的统战政策，通过积极争取，把广东抗先队纳入国民政府领导下的广东民众抗日动员委员会，广东抗先队改为战时工作队，内部仍称抗先队。

1938年10月，以陆飞和邹华衍为正、副队长率领的省战工队——八队到佛冈，帮助佛冈开展抗日救亡宣传工作。在一一八队的帮助下，在佛冈一区组建佛冈青年抗日先锋队。佛冈抗先队在省战工队的帮助和指导下，抗日宣传工作如虎添翼，到处刷写抗日宣传标语，印刷散发抗日宣传资料，大张旗鼓开展抗日宣传，把佛冈境内的抗日救亡宣传搞得轰轰烈烈。后来，抗先队的活动引起了佛冈国民党当局的不满。1939年春，广东民众抗日动员委员会撤销，一一八队奉命到大后方曲江整训，佛冈一区抗先队大部分队员即参与闹钟剧社的宣传活动。

1939年5月，中共广东省委派谢永宽、陈秋容、吴清到佛冈组建中共佛冈区委，贯彻执行广东抗先队总队部第二次会议决定：一是坚持抗日民族统一战线；二是加强青年和青年武装工作；三是建立和发展青年抗日组织。根据以上精神，中共佛冈区委与国民党佛冈当局开展团结抗日的统战工作，使佛冈一区的抗先队得到恢复和发展。同时，还发动二区的青年建立二区抗先队。二区抗先队成立后，中共地下组织计划联合建立全县统一的抗先队组织，后因中共佛冈区委青年委员吴清于1939年6月病故，筹备组建工作搁置下来，加上1940年春国民党掀起第一次反共逆流，统一组建全县抗先队的计划终未能实现。虽则如此，但抗先队宣传抗日救亡活动的声势之大、影响之深是前所未有的。

三、组建广东青年抗日先锋队潖江支队

1938年10月广州沦陷前后，在广州读书的黄劲秋回到家乡潖江四九田心村开展活动宣传抗日救亡。黄劲秋兄黄开山是爱国民主人士、党的忠诚朋友，曾留学日本，在广州办过报刊、在广东国民政府部门任过职，广州沦陷后回到家乡。黄劲秋在黄开山的支持下，发动青年组建联升乡青年战时抗日服务团，在潖江四九地区大张旗鼓地开展抗日救亡宣传活动，还时刻准备为支援抗日前线服务效力。

抗战全面爆发前夕，潖江汤塘青年刘渭章在广州读书时，积极参与大中院校进步师生的抗日救亡宣传活动，在爱国进步思想的影响下，政治思想进步很快，不但加入广东青年抗日先锋队，

潖江抗日先锋队（张金芳2015年画）

而且还加入中国共产党。1939年春，刘渭章受广东抗先队总队部和党派遣，回到家乡潖江汤塘开展和发动青年组建抗先队，进行抗日救亡宣传活动。他在潖江各乡的青年中，广泛开展串连宣传，使潖江地区从四九到汤塘、龙山、民安、龙潭、鳌头、民乐等10多个乡纷纷建立起抗先队。同年4月，广东抗先队总队部委员梁威林到潖江地区视察青运工作，在汤塘小学召集潖江地区抗先队骨干队员，上了一堂抗日民族统一战线的政治课，给潖江抗先队很大的鼓舞。全潖江抗先队要求联合起来，组建统一指挥的抗战队伍。同年夏，在得到梁威林的批准后，成立广东青年抗日先锋队潖江支队，黄劲秋任支队长，刘渭章、李钵波任副支队长。

广东抗先队潖江支队在中共潖从区工委的支持指导下，队伍的组织工作得到健康发展，潖江地区的抗日救亡宣传活动蓬勃开展。同时，中共潖从区工委贯彻党的统战政策，与驻当地的国民党军一五七师中的中共组织和抗先队组织取得联系，争取他们对中共潖江地下党和抗先队的支持，军民一起联合开展抗日宣传。潖江支队组织表演队、宣讲队、歌咏队等进行声势浩大的街头宣传活动，还在汤塘圩开办文化书社，公开出售毛泽东的《论持久战》《论新阶段》和党的报纸杂志《新华日报》《救亡日报》《群众》《解放》等。潖江支队于1939年8—9月间在四九中心小学举办两期青年培训班，每期有40多人参加，特聘著名民主人士黄开山到班上授课，讲授团结抗战必胜、马列主义唯物辩证法等课程，使学员受到深刻的教育。

1940年5月4日，广东抗先队潖江支队和当地驻军政工队的中共党员联合在汤塘小学召开青年大会，纪念五四青年节，发表《告全潖青年书》，宣传共产党对时局的主张，对国民党反共投降政策进行揭露和反击。

　　广东抗先队滃江支队的组织发展得很快，成立后不足一年，队员人数发展至近千人，抗日救亡宣传工作声势浩大，涉及面广，人民群众抗日保家乡情绪高涨，滃江青运工作受到中共广东省委的赞扬。1939年10月，广东省委给中共中央的《广东青运工作报告》中说，北江"青运有两个中心，一个是最前线的清远滃江，那里民众强悍，枪械亦多，抗先队760多人，大部分是自卫团，将来可以沉着开展。另一个中心是后方根据地南雄"。

　　滃江地区的抗日救亡运动，为后来党的组织发展，组建各乡民众抗日自卫武装，抗击日军的侵略，捍卫粤北大后方，开创和发展抗日根据地打下良好的思想政治基础和群众基础。

组建佛冈、潖江民众抗日武装团体

一、抗日武装团体的建立过程

抗日战争爆发后，是起来保家卫国，还是心甘情愿地做亡国奴？这是摆在每一个国民面前的两种不同的抉择。经过抗先队大张旗鼓的抗日救亡活动的宣传鼓动后，潖江人民的抗日保家乡斗争情绪十分高昂，热切要求组织起来抗战到底，誓死保卫家园。

广州沦陷后，原来守边（疆）护市（广州）的国民党军，纷纷撤到佛冈、潖江驻防，中共潖江地下组织即派出代表与其谈判，要求国民党军与潖江人民共同抗日。国民党军见潖江人民抗日保家乡的情绪如此高涨，便答应在潖江驻防共同抗日。

当时，佛冈、潖江的抗日有利因素很多，一是佛冈、潖江的抗日救亡运动有共产党的领导；二是佛冈、潖江人民淳朴勇敢，具有斗争精神；三是佛冈、潖江山多林密，是开展抗日游击战的有利条件；四是佛冈、潖江人民抗日保家乡的情绪十分高涨；五是社会上所藏枪支弹药甚多（所藏枪支的用途主要是防范氏族械斗、匪盗抢劫和狩猎）。地下党曾做过调查，认为佛冈、潖江"民间所藏枪支弹药甚多，集中起来足可武装一个师"，把群众充分发动起来、组织起来、武装起来，是一支巨大的抗日力量。因此，经过地下党领导的抗先队大张旗鼓的抗日救亡宣传运动以后，1939年初起共产党号召各乡以抗先队为核心骨干队伍，在佛冈、潖江两地组建起各乡民众抗日武装团体。各乡民众抗日武装团体为群众性组织，群众自愿参加，虽配有武器装备，但实行"平战结合"，无战事时参加生产，有战事时组织参与战斗。在抗战前期，各乡民众抗日武装团体分别在佛冈、潖江两地建立，两地较大规模的武装团体共有16个，另有分布在各地乡村的较小团体，还有原属潖江地区的鳌头地域（今属广州市从化区）各乡村建立的民众抗日武装团体。当时参加佛冈、潖江两地的各乡民众抗日武装团体的人员总数达到3000多人。

二、佛冈地区各乡民众抗日武装团体

观台乡（在今高岗镇）礼溪民众抗日自卫中队。1939年在中共英德鱼湾地区支部的发动下成立，朱明貌为中队长，朱超凡为副中队长，人数120多人。

白石乡（在今迳头镇烟岭地区）民众抗日自卫大队。1939年在中共佛冈二区区委的领导下成立，李泽民（中共党员）为大队长，大队下设有井冈中队、课田中队等多个中队和小队，总人数有300多人。

迳头乡青竹人民抗日义勇中队。1943年由中共佛冈地方组织领导人朱继良组织成立，朱德思、朱宝泉为正、副队长，人数有近40人。

天西乡（在今水头镇）民众抗日自卫团。1939年在中共佛冈县委的直接指导下成立，天西乡乡长廖鉴铭兼任团长，人数有300多人。

诚迳（在今石角镇三八地区）民众抗日自卫大队。抗日战争前期诚迳建立民众抗日自卫中队，抗日战争后期扩展为民众抗日自卫大队，宋业安为大队长，宋利民为副大队长，人数有80多人。

三、潖江地区各乡民众抗日武装团体

联升乡（今汤塘镇四九地区）民众抗日自卫大队。1939年在中共潖从区工委的组织下，得到潖江著名民主人士黄开山的支持，成立联升乡民众抗日自卫大队，黄耀球（先）、吴明山（后）任大队长，黄德修任副大队长。大队下设两个中队，第一中队黄巧为中队长，吴家阜为副中队长；第二中队黄环为中队长，黄合为副中队长。全大队有近200人。

联卫乡（今汤塘镇的黎安、围镇、脉塘、联和、九岭等地）民众抗日自卫大队。1939年由中共潖从区工委组建成立，人数有200多人。

兴礼乡（今汤塘镇新塘、汤塘村地区）民众抗日自卫大队。1939年在中共潖从区工委的组织下成立，汤塘开明绅士周成修任大队长，冯某任副大队长，陈赞（中共党员）任军事教官，人数有200多人。

忠定乡（今龙山镇民安地区）民众抗日自卫大队。1939年以抗先队为核心组织成立，人数有200多人。

潖江乡（今龙山镇地域）民众抗日自卫大队。由国民党清远县潖江区政府组建成立，人数有300多人。

建立抗日武装队伍和抗日根据地

抗战时期，佛冈、滘江人民在中国共产党的发动和领导下，取得过抗战杀敌的辉煌成绩，但国民党顽固派对中共发动群众抗日所取得的成绩，不但不予以肯定，相反，既妒忌又害怕，还以各种借口制造事端。例如：以合法的外衣改组地下党领导的闹钟剧社；在1940年的反共逆流中，公开严查中共地下组织和通缉共产党员，致使身份暴露的共产党员和一些领导同志被迫离开；1944年春夏间，东纵北江支队北上粤北开辟抗日根据地，由于事前未与滘江地下党取得联系，致使先头部队途经滘江鳌头地区时，有13名队员被国民党滘江自卫队拘捕，后押解韶关杀害，北江支队被迫折回东江。这些历史告诉我们：革命必须掌握武装，必须牢记"枪杆子里出政权"。此后，中国共产党在佛冈、滘江地区建立人民抗日武装队伍。其中，在佛冈青竹地区建立佛冈民众抗日义勇中队（1943年）；在滘江地区建立三乡抗日自卫委员会（1944年）、滘江人民抗日义勇大队（1945年）。在建立人民抗日武装队伍的同时，佛冈、滘江各地建立一批抗日根据地。

一、建立佛冈民众抗日义勇中队

1943年，根据抗战形势和国民党反共势力制造摩擦的情况，中共地下组织到群众基础较好的迳头青竹地区发动群众，在青竹建立佛冈民众抗日义勇中队。朱德思和朱宝泉为正、副中队长，队员有朱德抱、朱彰恩、朱彰其、朱宝慈、朱宝航等30多人枪。这支在党直接领导下的人民武装队伍，时刻准备开赴抗日前线抗击日本侵略者。这支队伍的建立，为解放战争时期建立佛冈人民义勇大队打下坚实的基础。

二、建立三乡抗日自卫委员会

1944年冬，日军为了打通粤汉线路，支援其发动太平洋战争，在广州集结大量兵力，规模比第一、第二次进犯粤北时还要大。中国军队为应对当时局势而作出新的兵力部署，常驻佛冈、潖江的军队撤出后，两地成了无兵驻守的真空状态。此时，中共领导的东江纵队命令该部北江支队于1945年春北上粤北开辟新的抗日根据地，同时命令中共潖江县工委做好迎接北江支队在潖江地区过境的安全准备工作。

中共潖江县工委坚持开展统战工作，依靠四九、汤塘地区的进步人士，争取开明人士黄开山、邓冠芳等的支持，以"团结起来，抗日保家乡"的口号，于同年冬建立三乡（联升、联卫、兴礼）抗日自卫委员会。由黄开山出任主任，邓冠芳、冯位铃为副主任。委员会内设武装指挥部，成立武装总队统一领导和指挥三乡民众抗日自卫武装大队，由黄渠成（中共党员）任大队长，黄积年（中共党员）任常备队长。委员会还设立宣传机构，由黄信明（中共党员）主管，油印出版《三日新闻》刊物，宣传全国抗日斗争形势和党的团结抗日方针。

三乡抗日自卫委员会名义上是团结抗日机构，实际上是由中共地下组织掌握的机构。三乡抗日自卫委员会自1944年冬成立后，坚持到1945年夏抗战胜利。

三、迎接东纵北江支队和西北支队北上

1945年2月下旬，由中共广东省委委员梁广率领东纵北江支队和西北支队（西北支队开赴北江以西地区开辟抗日新区）从博罗东纵司令部出发，经增城、从化北部过滃江北上。中共滃江地方组织派代表到从（化）滃（江）交界点去迎接，部队进入滃江地区后，所到之处受到热烈欢迎。晚上，部队和地方组织在四九中心小学举办军民联欢晚会，充分体现军爱民、民拥军的鱼水之情。第二天傍晚，北上部队到达汤塘过滃江，经岑坑过佛冈西部的龙南北上英（德）佛（冈）边地区开辟抗日根据地。

北上部队能安全、顺利通过滃江地区，除了中共地方组织做好迎接部队过境的工作外，还得到黄开山、邓冠芳等开明人士的支持和配合。部队北上后，中共滃江县委和黄开山等都受到东纵司令部的通令表扬。

四、建立滃江人民抗日义勇大队

东纵北江支队和西北支队安全、顺利通过滃江地区的消息传出，震惊了国民党滃江当局。经过日夜的谋划，1945年7月5日，以国民党滃江区区长植敬棠为首率领200多人的反共武装直扑四九地区，将党的地下活动据点四九中心小学包围，抓走中共党员教师戴敏、郭若之和冯某等人，历史上称"七五事件"。

"七五事件"发生后，中共滃江县委书记李云主持召开县委紧急会议。为保护党的组织，打击国民党顽固派的嚣张气焰，会议决定采取"人不犯我，我不犯人；人若犯我，我必犯人"的斗争策略，举旗起义，建立武装。这个决定得到菱塘村人民的响应，村中父老鼓励进步青年干革命，并把村中祖偿购置的机枪弹药贡献出来。在群众的大力支持下，黄渠成、黄信明、黄积年等

执行县委决定，串连发动菱塘、田心、官山、围镇等村的党员和进步青年参加起义。同年8月上旬，在中共地下组织的领导下，在江坳村显沥祠堂集结起义，公开宣布成立滃江人民抗日义勇大队，全大队100余人，编为2个中队。从此，滃江地区建立中共领导的抗日武装队伍。

五、创建抗日根据地

1945年春，东纵北江支队北上英（德）佛（冈）边区开辟抗日新区后，中共佛冈地下组织经过多年的努力，在佛冈、滃江两地发展和建立起10多个基层支部，有汤塘的田心、菱江、围镇，水头的石潭，迳头的井冈、龙冈、社坪、青竹，高岗的礼溪、三江等支部，并在各基层党组织的发动和领导下，建立各地民众抗日武装。这些武装队伍紧密配合国民党抗日部队抗击日本侵略军，取得两次保卫粤北大捷和多次战斗的胜利，从而建立起佛冈、滃江两地的抗日革命根据地。

抗击日军战绩

佛冈、滃江两地的民众抗日武装团体和中国共产党领导的抗日武装队伍建立起来后，时而独立作战，时而与国民党抗日部队协同作战，在多次抗敌入侵和捍卫粤北大后方的战斗中发挥出重要的战斗作用，并多次取得抗敌的辉煌胜利。

抗日战争时期，佛冈、滃江人民抗日斗争的战绩是辉煌的，其事迹是可歌可泣的，滃江地区的优秀儿女用生命和鲜血谱写出一曲抗日战歌《滃江颂》。此歌当年唱响北江两岸，唱遍大半个广东，激励着滃江人民以及广东人民的抗日斗志，直至取得抗日战争的胜利。

一、取得源潭阻击战的胜利

广州沦陷后，日军为了扩大侵略地域，以蚕食的手段迅速占领广州周边的南海、佛山、番禺、顺德、增城、从化、花县等地。1938年12月，日军集结数千人，分两路从广州、花县北上，企图侵占滃江地区，其中一路由花县过清远的银盏坳经源潭进入滃江地区；一路由花县百步梯，过梯面进入滃江地区。滃江民众抗日自卫武装队伍立即配合国民党抗日部队，在滃江边沿的源潭青龙岗、大埗一带和滃江的鳌头白土一带阻击入侵的日军。源潭青龙岗、大埗一线的战斗打得尤为激烈，抗日军队运用迂回的游击战术坚持战斗三天两夜，重挫敌军锋芒，日军伤亡惨重，被迫撤回花县、广州。在鳌头一线进攻的日军，见源潭一线伤亡惨重，也被迫退回花县、广州。

这两次战斗的胜利，极大地鼓舞了潖江人民的抗日斗志，沉重地打击日本侵略军的嚣张气焰。此后，日军不敢随便窜犯潖江。八年全面抗战，佛冈、潖江从未落入过敌手，正如《潖江颂》的歌词一样，成为保卫粤北的一道"铁屏障"。

二、参加第一次粤北保卫战

1938年10月，日军以4.5万人的兵力从惠阳大亚湾偷袭登陆，占领广州和广州周边的一些地区。12月，日军意图扩大侵略，出兵进犯清远潖江却遭到挫折。侵粤日军兵力有限，于是想方设法集结兵力，妄图打通粤（广州）汉（汉口）这条铁路通道。

1939年12月，日军经过近一年的时间谋划，集结12万多的兵力，向粤北大举进犯，妄图控制粤汉铁路。日军以车马先行，由广州向粤北推进，中国军民奋起反抗，拉开第一次粤北保卫战的序幕。

当时在清远、潖江、佛冈、英德、翁源一线驻防的国民党军第十二集团军的第六十二、六十三、六十四、六十五军接到命令后，立即向从化良口、吕田一线开进，在数十千米的公路沿线山头布阵，做好迎敌的战斗准备。12月27日拂晓，在从化吕田牛背脊的第六十二军一五七师奋力阻击，霎时枪声大作、炮声轰鸣，日军一支队伍猝不及防，在忙乱中被歼。

28日，第一五七师将士越打越勇，迂回到牛背脊南端公路上，集中炮火将日军停在那里的100多辆辎重车摧毁，战斗异常激烈。这时仍有相当部分日军恃着车炮开路，拼命向北推进。原驻湖南衡阳的国民党军第五十四军陈烈部，接到增援广东粤北战役的命令后，把队伍拉到广东的翁源铁龙、新江一带布阵。敌前

汤塘镇大埔村全貌（佛冈县史志办公室供稿，2016年摄）

锋部队到达该路段后，立即遭到五十四军的迎头痛击。敌人前后受敌，于是调头分两路撤退，其中一路在英德沿粤汉铁路向广州方向撤退，一路向佛冈、滃江方向撤退。日军退至佛冈、滃江境内时，遭到各地民众抗日武装的袭击。

　　日军退至佛冈北边的英德白沙乡牛栏头、大风坳地段时，受到佛冈李泽民为大队长率领的白石乡民众抗日自卫大队的袭击。日军退至迳头地段时，为避免过于集中而挨打，又分两路往滃江方向向南撤。1939年农历11月23日一路日军经挂牌径进入三八诚迳地区时，遭到中共佛冈县委书记邹华衍（时任佛冈战时动员委员会秘书）和宋振式领导的民众抗日自卫中队的袭击，日军10多人被打死打伤。次日，日军在三八附近村庄杀人放火抢掠，进行报复。另一路日军从迳头经风迳过水头，到火屎岭一带地段时，遭到天西乡廖鉴铭领导的民众抗日自卫团的袭击，敌数人受伤。日军退至水头王田坝时，遭到王田抗日武装的袭击，被打死打伤多人。日军进入水头后，多次遭到袭击，不敢在水头地区宿营，连夜南逃。

　　日军沿大庙峡的崎岖山路退至汤塘古竹迳时，又遭到中共滃从区工委军事委员陈赞指挥的汤塘抗日自卫大队的袭击。当日军走出迳口时，抗日自卫大队立即开火猛烈扫射，当即毙敌多人。此时，敌人抢占两边山头高地，向抗日自卫大队还击。因敌我装备对比悬殊，抗日自卫大队主动撤出战斗。当晚，日军退至汤塘大埔村宿营，在宿营地的附近放火烧民房、柴房、草堆等，以防抗日武装夜袭。第二天，日军大部向潖二的鳌头方向撤退，撤出潖江退回到花县、广州去。另一部分日军则转向四九地区过从化，撤回广州。原仍在从化良口、吕田一线的日军获知前锋队伍已从北部翁源方向败退回来，急忙撤出阵地往广州方向撤退。

此役，从1939年12月下半月开始，至1940年1月初结束，历时半个多月，日军以失败告终，历史上称为"第一次保卫粤北大捷"。此役是广东抗日战争规模最大、时间最长、战斗最为激烈、双方伤亡人数最多的战役。

在此役展开时，四九地区民众抗日自卫大队到从化良口前线配合国民党部队战斗，战斗胜利结束，缴获日军战马11匹、单车10辆以及军用物资一批。日军撤退途经汤塘地区时，抗日自卫武装在阻击战斗中打死日军多人，活捉3人（其中日本女人1人），缴获日军物资一批。

战斗结束后，因佛冈、潖江人民支持和参与第一次粤北保卫战战绩显著，广东省国民政府主席李汉魂率慰问团前来抚恤、颁奖、慰问，赞扬佛冈、潖江人民杀敌英勇，抗日有功，并委任潖江地方官员朱履吉（原名朱祺）、黄康平为粤北挺进纵队副司令。

三、参加第二次粤北保卫战

1940年5月，日军集结兵力由广（州）从（化）公路向北进犯，妄图再次打通陆路（铁路）交通线，从而拉开第二次粤北保卫战的序幕。这次战役的主战场仍然是从化良口的石榴花山、五指山和吕田的牛背脊山一线。日军到达山前，便抢占山头高地，掩护主力向北推进。驻良口的抗日军队奋起抵抗。5月22日凌晨，日军一部向石榴花山阵地进攻，敌军10多门炮向中国军队阵地猛烈炮轰，还出动6架飞机配合地面部队向中国军队阵地发起进攻，中国军队誓死坚守阵地，打退敌人多次进攻。后为减少伤亡，中国军队主动撤出阵地，采用迂回战术和敌人周旋，弄得敌人晕头转向，伺机歼敌有生力量。国民党军第十二集团军第六十三军将士与日军周旋激战10多个昼夜，打退日军的多次进攻，毙敌数千，国民党军也付出牺牲2000多名将士的代价。

这次战役发生后，漄江四九地区民众抗日自卫大队立即开赴前线，配合抗日军队作战。他们凭着熟悉地形的有利条件，巧妙地打击敌人。他们发现蜈蚣偷水饮（地名）有一股日军，便与抗日军队一起攻其不备，把日军截成两段分别歼灭。当他们发现日军向漄江四九、黄花地区移动时，为保卫漄江地区安全，他们抓住日军晚上不敢轻举妄动的弱点，利用夜晚偷袭日军，置敌军于被动挨打、日夜不得安宁的境地。敌军在抗日军队和地方抗日自卫武装的打击下，不得不南撤。漄江人民抗日自卫武装发现此情况，便派出一个中队阻击逃敌，中共漄从区工委派出唐凌鹰等10多名党员与自卫中队一同参加战斗。自卫中队抄小路进入黄牛偷水饮（地名）、沙江等地伏击逃敌，当场毙敌数人，击沉击伤敌人运输船只多艘。

经过近一个月的拉锯式的战斗，中国军民终于又一次打败日军的疯狂进攻，粉碎日军北上的图谋，迫使其再次向南败退。此役，历史上称为"第二次保卫粤北大捷"。

在潖江人民抗日自卫武装和国民党抗日军队配合下，取得抗击日军战斗的辉煌胜利，再次显示出潖江人民的抗日自卫武装在中共地下组织的领导下，能打善战、机智勇敢、顽强作战、克敌制胜，又一次受到中共广东省委的赞扬，并受到国民党第十二集团军的表彰和奖赏。

4

第四章
解放战争时期

第一节 恢复中共地下组织，开展武装斗争

抗日战争胜利后，国共两党在重庆谈判，签署了和平建国的《政府与中共代表会谈纪要》（即双十协定）。根据双十协定和中共中央关于做好"隐蔽精干，长期埋伏，积蓄力量，以待时机"的方针精神，1946年6月广东东纵主力部队北撤山东烟台，未参加北撤的部队，部分复员回乡，部分坚持隐蔽斗争。佛冈、滃江地区的共产党员和武装人员只有少数参与北撤，绝大部分留下坚持斗争或复员回乡，一些已暴露身份的地下党领导同志相继撤离或隐蔽。是年7月，国民党广东当局实施"绥靖""清乡"计划，在全省各地大肆进行反共的"清剿""清乡"。针对国民党当局反共、全面发动内战的行径，中共中央对南方各省发出指示，号召各地重新开展游击战争，为大搞武装斗争做准备。遵照这些指示精神，佛冈、滃江各地恢复中共各级地方组织活动，在党组织的领导下恢复和组建佛冈人民义勇大队和清从佛人民义勇大队两支武装队伍。这两支队伍在解放战争中，与地方反动势力展开武装斗争，迎来全国解放。

一、恢复中共佛冈地方组织

1946年3月，中共英德地区负责人廖宣派朱继良为中共佛冈县特派员，负责佛冈党组织的恢复整顿工作。朱继良任命廖诗淦、刘健芸为一区地下党负责人，二人领导一区党组织并恢复武装工作。

1947年3月，根据中共广东区委决定，成立以何振才为书记的中共潖江地工委，佛冈北部地区党组织归中共潖江地工委领导。7月，中共佛冈一区地下组织成立中共佛冈一区临时委员会，推选廖诗淦为书记，领导一区恢复组织，为举行武装起义做准备。11月，中共潖江地工委派刘少中到佛冈，成立以刘少中为书记的中共佛冈县委。

在解放战争时期，佛冈游击根据地、佛冈人民在中共佛冈地方组织的领导下，坚持革命的武装斗争，直到佛冈全境解放。

二、恢复建立中共滨江地下组织

1947年3月，根据中共广东区委的决定，成立以黄庄平为书记、黄佳为副书记的中共江北（即东江以北地区）地工委，统一领导江北地区（包括增城、龙门、博罗、从化、花县、龙川部分地区和清远县的滨江地区）党的工作和武装斗争。7月，黄渠成奉中共江北地工委之命，率黄赞明、黄渡江、黄绍、黄谷银、黄桥、白剑雄6人回滨江地区恢复党的各级组织活动，为重新建立革命武装做准备。8月，经中共江北地工委批准成立中共清从佛边县工委，负责人黄渠成、黄信明。

1948年3月，奉中共江北地工委指示：撤销中共清从佛边县工委，改设以罗光连任书记，黄渠成、林科、甘生为委员的中共清从花佛边县委（花县地区划入管辖范围）。

1949年7月，以黄信明为书记的中共清从花佛边县委划归中共滨江地委领导。同年9月3日，滨江游击武装解放滨江重镇汤塘圩后，于同月20日经中共滨江地委批准，撤销中共清从花佛边县委，改设中共滨江县委和滨江县人民政府，黄信明任县委书记兼县长。

解放战争时期，滨江地区的游击根据地和滨江人民在中共滨江地方组织的领导下，坚持革命武装斗争，直到滨江地区解放。

三、组建清从佛人民义勇大队

1947年6—7月，黄渠成奉中共江北地工委之命率武装骨干回滃江地区恢复武装斗争，动员原复员战士重新归队，恢复武装队伍。武装队伍组织起来后，为解决武器装备问题，黄渠成组织30多名战士内外配合，于8月17日突袭联升（四九）乡公所，缴获长、短枪200余支和子弹2万余发。另外，以围镇村的党员和部分游击战士为主要力量，夜袭国民党联卫乡（乡驻地在联和新圩）自卫队，缴获枪支弹药一批。

武装部队袭击国民党联升乡公所和联卫乡自卫队后，枪支武器问题基本解决，随即公开宣布成立由共产党领导的清从佛人民义勇大队，黄渠成任大队长，黄信明任特派员。同年冬，中共江北地工委为了加强对滃江地区武装队伍的领导，派甘生到滃江任义勇大队副大队长，林科任政训室主任。

同年10月26日，中共佛冈一区（水头）临时区委宣布武装起义，参加武装起义人员突袭国民党水头乡公所，一枪不发就缴获水头乡自卫队的全部武器装备。回到老根据地红星村后，宣布成立清从佛人民义勇大队水头中队，中队长郑日恒（郑江萍），因当时未征得上级任命意见，故中队暂由陈镜文（中共党员）、黄超然（中共党员）负责。水头中队成立后第二天，攻打国民党水头乡凤山陈家祠粮仓，开仓分粮给当地贫苦群众。

1948年春，中共中央香港分局根据斗争形势需要，决定建立中共粤赣湘边区委员会，撤销中共江北地工委，设立中共江北地委，成立广东人民解放军江北支队。3月，清从花佛人民义勇大队（由清从佛人民义勇大队发展而来）改编为广东人民解放军江北支队第四团，团长黄渠成。第四团有8个中队，人员800多人。同月，中共佛冈一区石角支部发动东壁村和诚迳村群众起义，建立清从花佛人民义勇大队第九中队，钟文光任中队长，宋振任指导员。

1949年1月1日，新华社发表中共中央主席毛泽东撰写的《将革命进行到底》的新年献词，向中外宣布：中国人民伟大的解放战争将要推向全中国并夺得最后的胜利。同月，中国人民解放军总司令部批准建立粤赣湘边纵队，原广东人民解放军江北支队第四团改编为中国人民解放军粤赣湘边纵队东江第三支队第四团（简称"东三支四团"）。同年7月，滃江地区划归中共瀚江地委领导，部队编为中国人民解放军粤赣湘边纵队北江第一支队第六团（简称"北一支六团"）。同月，第六团领导派黄积年、范钊到滃二龙潭地区（原属清远，今属从化管辖）做国民党联防队的策反工作，争取陈泽和、谭仲通为首的国民党龙潭联防队的起义。

滃江这支由党领导的人民武装在解放战争时期不断发展壮大，经过数十次大小战斗的洗礼，战功卓著，较早地解放滃江大片的土地，终于迎来全国的解放。

四、组建佛冈人民义勇大队

1946年6月东纵北撤，佛冈原参加东纵北江支队的武装人员只有小部分参加北撤，绝大部分仍留下来作长期隐蔽斗争。东纵北撤后，国民党对游击区（根据地）发动"清乡"。佛冈武装人员与英东留下来的武装人员重新组成鱼湾大队（后称"英佛民主先锋大队"）和敌人展开斗争。佛冈游击队的朱继良、李先士的队伍23人，分成李洁明、李汉槎、李奀3个分队进行活动。为粉碎国民党地方反动武装的军事进攻，1946年7月，英佛民主先锋大队的佛冈籍战士配合新丰游击队赖景勋部、邱振英手枪组袭击新丰遥田乡联防队，缴获枪支弹药及军用物资一批，狠狠地打击了国民党地方反动势力的气焰。

1947年7—8月，在英佛民主先锋大队的支持帮助下，高岗乡观音山地区（今高镇村）建立华山游击中队，中队长李公安。

1947年10月，为响应上级党委"大搞武装斗争"的号召，在青竹游击根据地公开宣布成立佛冈人民抗征救命大队，大队长朱如森，特派员李适存。大队成立不到一个月，因大队长朱如森交枪投敌，造成大队组织瘫痪。11月，上级党委派刘少中到佛冈加强领导，对佛冈人民抗征救命大队进行整顿，取消"佛冈人民抗征救命大队"番号，成立佛冈人民义勇大队，刘少中任政委，李适存任大队长，江枫任副大队长，朱继良任政训室主任，同时开除朱如森等一些动摇分子的党籍、队籍，从而增强部队的团结和战斗力。佛冈人民义勇大队归属中共瀛江地工委和广东人民解放军北江先遣支队领导。

1949年，随着革命形势的好转，党的统战工作得到进一步加强。经过说服动员，在党的统战政策感召下，是年4月，国民党迳头联防中队朱世轰、朱如盘携机枪1挺、步枪10多支起义。5月，佛冈二区大陂联队大队大队长郑国庚和副大队长何非非率部30多人，携机枪2挺、步枪30多支起义，迳头联防中队中队长朱如铮也率部投诚。水头联防小队小队长廖诗均等携机枪1挺、步枪3支起义，桂田、崇本、新华联防中队此时也借口"没有供给"而自动解散。1949年6月，原广东人民解放军北江先遣支队改编为中国人民解放军粤赣湘边纵队北江第一支队，佛冈人民义勇大队改编为北江第一支队佛冈独立第五大队，大队长郑国庚，政委李适存，副大队长甘来，教导员戴敏。大队下设金星、火星两个连。佛冈人民义勇大队（佛冈独立第五大队）在中共地方组织的领导和兄弟部队的配合下，坚持开展武装斗争，解放了佛冈二区的大部分地区，最后配合南下解放大军取得全面解放佛冈的胜利。

创建游击根据地，坚持武装斗争

佛冈人民义勇大队和清从花佛人民义勇大队两支游击武装队伍自建立后发展很快，在半年多的时间内，队伍便发展到十余个中队，总人数达1000多人。在解放战争时期，两支队伍在全县各地创建了一大批游击根据地。

一、在革命武装斗争中创建游击根据地

1945年8月滃江人民抗日义勇大队成立时，大队进驻黄花，为创建黄花根据地打下良好的基础。1947年恢复大搞武装斗争，建立清从佛人民义勇大队（后改为"清从花佛人民义勇大队"），大队多次进驻黄花。在解放战争时期，部队把黄花建设成为游击战争最可靠、最安全的大后方和游击队员之家。要打仗，部队从黄花出发；打胜仗后，回黄花总结表彰。清从花佛人民义勇大队改编为东三支四团、北一支六团时，团指挥机关常设在黄花存久洞村。

1948年下半年至1949年上半年，东三支四团团部还在这里举办过多期部队骨干学习班和专业干部培训班，其中有一期还与佛冈人民义勇大队联合举办，邀请粤赣湘边纵队北江第一支队政治委员邓楚白前来讲课，使学员受到极大鼓舞。

在创建革命根据地的过程中，涌现出许多军爱民、民拥军，军民团结一家亲，同艰苦、共患难的感人故事。比如有一次游击

黄花存久洞村东三支四团、北一支六团青干班旧址（朱灿炉2017年摄）

战士转战回到老区观音山下村庄时，老堡垒户见到游击战士一身疲惫、憔悴、饥饿的神态，便把家中仅有的一箩番薯、芋头拿出来煮给战士们吃。在极端困难的时候，老根据地的人民冒着生命的危险，避开敌人的岗哨，忍受搜身的凌辱，想尽一切办法为部队购买粮、油、盐等生活物品和文化工作用品。在革命游击战争年代，老根据地的人民为支持部队开展游击武装斗争，像"最后一碗米送去做军粮，最后一尺布送去做衣裳"，这样的事例数不胜数。

二、根据地军民开展武装斗争

国民党反动派无论在抗日战争时期还是解放战争时期，都把老区根据地视为眼中钉、肉中刺。特别是在抗日战争后期和解放战争时期，敌人更是把老区看成是"匪区"，恨不得把它"荡平""剿灭"。1947年，蒋介石派宋子文到广东任省主席，实施"清乡""绥靖"计划，武装斗争形势更为残酷。国民党反动武装和地方反动势力往往纠合在一起，为了"靖化"广东，重拾日军的"三光"（烧光、杀光、抢光）政策，对根据地实行极其残酷的"围剿""扫荡"，使根据地人民生命财产蒙受重大损失。佛冈、滃江人民在中国共产党的领导下，以革命武装打击反革命武装，粉碎敌人的"围剿""扫荡"，捍卫革命老区和红色根据地，在革命武装斗争中取得重大胜利，涌现出许许多多可歌可泣的英雄事迹。

（一）宝结岭人民反"围剿"

宝结岭（今属高岗镇宝山行政村），位于佛冈县西北部，与英德县鱼湾镇交界。1927年起，该村的青年参加英德县鱼湾地区的农民运动，受其影响，回村也组织农会（耕种会），迅速掀起农民运动。抗战时期，中共地下组织在这里设立地下交通站。1945年春，东纵北江支队沿这条交通线北上英（德）佛（冈）边开辟抗日根据地，支队司令部常驻宝结岭村。

1948年，国民党反动派纠集军警和地方武装共1500多人，先后两次对宝结岭实行残酷的"围剿""扫荡"，实行"三光"，杀害民兵群众6人，烧毁民房200余间（90%房屋被烧），抢劫耕牛20多头、生猪100多头以及稻谷、三鸟（鸡、鸭、鹅）、农用物资一批。敌人还在村头村尾加建岗哨，群众被迫进入深山密林搭茅棚躲避。

无论敌人的"围剿""扫荡"如何残酷凶狠，宝结岭人民是打不垮、吓不倒的，他们不屈不挠，英勇不屈，坚决粉碎敌人的"围剿""扫荡"。在1948年8月的一次反击战中，宝结岭村的民兵们配合英佛游击队反击敌人的"围剿"，毙伤敌20余名，缴获长、短枪10余支，缴回被抢物资一批。敌人败退后，再也不敢前来"围剿""扫荡"。

（二）观音山人民反"扫荡"

观音山村（今属高岗镇高镇行政村）是佛冈县抗战时期的一块红色根据地。1945年春，东纵北江支队北上英佛边开辟抗日根据地，经常到该村活动，帮助建立起民兵中队，随时准备抗击入侵之敌，把观音山村创建成抗日根据地。1947年7—8月，地下党在该村发动武装起义，建立起以李公安为中队长的华山游击中队。敌人对这块红色根据地进行"扫荡"。在反击"扫荡"的战斗中，涌现出许多"打虎不离亲兄弟""上阵全靠父子兵"的英雄故事。

观音山村李功树、李启恭是一对游击英雄父子烈士。1947年村里成立华山游击中队时，父子俩争相报名参队。经部队领导批准，他们成为华山游击中队的父子兵。父子俩在多次反"围剿"和攻打高岗圩反动联防队等战斗中，相互照应、配合默契，战斗都打得非常出色，屡立战功。1948年，国民党武装到处设防封锁，妄图切断游击区与国统区和圩场集市的经济联系。当时县里的反动武装在诚迳石龙村设立据点，驻有一个联防中队，企图封死观音山游击区的对外联系和经济物资往来。如果不把这个据点拔掉，对根据地威胁甚大，游击队决心拔掉这个据点。李功树、李启恭父子请缨上阵，与几名战友组成一支小分队，化装潜入敌营，准备内外夹攻一举拿下敌据点。未料到敌人早有防备，小分队被困，李家父子在英勇顽强的战斗中壮烈牺牲，成为光荣的父子烈士。

观音山村李承贵、李继成、李宗相三个同胞兄弟，是"打虎不离亲兄弟"的民兵英雄烈士。1947年村里建立华山游击中队后，敌人视这块地区为洪水猛兽，恨不得把它消灭掉。同年11月21日、22日连续两天组织反动武装前来"扫荡"，被游击队击退后，敌人于23日又来"扫荡"。面对敌人接二连三的"扫荡"，村中民兵掩护群众撤退上山隐蔽。李承贵三兄弟奋不顾身一面掩护群众撤退，一面阻击敌人，同时还照顾着村中一个带着小孩的临盆孕妇。他们来不及撤离，被敌人追赶上来，这名孕妇及小孩被敌人枪杀，李承贵三兄弟同时被捕。李承贵三兄弟被捕后，在押解回高岗乡公所的路上，敌人惨无人道地把李承贵两个耳朵割掉，最后把李承贵枪杀了。敌人把李继成、李宗相押解到高岗乡公所，次日一早把李继成兄弟押解去英德桥头镇杀害。李承贵、李继成、李宗相三兄弟，一门忠烈，他们为革命、为人民勇于献身的精神，永远值得后人敬仰与怀念。

（三）青竹人民五次反"围剿"斗争

青竹村（原称青洞，今属迳头镇青竹行政村）是抗日战争中期建立起来的革命根据地。国民党反动派容不下根据地的创建和发展，1945年下半年派出军警武装前来"围剿""扫荡"。青竹人民抗日义勇中队、民兵紧密配合打击敌人，敌人寸步难进，只好收兵撤退。青竹人民粉碎了敌人第一次"围剿"。

1948年4月8日，国民党反动派武装又到青竹"扫荡"。敌军一个连的兵力经水头的上潭洞过青竹偷袭，被青竹民兵和佛冈人民义勇大队打得晕头转向，败退而逃。另一路敌军则从新（丰）佛（冈）边境偷袭青竹，被新丰赖景勋大队拦截于狗头壳山上激战，打退了敌人的多次进攻，迫使敌人退回新丰。青竹人民取得第二次反"围剿"的胜利。

1948年6月，国民党迳头、大陂两乡联防队在区长朱公哲和大队长郑国庚的指挥下，又向青竹扑来。青竹民兵朱彰体在塘背墈播谷时，发现了敌尖兵，立即回村敲锣报警。铜锣声就是命令，全村民兵和部分仍留在村里的佛冈人民义勇大队的战士立即集队上山，进入迳口阵地，迅速投入战斗。当敌人先头部队进入火力圈时，一轮枪弹射向敌阵，有两名联防队员即时毙命，其他敌人被吓得调头狼狈逃命。敌人见游击队已有防备，不敢继续进攻，只好撤退逃命。这是青竹人民第三次粉碎敌人的"围剿"。

同年9月17日，国民党正规军一个团从新丰遥田经斜子径向青竹老区偷袭。这段时间刚好佛冈游击队到其他地区活动，村中民兵势单力薄仓促应战，同时又要掩护群众撤退上山。此次战斗由于敌我力量对比悬殊，加上对新丰方向敌人的偷袭没有防备，被敌人攻进村里。敌人在村中大肆抢劫蹂躏，能带走的粮食、衣物、耕牛牲畜，基本上全被劫走；不能带走的农具、家具杂物，几乎全部被毁；有的来不及撤退的老人病妇，敌人竟毫无人性地施暴。在反"围剿"的战斗中，朱德欣、朱宝慈、朱圣模、朱宝航、朱彰体5名民兵战士壮烈牺牲。在这第四次反"围剿"战斗中，根据地遭受重大的损失。

同年10月2日，敌人发动第五次"围剿"。敌人将迳头、烟岭、水头等地联防队集结起来，加上国民党正规军一部共1000多人，分水头、迳头两路"进剿"。青竹人民把粮食等物资转移藏好，老人及牲口全撤上山，在要道、路旁布设竹桩阵和地雷阵，做好迎敌的准备。当敌人大摇大摆地进入村庄时，发现人和物都不见踪影，十分惊慌。此时，布置在各山头的民兵群众，立即鸣锣放枪呐喊，喊杀声此起彼伏，置敌人于四面被包围的境地。敌人摸不清情况，只好乱放枪，仓皇撤退。撤退时落入竹桩阵和地雷阵，敌人被竹尖刺伤被地雷炸伤，狼狈不堪，溃不成军。青竹人民粉碎敌人的第五次"围剿"。

1948年底至1949年春，中国人民解放军相继取得辽沈、平津、淮海三大战役的伟大胜利，佛冈的反动武装都龟缩在城镇里，再也无力到青竹"围剿""扫荡"了。

（四）黄花人民粉碎敌人"围剿""扫荡"

黄花地域（今属石角镇黄花行政村）在革命战争年代是开展游击武装斗争的好地方。这里有几个好的条件：一是大，黄花洞占地面积53.1平方千米，游击战活动回旋余地大；二是山，整个黄花洞95%以上是山地，山脉连绵盘旋起伏，构成多条山涧大洞，而且山上森林茂密，可藏驻千余名游击战士，敌人根本无法寻找；三是险，黄花石寨是全县最著名的石山石寨，道路交通不便，易守难攻。黄花人听党话、跟党走，人民热爱子弟兵，而且这里人又多，当年全洞有18个自然村，总人口6000多人，养活千余名子弟兵不是件很困难的事。

因此国民党反动派把黄花视为"匪区"，恨不得把黄花铲平。但要铲平黄花不是那么容易，个别的联防大队根本就不是共产党游击队和根据地人民的对手，就是一个团的敌军也不敢贸然前来进攻。黄花位于佛冈、清远、从化三县的交界处，1948年11月，三个县的国民党反动军警武装纠集在一起，组织1000多人的反动武装，分三路大举向黄花地区"围剿""扫荡"。游击武装部队接到情报后，马上组织群众往茂密的山林上撤，实行坚壁清野，避敌锋芒。敌人进村后见空无一人便大肆洗劫财物，能抢走的抢走，不能抢走的农具或生活用具则大肆破坏。敌人在此次"围剿"后撤退回程时，洋洋得意地拿着、背着、用长枪挑着抢来的财物，沿着来时的道路而回。游击战士和黄花的民兵群众早已在道路两边的山头埋伏好，待敌人进入伏击圈后，指挥员一声令下，枪声、喊杀声响震山谷，一下子毙敌、伤敌多人。敌人纷纷丢下财物狼狈逃命。这次不但粉碎了敌人的"围剿""扫荡"阴谋，而且把大部分被洗劫的财物夺了回来。从此，国民党反动派再也不敢轻易到黄花"围剿""扫荡"。

（五）水头根据地的武装斗争

1947年10月，中共佛冈一区临时区委在水头地区发动武装起义，成立以郑江萍（又名郑日恒，水头莲瑶冚尾人，抗战后期是东纵北江支队指导员）为中队长的清从佛人民义勇大队水头中队。当时实际负责人是陈镜文、黄超然。起义当天，参加起义人员攻入国民党水头乡公所，一枪不发缴获乡自卫队的全部枪械。第二天，接着攻打国民党水头乡凤山粮仓，开仓分粮给劳苦大众。这些革命行动震惊水头地区和佛冈县里的国民党反动派。

1947年11月，中共水头组织开展对国民党佛冈县党部书记长黄祥光的统战工作。黄祥光派乡长黄锡棋与中共水头组织负责人联系，清从佛人民义勇大队大队长黄渠成与黄祥光在水头莲瑶五福堂谈判，黄祥光答应暂不派兵"进剿"水头地区，不干涉水头地区的革命武装。因此，当年水头地区的各根据地均未遭到国民党军队的"围剿""扫荡"。1949年4月21日解放军百万雄师过大江，23日占领国民党南京总统府。在革命的大好形势下，水头地区的反动武装更加不敢对水头地区的革命根据地进行"围剿""扫荡"。由于施策得当，整个解放战争时期，水头地区的游击根据地基本上未受到国民党反动派的"围剿""扫荡"。

三、建立地下交通站

解放战争期间，为加强各地党组织和革命武装力量的沟通联络，便于传达上级指示、互通情况、加强联系，1947年6月，粤赣先遣支队（后改为粤赣湘边纵队北江第一支队）在翁源龙仙设立交通总站。总站负责人有林奕龙（站长，先）、黄洪勋（指导员，先）、杨林宽（站长，后）、沈建明（指导员，后）。总站下设总分站，总分站下设交通站（点）。支队总站、总分站和交通站（点）共有200多人。

北江第一支队交通总站有如下几条主要交通干线：通向曲江马坝交通线；通往英东交通线；通往清佛交通线；通往新丰、连平、粤赣湘边、九连山区党委所在地交通线；通往翁北、五岭地区、江西等地交通线。各条交通线上都设有若干个总分站。交通线路总长达数百千米。交通站的主要任务是护送干部过境，上传下达情况，递送情报、指示、文件、宣传品以及转运物资等。此外，还协助当地党组织做群众工作。

交通总分站以团或相当于团的单位设立。总分站的业务由总站负责，人员、物资、分配、经济等则由各团负责。交通总分站、交通站（点）都有相对固定的联络地点。

1948年冬至1949年春，清佛交通总分站改为二团总分站。当时二团团长陈培兴、政委黄桐华，副团长蓝田率李拔才、陈建中、朱继良、李适存等经常指导交通总分站的工作。二团总分站设在迳头，站长钟明，副站长潘国英。二团总分站除负责二团活动地区交通站工作以及与翁源龙仙总站联络外，还负责与有关总分站的交通站（点）和相关部队联系。

二团总分站管辖的交通站（点），在迳头地区的有荆竹园（陈兴）、水尾（朱燕）、下青洞（梁欢）、云岭（朱拔才）、王丁、庆斗坑、菜洞；在烟岭地区的有水桶坑、课田、柯木岗、楼下、高坝；在高岗地区的有宝结岭、黄竹圻（罗家棉）、观音山；在水头地区的有独凰山（廖林朗）；在三八地区的有诚迳；在石角地区的有东壁。二团总分站还担负与新丰总分站的遥田交通站、英德总分站的李屋角和侧塘交通站的联络。

二团总分站的交通员有：李观全、胡丰、郑大检、郑国光、钟汝象、钟旺、钟圣考、朱永悦、郑国妙、潘四、钟宏、朱沛牛（朱旋辉）、刘坪、朱永牛（朱任民）、郑中健、朱玉史、钟国旗、钟炳、郑中权、朱塔、陈荣蕃、朱永图等20多人。此外还有黄马、白马各一匹，作交通工具之用。

当时的交通员大多数是年轻的"小鬼"。他们机警灵活，大胆沉着，无论白天还是黑夜，无论酷暑还是严寒，都经常奔走在荒山野岭和敌人的封锁线上，为革命事业传递信息、沟通联络，有的人甚至被捕遇害，献出生命，如革命烈士陈荣蕃、朱永图。他们两人接受组织送情报给大队长李拔才的任务，在送情报的当天晚上约12时，他们来到大陂粟坑村，敌人包围了这个村，他们很难脱身。在这危急关头，他们当机立断，毁掉情报，严守组织机密，使情报不至于落入敌人手中。他们不幸被捕后被敌人杀害，为革命事业献出了年轻的生命。

地下交通站的建立，对加强各游击区根据地的党组织和武装部队的联系，及时传达上级指示，沟通情况发挥重要的作用，为击毙范烈光、挂牌径大捷等重大战绩作出了贡献。

四、组织军事大巡行

1949年4月，中国人民解放军粤赣湘边纵队北江第一支队司令部和支队主力团队进驻新佛边的新丰遥田，把佛冈、新丰两县的游击武装队伍相对集中到新佛边地区。支队党委为了加强对中共佛冈地方组织和军事武装领导，将英佛边区县委副书记、北一支二团团长陈培兴调到佛冈工作，原新翁佛边区县委委员朱继良、李适存（佛冈籍）转为英佛边区县委委员。党领导的武装部队在新佛边集结以后，为了显示实力，威慑敌人，同月下旬以支队为主力组织了一次近1000人的军事大巡行。这次军事大巡行的路线由迳头青洞出发，经菜洞口，转向陂下、三江黄竹坜，经高镇、界牌（今称挂牌）、诚迳、二七、王田背、桂元、独凰山、上潭洞，再回到青洞。这次军事大巡行为了制造声势，扩大影响，威慑敌人，在行军中有意拉开距离，近1000人的队伍，拉出近10千米，使人感觉队伍非常庞大。为了显示游击队的实力，除把所有武器全都显露出来外，还把身上挂的子弹带用树枝填满，把一些木筒用布包裹起来伪装成重型武器扛着走。

这次军事大巡行在政治上影响很大。人民群众看到胜利在望，地方反动势力受到极大的震动，不敢再对革命老区轻举妄动，一些联防队开始动摇瓦解。国民党迳头乡联防队的朱世轰、朱如盘等10人携机枪1挺、步枪10余支起义投诚；迳头王丁村的国民党部队，经郑公侠武工队的教育动员，把该村的白朗林机枪1挺、步枪20余支及弹药一批拿出来交给游击队。这两件事影响了国民党大陂乡联防队大队长郑国庚，促使他于5月22日率队起义。

五、根据地人民的支前工作

革命战争年代，根据地人民的支前工作十分重要，游击武装没有根据地人民的支持就没有立足之地，就不可能求得生存与发展。根据地人民的支前工作是多方面的。

（一）解决游击战士的给养问题

兵马未动，粮草先行。每当游击战士转战回到根据地时，根据地的人民就迅速为部队解决吃饭问题。根据地人民踊跃捐款献粮，有的群众家里也确实很穷，但就算家里只有一升米，也不舍得自己吃，而献给部队作军粮。同时，各地中共地方组织开展对各界人士的统战工作，教育动员乡绅、族长支持革命，给游击战士捐粮捐款。江坳村的太公祖偿，多年来为游击队开仓献粮6500千克，并把稻谷加工成大米，由老区群众挑送到黄花根据地的驻地。佛冈二区乡绅郑大壬，说服动员村中富户捐献粮食1500多千克给游击队。这种支前的捐献现象，全县绝大部分的根据地都常有出现。

为了保障部队的给养问题，黄花农会规定：每亩土地在收成时捐出5千克谷作拥军粮。这个规定在1947年、1948年实施了两年。在解放战争年代，全县根据地的人民到底捐献了多少粮食？这个数字谁也说不准。如果按每个战士每个月需要25千克粮食计算，那么全县1000多名游击战士，一个月就需要25～30吨粮食，一年就需要300～360吨粮食，解放战争三年内根据地人民就向游击部队提供了900多吨粮食。所以说，根据地的人民对革命的贡献是非常巨大的。

（二）根据地人民支持反"围剿"、反"扫荡"战斗

一次次取得反"围剿"、反"扫荡"战斗的胜利，都是在根据地人民做好支前工作、军民并肩战斗中所取得的。青竹人民取得五次反"围剿"的战斗胜利，就是很好的例证。游击战士和根据地的民兵共同布阵、共同作战、紧密配合，妇孺老人做好后勤工作，送茶、送饭、送鼓励上阵地，真是"军民团结如一人，试看天下谁能敌"！能粉碎敌人一次次的"围剿""扫荡"阴谋就是靠军民团结。为了取得挂牌径伏击战的胜利，根据地人民三更半夜煮饭给战士吃。待战士吃饱后，还给每个战士装上一口盅饭团作为补给。在挂牌径战斗中，战士们奋勇杀敌，歼灭敌正规军一整个营。战斗结束，战士们回到根据地时，根据地的群众早已杀好肥猪、包好粽子等待慰劳胜利归来的战士。

（三）根据地人民为支持武装斗争捐献枪支弹药

佛冈、浭江人民在抗日战争时期，为卫国保家乡，抗击日本侵略者，购买了一批枪支弹药，有的村为了防范盗贼和保护农作

物也买有枪支，有的宗族祖堂为了防范姓氏间械斗也买有一定数量的枪支弹药。在解放战争年代，老区根据地的人民为了游击武装斗争的需要，都把这些武器弹药捐献出来。同时，通过贯彻党的统战政策，教育动员当地的乡绅、富户捐献枪支弹药，支持游击队开展武装斗争。菱塘村的父老乡亲，获悉本村子弟黄渠成、黄信明等领导游击队开展武装斗争，把祖偿的20多支长、短枪捐献给游击队。发现游击队没有机枪时，又卖掉祖偿1.2亩的水田，买了1挺机枪献给游击队。多年来该村群众为游击队送衣、送鞋、送生活用品一大批，为部队缝制衣服1000余套。还有江坳村人民，多年来为游击队捐献长、短枪40多支和子弹3万余发。游击队的武器装备从无到有，除了从敌人手中缴获外，大部分是根据地人民捐献的。

（四）根据地人民支援部队医治抢救伤病员

在解放战争年代，地方武装游击队不是正规部队，没有正规的后方医院和医疗服务机构为伤病员服务及医治。游击部队的伤病员的医治问题还是靠根据地人民的支持、帮助、救治。黄花人民在滴水岩、存久洞的深山密林中搭建茅草屋，作为简易医疗场所，部队送来的伤病员在那里治疗、养病，在那里治愈后重返部队的有数十人。该村通过开展统战工作，争取各方面人士支援部队。黄花民间跌打医生蒋巡贵、陈福为部队治愈张岳等受伤战士，使他们能重返战场杀敌立功。佛冈二区游击队队员李恒在战斗中负伤，由当地民间医生为其采药疗伤，乡绅郑大壬派人送药送饭，直至李恒伤愈归队。

（五）做好迎接解放大军南下的支前工作

1949年4月21日，中国人民解放军突破长江天险，占领南京。国民党反动派兵败如山倒，解放军挥军南下解放江南大地，解放广东指日可待。广东党委指示各地务必做好迎接解放大军南下的支前准备。佛冈、滃江地区根据上级指示精神和当时的大好形势，迅速建立起佛冈、滃江两个支前司令部，领导两地的支前工作。

在佛冈地区，1949年9月，按中共滃江地委指示，成立佛冈二区支前动员委员会，主任李适存，副主任罗圣伦、李立、郑剑寒，开展迎军支前准备工作。支前动员委员会成立向导组、民工队、后勤组、道路维护队、生活组、粮草筹备组等，紧锣密鼓展开各项支前准备工作。10月6日，周辉到来检查支前工作的落实情况，宣布撤销原支前动员委员会，成立北江第一支队支前司令部，由周辉任司令员，李适存任副司令员，动员二区群众组成支前民工大队，由朱兆熊带队赴翁源迎军支前，随解放军南下支前服务。

在滃江地区，1949年10月6日，解放军南下工作先遣团的李海涛、单德成、江柏良、祁秀扬、罗秀廷等到达滃江县人民政府，成立滃江支前司令部，黄信明任司令员，江柏良任副司令员，李海涛任政委。司令部一成立，立即开展支前工作。其实，自解放军百万雄师过大江后当地的支前工作就已经展开。滃江地区的支前准备工作，自当年5月开始宣传发动群众，在自愿原则的基础上分别建立起带路队、民工运输队、担架队、洗缝队、生活服务队等支前组织，人员总数超过5000人，参加迎军支前工作。解放军所经的路线，沿途分设接待站、物资供应站、茶水站和住宿营地等。由于群众对支前工作认识好、情绪高，迎军支前工作进展顺利。支前的粮食、草料筹备得十分充足，供应拥有近20万名指战员的大军过境所需后仍存粮5万多千克。这些余粮后来用来修建汤塘—源潭的公路。1949年10月10日，中国人民解放军南下大军第四野战军一部进入佛冈，受到佛冈人民的热烈欢迎。该军一二七师参加解放佛冈县城的战斗，12日，佛冈全境获得解放。解放军过佛冈、滘江地区的全体指战员约20万人，过境时间为一个星期左右，佛冈、滘江地区的迎军支前工作顺利完成。

第三节 根据地的建政工作

　　1947年，中共中央号召南方各省开展大搞武装斗争，在条件成熟的地区，相对集中兵力，扩大游击区和解放区。根据这些精神，佛冈县重新拉起队伍，大搞武装斗争。1948年，武装斗争形势虽然极其严峻，但武装队伍仍在战火中不断壮大。1949年，佛冈县人民武装集中力量，较早地解放了佛冈二区和四九、汤塘、潖二等一大片的土地，并在根据地和新解放区建立革命的红色政权。

一、成立乡级红色政权

　　1948年6月，青竹人民取得反"围剿"的胜利后，建立乡级人民政权的条件已经成熟。是月，建立起佛冈第一个乡级红色政权——青（竹）潭（洞）乡人民政府，朱德思任乡长，钟国院任副乡长。乡人民政府成立后，开展处理解放区人民社会日常行政事务工作，废除国民党的乡、保、甲制。同时，开展土地改革分田分地，青竹成为县内第一个实行土地改革的乡。

　　1948年8—9月，东三支四团到黄花根据地整训，军民团结粉碎清远、从化、佛冈三县反动军警联合对黄花的"围剿"，取得了反"围剿"的胜利。同年12月，成立潖江地区第一个乡级红色政权——黄花乡人民政府，陈新华任乡长。

　　1949年4月，东三支主力部队到潖江地区配合四团活动，首先袭击国民党从化陂下粮仓，开仓分粮给劳苦大众度荒。后移师潖江上四九地区，晚上举行军事大巡行，吓得国民党联升乡（今四九地区）乡长黄仲华、自卫中队队长陈海连夜逃跑。从此，四九地区全境获得解放，随即成立四九乡人民政府，乡长黄流大（先）、黄梓才（后）。

1949年5月20日，北一支四团一部和佛冈人民义勇大队击毙国民党英新佛三县联防主任范烈光、佛冈县政府军事科科长范秀中后，佛冈二区各乡的反动势力基本上土崩瓦解。同月30日取得挂牌径大捷，佛冈二区基本获得解放。6月，成立佛冈军事管制委员会，下设政权股、文教股、组织股，不久增设民政股、财粮股、军事股。随即相继建立各乡人民政府。青竹乡人民政府，乡长朱德思，副乡长钟国院；迳头乡人民政府，乡长朱如滚，副乡长朱恩普，指导员朱兆熊；大陂乡人民政府，乡长郑剑寒，副乡长郑资，指导员郑健英；白石乡人民政府，乡长范嵩龄（先）、李奕（后），副乡长李汉槎、王义忠，指导员胡占丰；观石乡人民政府，乡长罗明伦，副乡长李宗予，指导员朱德抱，副指导员罗培才；台山乡人民政府，乡长何非非，指导员朱德抱。

1949年7月，国民党潖二泰安乡乡长陈泽和、谭仲通率乡联防队起义，队伍改编为北一支六团潖江抗征大队，陈泽和任大队长，谭仲通任副大队长，黄积年任教导员。8月，北一支六团黄谷银中队袭击驻水头鹅厂的水头乡联防队，水头地区反动势力基本瓦解。

是月，中共英佛边区县委在佛冈大陂觉民学校（佛冈军管会所在地）召开县委会议，由原边区县委书记黄桐华主持。会议决定：（1）县委成员变动，书记陈培兴调北二支，由曾东接任，县委委员朱继良调北一支司令部，增补胡占丰为县委委员，李奕为县委候补委员，其他成员不变。（2）加强地方政权建设，健全区、乡干部队伍。（3）加强党和军队建设，积极做好工作迎接南下大军解放全省。（4）县委分工：胡占丰、李适存、李奕组成县委佛冈工作组，组长胡占丰。

1949年9月3日，北一支六团解放滃江重镇汤塘圩。至此，滃江大部分地区获得解放。9月20日，中共滃江地方组织在围镇村召开军民大会，宣布成立中共滃江县委，黄信明任书记，委员有方觉魂、廖诗淦、刘健芸、黄积年、陈镜文。同时，成立滃江县人民政府，县长黄信明（兼），副县长方觉魂。中共滃江县委、县人民政府成立后，立即组织群众开展迎军支前工作。

二、根据地开展土地改革

1948年，青竹地区虽然面对反动势力多次"围剿""扫荡"的严酷形势，但中共地下组织仍然组织农会，推行土地改革运动。青竹村是佛冈县第一个开展土地改革的村。在土地改革中，第一步实行"二五"减租减息运动；第二步清算田主（地主）的剥削史；第三步清仓分粮、分浮财；最后分田分地，把土地分给农民。这个举措使农民真正感受到共产党是为人民翻身解放的党，农民衷心拥护共产党、跟着共产党闹革命的决心更加坚定了。青竹人民有了自己的土地，生产情绪空前高涨，这一年取得前所未有的农业大丰收，群众的生活有所改善，民主政权得到巩固。

解放战争时期和解放佛冈县城战事

一、解放战争时期战事

（一）战事概述

新丰遥田袭击战 1946年7月，佛冈游击队配合新丰游击队夜袭国民党新丰遥田联防队，俘敌官兵46人。

袭击国民党联升乡公所 1947年8月19日，黄渠成带领滃江地区游击队袭击联升乡（今属汤塘镇）公所，缴获枪支200多支，子弹2万多发。战斗结束后，宣布成立清从佛人民义勇大队。

古楼山伏击战 1947年12月23日，清远国民党保安连向上四九地区（今属汤塘镇）"扫荡"。清从佛人民义勇大队在古楼山（地名）设伏，战斗中敌人溃逃。

大白洞遭遇战 1948年3月底，国民党九十六师一部连同交警队、联防队等地方武装1000多人，向清从佛边区"扫荡"。清从佛人民义勇大队在大白洞（今属石角镇）与敌人展开遭遇战，激战一天后，清从佛人民义勇大队主动撤出战斗，向从（化）龙（门）增（城）边区转移。

荆竹园阻击战 1948年4月8日，国民党军一个连由水头潭洞出发偷袭荆竹园（今属迳头镇），佛冈人民义勇大队设伏阻击，敌人向新丰方向败走。

青竹反击战 1948年8月，北一支独立第五大队在迳头通往青竹的必经之地猪仔峡（地名）与意图袭击青竹的烟岭国民党联防中队展开战斗。是日，北一支独立第五大队包围和攻打国民党驻三江交警队，解除对青竹根据地的敌情威胁。

解放四九地区 1949年4月，东三支司令员黄柏率三团主力到滗江配合四团活动，先袭击从化陂下粮仓，开仓分粮给群众度荒，后移师上四九。国民党联升乡乡长黄仲华、自卫队中队长陈海连夜向从化逃遁。至此，上四九全境解放，随即成立四九乡人民政府。

击毙范烈光战斗 1949年5月20日上午，北一支四团在高岗黄竹坜村和梅子坪村附近埋伏，在战斗中击毙佛冈二区联防大队队长、保安营营长兼英新佛三县联防主任范烈光和其弟、佛冈县政府军事科科长范秀中。

挂牌径大捷 1949年5月30日上午，北一支四团在高岗通往石角的挂牌径设伏，歼灭国民党九十一师二七二团的一个营，毙敌营长及以下官兵120人，俘敌80多人。

水头鹅厂袭击战 1949年8月，水头武工队在北一支六团黄谷银中队的支持下，袭击水头圩附近水头鹅厂的国民党联防队，俘敌中队长及以下官兵30多人。

解放滗江重镇汤塘圩 1949年9月2日零时，北一支六团（原东三支四团）解放滗江重镇汤塘圩战斗打响，至9月3日晚战斗胜利结束，汤塘圩获得解放。

（二）战例选录

1. 击毙范烈光。

1949年5月中旬，中国人民解放军粤赣湘边纵队北一支四团从翁源抵达新丰遥田，计划整训7天。不久，接佛冈方面的情报，说范烈光在三江圩召开二区各乡联防主任、中队长会议，会后可能会返回老家烟岭，要求四团立即进军佛冈，伏击范烈光联防队。

范烈光是一个沾满人民鲜血的刽子手。他是佛冈县参议员、保安营营长、二区联防大队队长和英新佛三县联防主任，一贯与游击队为敌，对佛冈二区的革命工作造成重大障碍。根据这个情报，四团首长决心抓住这个机会，消灭范烈光。团长杜国栋、政委汤山等领导分析：据老习惯范烈光会后必回他的老家龙塘，显显威风。为消灭这个土恶棍，为民除害，四团决定选择在三江回烟岭的途中设下埋伏，同时，立即派出飞虎连连长邱振英先率领一个班的兵力连夜冒雨赶往佛冈二区进行侦察，然后大部队随后跟进。

5月20日凌晨，部队到达预定的地点——黄竹圹附近，并与独立第五大队政委李适存、地下党员罗耀棉取得联系，经介绍情况和研究作战方案后，游击队立即决定：为防备狡猾的范烈光溜走，按地形分兵三路打伏击战。一路由一排排长李进率领第二班战士到三江圩西侧大路约30米的一条杂草丛生的河道沟里埋伏；一路由三排副排长杨兆太率领第十班战士到三江圩以南的一间独立屋内隐蔽；还有一路主力则由李适存率领一个班兵力配合，在三江东侧约2千米的黄竹圹菜地附近埋伏。为了不暴露目标，迷惑敌人，四团在伏击地附近派出八九名战士，脱下军衣，乔装打扮成农民，在地里干活，使敌人产生错觉。当天上午8时许，部队全部进入指定的阵地隐蔽，占据有利的地形，严阵以待。就这样，为范烈光及其部属布下了天罗地网，不管他和部队从哪条道跑回烟岭，都逃不脱解放军的伏击网。

上午9时许，前沿阵地哨兵发来信号，部队立即进入战斗准备。这时，敌方三个尖兵穿着雨衣蒙着脑袋，沿着大路东张西望

智歼范烈光 （张金芳2015年画）

地搜索前进，未发现有任何情况，只看见一些农民在田里做工，于是他们双手举起信号旗，用力摇了几下示意太平无事。随即范烈光与范秀中各骑着一匹大黄马、身披风衣、头戴白通帽，在敌兵前后护卫下慢慢地向伏击圈内走来。待敌人全部进入伏击圈时，四团指挥员一声令下，埋伏在黄竹坜菜地的机枪手首先打响，随即各线的冲锋枪、手枪、步枪、手榴弹等各种武器齐鸣，从两面向范烈光、范秀中射击。这两个平日对老百姓为非作歹、凶狠毒辣的家伙，听见枪声后面如土色，胆战心惊，企图下马找地方隐蔽，可身子一歪就被子弹击中，立即从马背上掉了下来，并拼命向河边堤基爬去，但很快又被埋伏在北面冲出来的四团战士举枪瞄准。"砰！砰！"两枪把他俩就地击毙。其余残敌见此情形，乱作一团，一个个抱头鼠窜，有的卧倒在水田里，溅得一身泥巴；有的借土坎作掩护，企图顽抗到底；有的丢弃枪支弹药，独身夺路逃命。这时，四团战士黄枚、张保等6位机枪手立即跳出壕沟，冲向敌群，以猛烈的火力射向敌人。在强大的火力打击下，敌人死的死、伤的伤。此时，指挥员命令吹起冲锋号，战士们如同猛虎下山般，三路勇士飞快地朝敌群方向冲去，势不可挡，一边冲一边大声高喊："缴枪不杀！""共产党优待俘虏！"这时，喊声、枪声交集在一起，震撼着三江田野的上空。在四团猛烈的火力打击下，敌人纷纷举手投降。前后激战约30分钟便结束战斗。这一仗，击毙反动头目范烈光和范秀中，并击溃敌人，缴获一大批武器和物资，胜利地完成伏击任务。

在军事打击与政治攻势下，联防队如惊弓之鸟，烟岭地区联防队范汉光、李日华于当晚向英德方向潜逃。击毙范烈光后，5月22日，国民党大陂乡联防大队队长郑国庚率队起义，迳头乡联防中队队长朱如铮投诚。国民党佛冈二区联防队基本瓦解，佛冈二区绝大部分获得解放。

2. 挂牌径战斗大捷。

中国人民解放军粤赣湘边纵队北江第一支队第四团击毙范烈光后，考虑到敌人有可能对佛冈二区进行报复，中共瀚江地委决定，要迅速打开佛冈武装斗争的新局面。佛冈北部群众基础较好，必须善于掌握战机，给国民党反动军队以更大的打击。因此，中共瀚江地委决定把海流连从新丰调到佛冈，扩大四团的力量，使四团下辖有铁鹰连、钢铁连、飞虎连和海流连4个连。同时，动员地方连队和游击区群众，大力支持部队，集中优势兵力打击敌人。

1949年5月25日，团部接到情报：许多国民党兵到了诚迳石龙村。团部估计敌人将要开始"扫荡"，于是把四团开往迳头待命。5月26日下午，国民党三十九军九十一师二七二团一个营重占烟岭圩，企图控制佛冈北部地区。于是，团党委决定，各连队埋伏在敌人企图"扫荡"的必经之路，相机歼敌。

5月26—29日，四团连续几天在水头至迳头的必经之险隘黄塘径和烟岭至大陂的菜洞、张屋背设伏，准备迎击来犯之敌，均未见敌人行动。

挂牌径战斗大捷遗址（佛冈县史志办公室供稿，2012年摄）

支队首长和四团党委立即召开会议，何俊才、黄桐华以及佛冈地方武装的主要领导参加会议。会议分析敌人几天按兵不动的原因和企图，认为范烈光等联防队被消灭后，敌人失去耳目，行动困难。因此判断进驻烟岭的敌人有两种可能：一是撤退，二是待援。但是不论哪种可能，经过挂牌径的可能性最大。团政委汤山提出："不应怕疲劳，把握战机，继续设伏。"大家同意上述对敌情的分析，最后司令员何俊才下令继续设伏，地点选在挂牌径。

从四团驻地粟坑到挂牌径有六七千米，挂牌径是东北、西南走向，一条小溪流入滃江，径的西面为高大的观音山，东面是米仔碎山，靠南是井公王山。径北口是官厅村，距烟岭15千米；径南口是洋浦塘村，距石角近20千米。由粟坑往西南，穿过米仔碎山和井公王山的交界处，就是挂牌径的中心，是一个很理想的伏击点。

团长杜国栋命令各连队凌晨3时吃饭，3时30分出发。同时作出兵力部署：海流连共有4个排，1个排随主力部队行动，2个排和佛冈地方的火星连及三江民兵一起，在米仔碎山东北麓担负警戒任务，一是保障部队埋伏于挂牌径的主力后方的安全，二是预防烟岭敌人对迳头、上下青洞等根据地的"扫荡"。还有1个排负责警卫支队领导机关。

5月30日清晨，各连队从粟坑出发，由于天黑路滑，六七千米路走了近两个小时，部队到达朱洞（也叫石山下）时天已开始发亮。朱洞距挂牌径有1千米路。团首长决定各连队留在朱洞休息待命，手枪队迅速进入挂牌径，分南北两路向前搜索，封锁消息。各连长随团首长一起进径观察地形，就地接受任务。正在这时，手枪队员带着两个肩挑小商贩（一男一女）回来，商贩说，在石龙看到很多国民党兵，分布在屋里和山上，他们正在吃饭，听说饭后去烟岭。原来国民党二七二团一个营在5月28日已从石角开到石龙村，但慑于解放军之声威，不敢冒险进挂牌径。把两个小商贩安置在山后面安全地方后，团长杜国栋立即下令：铁鹰连埋伏于挂牌径以西，不得让敌人抢占西面山头，并负责掩护全团的进攻和撤退；钢铁连埋伏于挂牌径北段东面的米仔碎山上，如北面敌人先进来，一定要把敌人放进来再打，如南面之敌先来，则负责阻击北面来援之敌；海流连一排配合钢铁连，由钢铁连指挥；飞虎连埋伏于挂牌径南段东边的井公王山上，一定要把敌人放进来再打，如果北面先打，则负责阻击南面来援之敌。各连都要组织一个突击队，埋伏在溪边，战斗打响后及时发起冲锋。手枪队在钢铁、飞虎两个连之间选择地形埋伏，战斗打响后及时向敌发起冲锋。团指挥所位置设在从粟坑出来那条小路南面的山岭上，以号音作指挥联络信号。各连连长立即派通讯员回去传达命令，以最快的速度把部队带到指定地点。

8时许，在挂牌径南面进口处东侧的山顶上，出现敌军一个搜索班，距离飞虎连的伏击点七八百米远。敌人用望远镜向山头观察了一会，给其后续部队发出前进信号。敌军在营长彭焕南的带领下向挂牌径涌来。当敌军大部分进入游击队伏击圈时，敌一士兵在溪边小便，突然发现埋伏在溪边树丛后的战士，惊叫着往回跑。四团战士朝敌兵打了一枪，挂牌径战斗打响了。

飞虎连6挺机枪立即扫射，子弹像雨点般射向敌人，二三十个敌人横七竖八倒在路上和溪边。其余的乱作一团，四处乱窜，在狭长的径里寻找藏身之处或夺路逃命。团长杜国栋当即下令对敌攻击，号兵吹响冲锋号，团政委汤山也赶到飞虎连指挥战斗，突击队立刻向敌人冲杀过去。

飞虎连一个排向南延伸，使敌人基本置于6挺机枪的火力范围之内，残敌向西边的山窝里乱窜。也有二三十人向北冲去，正好与铁鹰连排长胡雄率领的突击队狭路相逢。敌人发起三次冲锋，都被铁鹰连突击队顶住，打死打伤敌人十余人，但敌人仍在其连长的指挥下作困兽之斗。手枪队队长胡灼华带领突击队冲过来，与铁鹰连的突击队相互配合，利用几棵大树作掩护占领右侧斜坡，居高临下向敌军开火。铁鹰连突击队乘机猛冲，敌人大部分被迫放下武器，其余残敌向南逃命，也被四团追击歼灭。

窜进挂牌径西面山窝里的100多个敌人，在敌营长指挥下，占领小山头，负隅顽抗，用密集的火力把飞虎连、钢铁连、铁鹰连和手枪队的突击队压在一条山沟里。团政委汤山根据战场情况的变化而迅速应变，决定立即加强突击力量，统一对突击队的指挥，尽快歼灭敌军。于是他命令飞虎连连长邱振英带领第三排与山窝口的突击队会合，迅速歼灭在山窝口顽抗之敌。邱振英命排长赵瑞珍、副排长杨兆太率一路由南往北攻，钢铁连副排长林会柱率一路由北往南攻。邱振英带着陈寿、石省两人，各携带手榴弹4枚、冲锋枪1支，利用草丛掩蔽从中间接近敌人，到距敌人高地火力点10米处，向敌阵接连投掷了七八个手榴弹，并趁着浓烟掩护一跃而上，用冲锋枪扫射，消灭敌人的火力点，占领小山头。敌人慌忙往后退却，四团以猛烈火力射击，击毙敌营长彭焕南，缴获重机枪1挺。

在战斗打响的同时，敌军另一部分向铁鹰连二排阵地冲锋，被四团居高临下的火力打下去后，又改向铁鹰连阵地南面山头冲来。这座山头与铁鹰连二排的阵地相隔一座山头，敌人拼命向山顶爬去。连长叶明辉立即意识到抢占这座山头对确保战斗胜利的重要性——如果这座山头被敌人占领，重机枪一架起来，全连就会置于敌人的火力之下。叶明辉立即指挥铁鹰连向这个山头冲去，副连长叶群普举起手中的驳壳枪，指着南面那座山头，果断发出命令："跟我来，往前冲！"他带着二排和一排、三排的部分战士立即向那座山头飞奔而去。当他们冲到山顶时，有几个敌人亦从山的另一侧到了山顶，准备架起重机枪向解放军扫射。战士黄训明眼疾手快，先发制敌，打了几枪，接着叶群普一轮快掣驳壳枪打过去，敌重机枪手当即毙命，两名弹药兵被俘虏，杨平立即冲过去缴获了重机枪。这时敌20余人也将快爬上山顶。解放军战士喘息未定就端着机枪、步枪齐向敌人猛烈开火，阵地前躺下一具具敌人的尸体，其余的敌人则没命地向山下滚去。被四团用火力压回到山窝里的敌人，此时正处于四团的夹击之中，四团抓紧时机展开政治攻势，"缴枪不杀"之声响彻山谷，许多敌人放下武器。战斗中游击队班长邬成初和张友壮烈牺牲。二排班长何辉见山窝里还有近20个敌人在垂死挣扎，便在战友的掩护下向敌人冲去，一轮火力便把敌轻机枪打哑，山窝里的敌人最后被全部歼灭。

整个挂牌径战斗，不到一个小时便以解放军之胜利而宣告结束。用美式武器装备起来的国民党军九十一师二七二团一个营，除跑掉10多人外，全部被歼灭。这一仗，毙敌营长彭焕南以下官兵120余人，俘敌80余人，并缴获火箭筒1具、六〇炮1门、美制三〇式重机枪2挺、三〇式轻机枪6挺、三〇式步枪80余支、弹药武器一大批。

挂牌径战斗的胜利，是北江第一支队空前的大胜利，其特点：一是战斗规模大。四团投入4个连的兵力，还有地方部队和民兵，在这样的战场上对一个营的敌人作战，并彻底、干净、全部地歼灭敌2个连、1个营部。二是缴获武器多且好。缴获的武器全部是美式装备，第一次缴获重机枪和火箭筒。三是解放军伤亡小。敌军作困兽之斗，组织多次反冲击，但都被四团顶住，并向敌军发动连续的冲锋，给敌人以毁灭性的打击。在与敌拼抢山头的激烈战斗中，四团牺牲了2位指战员，3人负伤，以最小的代价换来特大的胜利，反映出解放军指战员较高的战术水平。四是挂牌径大捷影响大。消灭国民党正规军一个营以后，佛冈二区的反动武装纷纷投降或外逃。挂牌径战斗除缴获大批武器外，还配合佛冈地方游击队先后缴获联防队和地主武器一大批，其中有轻机枪11挺。这一仗不仅严重地打击了佛冈的反动力量，也震慑了粤北的敌人。

挂牌径战斗结束后不久，四团开到新丰沙田，进行战斗总结，为解放新丰县做全面的准备。

3. 解放滃江重镇汤塘圩的战斗。

汤塘圩是滃江地区的重镇，是滃江地区政治、经济、文化中心，水陆交通的枢纽，所以国民党在汤塘圩常驻有重兵。解放战争时期，国民党在汤塘设立"清（远）佛（冈）剿共指挥所"，专门搜捕滃江、佛冈的共产党员和"围剿"滃江游击队，制造白色恐怖，大肆屠杀革命志士和进步群众，妄图扑灭在滃江早已燃烧起来的革命烈火。反动武装时常以"剿共"为名，对四九的田心、菱塘，汤塘的围镇以及黄花等地烧杀抢掠，弄得滃江地区鸡犬不宁，民不聊生。浧江人民对汤塘圩这个反动指挥所早已深恶痛绝，恨不得一把火烧毁这个危害民生的"马蜂窝"。

人民武装早就想捣毁这个反动派的指挥所，为死难的同志报仇，为人民除害。因碍于国民党反动派在这里驻有保安连120多人，联防自卫队170多人，基本上是美式装备，实力较强，敌我力量对比悬殊，而未能付诸行动。

北一支六团指挥员经过研究，认为要攻打汤塘圩，不能硬攻，只能巧取，决定采用调虎离山、擒贼先擒王的办法。一方面，布阵活捉汤塘联防中队队长冯烈和逃到汤塘的原四九联防中队队长陈海、副队长郭才、清远县保安连连长卢志旺；另一方面，奇袭敌营房据点，打他个措手不及，使敌群蛇无首，乱中取胜。

1949年9月1日下午，六团战士4人乔装打扮成商人，进入国民党汤塘乡乡长周开禹家（在圩外的松仔坝村），把周开禹"请"到团长黄信明面前。平日作威作福的乡长站在游击队团首长面前，双腿颤抖，头也抬不起，频频地向团首长作揖道："长官饶命，长官饶命！"黄信明抓住机会，向他展开政治攻势，阐明共产党政策，说明要攻打汤塘圩，捣毁"剿共"指挥所的意图。要他认清形势，站到人民一边，将功赎罪，把死心塌地与人民为敌的冯烈、陈海、郭才、卢志旺"四虎将"交出来。并要周开禹第二天晚上以"打麻将"为由把冯、陈、郭、卢请到他家来，一举将他们擒获。周开禹迫于形势表示愿意配合。

9月2日晚上，六团部署好解放汤塘圩战斗的准备工作。一方面，派出一个特别行动小分队潜伏在周开禹家，准备活捉那4个反动头子。另一方面，指挥大队伍分兵三路攻打汤塘圩：一路由松仔坝过桥挺进圩市；一路由圩头向圩中心进发；一路由圩的侧面田地中间地段直插圩市中心。三路齐发，出其不意，袭击敌人据点。

入秋的夜晚，风高月黑，伸手不见五指。游击队战士趁着黑夜，分别到汤塘圩附近的村庄、地头、田坎做好隐蔽，等待着进攻时间的到来。行动即将进行时，特别行动小分队的人回来报告："四条恶棍今晚没有到乡长家，而是在去周家途中被泰聚（店名）老板邀去该店楼上打麻将。"这一突然变化的情况，差点打乱六团攻打汤塘圩的全盘计划。团首长经过思考，认为敌反动头子虽未进入埋伏圈，但仍集中在一起打牌，只要部队进入汤塘圩市后，将敌人分割包围，把敌反动头子围困在泰聚楼上，就可使敌人失去指挥，将他们歼灭。因此，战斗可按原计划进行。

当晚午夜12时，六团指挥员进攻汤塘圩的命令发出后，各路队伍按计划分别向汤塘圩指定的地点挺进。由松仔坝过桥挺进圩市的一路，以"小鬼班"为突击队，以狗吠的口技作掩护，摸黑过桥。"小鬼班"过桥后，摸进桥头堡哨所，出其不意地把敌人哨兵捆绑起来。大队伍接到桥头堡的"钉子"被拔掉的信号后，立即过桥向圩内挺进。其余两路也顺利地扫除障碍，迅速进入圩内。队伍进入圩市时，被敌人换岗的哨兵发现，当即驳火。敌据点陶园居（当年汤塘最高层的店铺）、泰聚楼等处亦响起了向圩内街道扫射的枪声。六团立即集中火力，将敌据点分割包围。

9月3日，敌人龟缩在各个据点，不敢出门。解放军一方面开展政治攻势，宣传："我们的主力部队已经赶到，你们已经处于兵临城下，你们的头头已被捉住了，你们要认清形势，赶快投降吧！"另一方面预先发动和组织群众，拿着担子、锄头登上汤塘圩附近的山头，摇旗呐喊，制造大军压境的态势，威慑敌人。

到了晚上，据点的敌人仍在负隅顽抗，陶园居据点的机枪还在不断地扫射。解放军发动群众，弄来一门旧式土炮，从松仔坝桥头向着陶园居楼上开了一炮。这一炮真灵，把敌人的机枪打哑了。但泰聚楼上的敌人仍然顽抗，六团决定用火攻。战士找来两桶煤油，泼洒在泰聚楼、和昌铺号的周围，熊熊的烈火烧了起来，置敌于火海之中。陶园居和乡公所的敌人纷纷慌乱地从后门逃出，泅水渡过滃江向龙山方向逃跑。被困在泰聚楼、和昌铺号的敌人即派出绅士周泰文等代表到解放军阵地谈判，表示："为维护地方人民生命财产安全，愿意接受解放。"

攻克汤塘圩一战，六团以160多人的兵力，歼灭国民党保安连和一个联防中队300多人的兵力，在战斗中还击退国民党佛冈县警卫团和龙山区保安营的援敌，除突围逃跑的敌人外，俘虏80多人，缴获武器物资一大批，六团无一损失。这是解放军在武装斗争中以少胜多、以弱胜强的漂亮一仗。汤塘圩解放后，六团团部在汤塘小学（今汤塘濂溪书院）召开军民祝捷大会，庆祝汤塘解放，表彰战斗中立功的英雄战士，还演出文艺节目。汤塘地区的群众从四面八方赶来参加大会，会场锣鼓喧天，鞭炮轰鸣，人们对拔掉"清佛剿共指挥所"这颗"钉子"无不拍手称快。

二、解放佛冈县城和保卫黄花粮仓战事

（一）解放广州第一仗

1949年10月10日，中国人民解放军第四野战军第四十三军一二七师进入佛冈县石角，11日对驻守在县城北面龙溪山上的国民党军队发动攻击，战斗异常激烈。经过一整天战斗，消灭国民党第三十九军一〇三师三〇七团1个整团和1个保安营，俘敌团长以下官兵2000余名，毙敌200余名，缴获全团美制武器装备。在战斗中，中国人民解放军有56位指战员英勇牺牲，近200名指战员负伤。

1949年9月30日，中国人民解放军南下进入广东门户——

解放广州第一仗　（张金芳2015年画）

南雄梅岭关，原驻守在韶关、马坝、大坑口、翁源等地的国民党军，有的一触即溃，有的闻风而逃。解放军到翁源后，得悉佛冈、花县两地仍有敌军驻守，解放军第四十三军军部即命令一二七师奔袭佛冈之敌。

佛冈是战略要地，地处广东中北部，距广州100多千米，是南北交通要道之一，山多险峻，利于防守。当时国民党临时总统府南迁广州，在佛冈设立防线，作为保护广州的外围屏障，企图阻挡解放军进军广州，争取苟延残喘、败退逃亡的时间。

驻守在佛冈的是国民党第三十九军一〇三师三〇七团。该团是1948年在山东烟台新编成立的，兵员大多是地方反动武装败逃出来的丧家之犬，是一伙无家可归的亡命之徒。全团有2000多人，全部配备美式装备，号称"钢铁团"，有较强的战斗力。该团在蒋介石"效忠党国、誓死保卫广州""打胜仗升官"的利诱下，在佛冈加紧构筑工事，决心死守。敌团部设在龙溪村以北的山上，主要兵力部署在石角河畔、龙溪村以东、张田坑以南、莲花岗以西、柯木迳西北一带的高地，还在县城西北小坑村地段的几个山头部署了一个营作为机动兵力，如主力或前沿阵地出现危急情况时可以增援，败退时可以担任阻击。敌军据守的各个高地均筑有地堡、外壕、交通壕及鹿砦等野战工事。

10月8日，解放军一二七师接受奔袭佛冈的任务后，日夜兼程从翁源急行军向佛冈挺进。10日下午到达佛冈境内诚迳石龙一带，师部命令三七九团、三八〇团、三八一团投入战斗。战斗部队在地方游击队和革命群众的配合下，根据敌人据守的地形，部署各团展开对敌分割包围。三七九团由诚迳白沙穿过东壁放牛洞插到龙溪山后面，切断敌军向西南的退路及与敌二营的联系。三八〇团由诚迳翻山直到饮水塘、张田坑一线，从正面向敌人迫近。三八一团经二七古塘直插佛冈县城，将敌团重重包围起来，采用"关门打狗"的战术以歼灭敌人。

11日早上7时，三八〇团攻下莲花岗东南面的小高地（今自来水厂水塔的山头），歼敌1个排。三七九团二营也攻下柯木迳西北158高地，歼敌1个连。敌人东西两侧的前哨据点被解放军攻下。此时，解放军向敌主要阵地发起政治攻势，规劝敌人要认清形势，放下武器。经过一番政治攻势后，敌团指挥所阵地果然打出白旗，要求解放军写下谈判条件的书信，派代表带上山去，并不准解放军送信的代表带武器。解放军为表达诚意，遂派出两名战士带信上山，谁料敌人竟然公开枪杀解放军代表。很明显，敌人的行为已表明决心死守、负隅顽抗的心态。

师指挥部见此情景，立即发出命令："打！"三八〇团从东面、三八一团从南面以猛烈的火力射向敌阵。整个上午，解放军曾多次发起进攻，但都被敌人密集的火力压了下来。广州方面

莲花岗庙岭山国民党军前沿地堡遗址（朱家佑2017年摄）

之敌，还于当天派出飞机数架次给敌阵地投放弹药物资以及宣传品，并对解放军阵地进行扫射。敌人得到空中的增援后，更加顽固抵抗。敌人阵地仍屡攻不下，解放军战士因长途跋涉，过度疲劳，且炮兵部队尚未赶到，只好一面严密包围敌人，一面进行充分的攻击准备。

当天午后，炮兵营赶到，立即部署炮阵。下午5时，师部命令发起总攻，并以猛烈的炮火向敌人阵地轰击。在炮火的掩护下，解放军发起冲锋，抢占敌人阵地。三七九团攻下柯木迳敌117高地，歼敌70余人，其余残敌向龙溪方向逃窜。三八〇团二营一举攻下龙溪以北敌人的主阵地，俘敌一部分。担任突击任务的连队在炮火的掩护下，只8分钟便攻下敌人的主要阵地，其余残敌仍在负隅抵抗。当解放军攻克县城以北154高地时，尚在顽抗之敌即动摇混乱。解放军乘势追击，激战30多分钟，相继攻克敌人4座山头阵地，使敌人防线全部崩溃。三八〇团一营直插至龙溪，将企图逃跑之敌团长王家桢等以下官兵80余人全部俘虏。傍晚7时许，解放佛冈县城的战斗胜利结束。

在歼灭驻县城之敌三〇七团主力后，解放军三七九团一营、三营于当日下午6时许快速向小坑挺进，将盘踞在小坑以北45高地、50高地、70高地之敌分别包围起来。12日拂晓发起攻击，在解放军强大火力的攻击下，经过一小时的激战将敌二营歼灭。解放军一二七师取得了解放佛冈战斗的全面胜利，为解放广州扫清了外围障碍。

解放佛冈县城的战斗，是解放军进入广东后，战斗时间长、作战规模大和取得巨大战斗成果的一仗，它是解放广州第一仗，在广东的解放战争史上具有一定的历史意义。

（二）夜战黄花，保卫粮仓

1950年春节刚过，佛冈县土匪武装的破坏活动就开始抬头，妄图实施蒋介石"反攻大陆"的阴谋。

佛冈县大队直属连于1950年2月21日（农历正月初五）开赴二区瑶府口、塅心、湖洋，与一区、二区中队和民兵配合，围剿"青年党反共救国军"郑展才支队的武装股匪，至农历正月十三日才回到县大队驻地——莲花岗。

正月十三日下午，县委书记、县长兼县大队长、政委周辉接到黄花乡征粮工作队队长黄羡派人送来的报告，得知武装土匪正在黄花乡滴水岩一带山区活动，企图抢劫黄花乡的

重建后的黄花乡粮仓（陈国材2017年摄）

粮仓。根据这个情报，周辉立即部署部队赶往黄花乡，做好保卫黄花粮仓战斗的准备工作。

正月十四日上午8时许，县大队副大队长郑公侠召开直属连队干部会议，决定先派原留守大队部的四班副班长范贤带领四班战士赶往黄花驻守。

范贤接受任务后，立即集合全班战士，整装出发。他们朝着黄花方向，抄小路翻山越岭，只用3个小时便走完20多千米的路程，于中午11时许赶到黄花乡政府的所在地——走马夫。黄花乡乡长蒋君夫领着四班战士从走马夫往车头村走约30分钟便到达粮仓。征粮工作队在粮仓门前看见乡长领着部队战士走来，连忙迎上前去，将战士接进粮仓，并迅速安排好部队的食宿，然后就谈土匪的活动情况。当晚半夜3时左右，村里传来阵阵的狗吠声，接着村前又响起枪声。枪声越来越密，子弹如雨点般落在粮仓瓦面和墙壁上。接着，粮仓外面传来嘈杂的人声、脚步声，"冲呀！"的叫喊声此起彼伏。一场保卫粮食的紧张战斗开始了。

这时，范贤和战士郑锦草紧握手中的枪，密切注视着门外的动向。冲到门外的土匪以为进驻粮仓的解放军已经撤走，便走到粮仓的门边用手拍门、用枪托敲门。范贤端起步枪对准门外"砰！砰！"两枪，守卫在另一个门边的郑锦草也随即向门外的土匪射击，在外敲门的两个土匪都被打伤。冲到粮仓门前的土匪眼见两个同伙受伤，生怕自己也遭到同样下场，便纷纷逃命。

约10分钟后，土匪发起第二次进攻。为首的曾繁星和郭栋指挥着100多名武装土匪和100多名受蒙蔽的群众，从粮仓四周包围过来，准备冲进粮仓抢粮。守卫粮仓的战士立即选择有利的地形，准备和土匪决战。由于粮仓墙壁枪孔很小，无法发挥火力，战士们担心土匪撬开大门，冲进粮仓。在这千钧一发之际，战士把两个风柜抬来，又扛了10多袋粮食堆放在大门口，紧紧地把大门堵死，作为战斗的掩体物，万一土匪撬开大门也无法一下子冲进粮仓。

尽管土匪包围圈越来越小，枪声响个不停，但遭到县大队战士和征粮工作队员的顽强抵抗，他们始终无法进入粮仓。经过一个多小时的激烈战斗，粮仓周围的枪声逐渐稀少了。土匪头子曾繁星和郭栋见强攻不下，又另生一计。他们从村里搬来很多柴草，堆放在粮仓的周围，随即把火点燃。霎时，粮仓四周浓烟滚滚，火光冲天。好在这座粮仓四周都是用青砖砌成，尽管外面火力很猛，但烧不到粮仓里面。守卫在粮仓里面的征粮工作队员和县大队战士虽然生命安全受到威胁，但斗志昂扬，严阵以待，决心与土匪血战到底。范贤命令县大队战士郑国标、黄超英把机枪架到粮仓天井瓦面。他俩清楚地看见粮仓前面球场上站着七八十人，点着火把，挑着箩筐，在那里喧嚷着。机枪手黄超英立即把枪伸出去，正想射击，范贤连忙制止，低声说："那些不是土匪，是受蒙蔽的老百姓，打不得。"

这时，郑国标从黄超英手里接过机枪说："我来看看哪里有土匪，就向哪里射击。"说完端起机枪，正准备射击，却被土匪发现，并集中火力打了过来。过了一会儿，他又把机枪伸出去，同样遭到土匪的猛烈袭击。这样反复多次都无法把机枪伸出去射击。范贤心想，加拿大机枪的火罩是用不锈钢做的，在月亮照射下闪闪发光，容易被对方发现目标，于是立即叫黄羡弄瓶墨汁来，把机枪火罩染黑，然后另找一个地方把机枪伸出去。这次土匪没有发现机枪。郑国标瞄准敌人，扣动扳机，把30多发子弹连续打了出去，躲在粮仓背后山上的土匪听见枪声慌忙逃窜，其中3名土匪应声倒地。黄超英快捷地从郑国标手里接过机枪，换上弹盒，对准逃窜的土匪猛打过去。这样来回几次猛打后，土匪只好后撤。

这时，守卫在粮仓周围房屋的战士和征粮工作队员，听到县大队的机枪响了，先后在屋内找到一些射击孔，对准埋伏在粮仓附近和正想逃窜的土匪猛烈开火。尽管这样，这些顽固的土匪仍不甘心失败，盘踞在粮仓背后和村前后的一些土匪继续围攻粮仓，战斗非常激烈。范贤决心打退土匪的进攻，命令郑国标和黄超英把机枪拿到粮仓屋顶最高点，对准土匪集中的几个地方猛烈扫射。由于居高临下，火力很猛，土匪只好后撤逃命。

第二天早晨，土匪头子曾繁星和郭栋见多次进攻都告失败，害怕县大队增援部队到来，于是在天亮不久，便命令其残部全部撤离，沿着车头村后向滴水岩的方向逃窜。

范贤和黄羡见土匪溃逃，相互交换意见，认为全面反攻的时机到了，立即命令部队追击。除留下蒋君夫和征粮大队5人守卫粮仓外，他们各带5名战士和征粮工作队员分兵两路，向粮仓背后山田螺寨发起冲锋。县大队战士和征粮工作队员很快冲到田螺寨的山顶，冲锋枪、步枪一齐怒吼，向着土匪逃窜的方向猛打，100余名土匪只好连滚带爬地逃命。

天亮前，县大队领导派连长王俊才带领一排和三排战士前往黄花增援。原守备大庙峡的二排五班班长郑大梁当晚踏着月色赶到黄花，天亮不久，他们便先后到达滴水洞与四班战士会合追击土匪。

这次战斗，县大队直属连四班和征粮工作队密切配合，与数倍的土匪进行战斗，以少胜多，不但打退了土匪的进攻，保卫了粮仓，而且给土匪以沉重的打击，先后击毙土匪3人，击伤5人，取得保卫黄花粮仓战斗的胜利。

这一仗，县大队和征粮工作队无一伤亡，且有3名战士立功，范贤记大功一次，光荣出席北江军分区英模代表会议。

第五章
中华人民共和国成立后的建设发展

第一节 老区的建设发展

在革命战争年代，佛冈老区人民在中国共产党的领导下，建立起人民武装队伍和各种团体组织，发扬敢于斗争、敢于胜利的革命精神，为全县的解放事业、建立人民政权作出重要贡献。在中华人民共和国成立后，佛冈老区人民继承革命传统，发扬革命精神，勇于改革创新，在振兴经济、加强基础设施建设、推动社会事业发展和精神文明建设方面作出艰苦的努力。中华人民共和国成立特别是改革开放以来，在党和政府的关心支持下，革命老区面貌发生巨大变化，老区人民生活水平明显提高。2008年8月，中共佛冈县委办、县府办印发《关于进一步加强革命老区建设工作的实施意见》，加大对全县老区建设发展的扶持力度。2015年12月，中共中央办公厅、国务院办公厅印发《关于加大脱贫攻坚力度支持革命老区开发建设的指导意见》，中共佛冈县委、县政府加强对革命老区工作的领导，按照"更加注重改革创新、更加注重统筹协调、更加注重生态文明建设、更加注重改革开放和更加注重共建共享发展"的总体要求，着力加快老区基础设施建设，有序开发优势资源，培育壮大特色产业，保护生态环境，推进民生改善，促进转移就业，实施精准扶贫精准脱贫，大力推动老区经济全面发展。通过坚持不懈的努力，推动老区的建设发展，老区的基础设施、乡村面貌都发生根本性的变化，人民生活水平不断提高，推进老区向富裕、文明、和谐的方向发展，为深化改革、加快发展奠定了坚实的物质基础和思想基础。

一、巩固政权，恢复经济

1949年10月12日，佛冈县全境解放，开始进入恢复国民经济和社会主义改造的过渡时期。10月14日，成立中共佛冈县委、佛冈县人民政府。1949年10月至1956年9月，是佛冈县巩固政权、恢复经济的阶段。县委、县政府领导全县人民巩固政权，恢复生产，实行土地改革，开展"三大改造"（对农业、手工业、资本主义工商业的社会主义改造），促进全县政治、经济形势稳步发展。县内老区人民积极配合，在各项工作中起好带头作用，推动全县工作的开展。

从1953年（土地改革结束）到1956年，县内老区粮食总产量（含薯折谷，下同）从1.87万吨增加到2.27万吨，工农业总产值从648万元增加到825万元，老区群众缺粮程度和缺粮户数量有大幅度减少。

（一）设立区乡人民民主政权机构

佛冈解放初期，佛冈县区乡仍沿用解放前的设置，全县分2个区9个乡。其中，一区（今石角镇、水头镇）未设立区人民政府，由县人民政府直接管辖，下辖龙潭、卫冈、龙冈、南山、黄花、天水6个乡；二区（今高岗镇、迳头镇）设立区人民政府，下辖白石、观台、陂头3个乡。

1950年3月29日，县政府调整行政区划，将一区分为第一区（今石角镇）和第二区（今水头镇），二区改为第三区（今高岗镇、迳头镇），全县共设3个区。各区设立人民政府，4月1日挂牌办公。同时，各区下辖的乡也作出相应的调整，全县从原来的9个乡调整为45个村，建立村人民政府。1951年3月，撤销村建

制，全县设22个乡、1个乡级
镇（石角镇）。1953年2月，
清远县第七区（即今汤塘镇）
划归佛冈县管辖后，列为第
四区，全县共设4个区。1955
年6月，各区以区公所驻地命
名，一区改称石角区，二区改
称水头区，三区改称迳头区，
四区改称汤塘区。在以上4个
区中，二区（水头区，今水
头镇）和三区（迳头区，今
高岗镇、迳头镇）为革命老
区，一区（石角区，今石角

1951年初，三区群众和大陂中学师生欢送参加军干校的同学（佛冈县史志办公室供稿）

镇）和四区（汤塘区，今汤塘镇）为有革命老区的地域。1956年
5月，撤销区公所，改称区工作组，下设21个乡、1个乡级镇（石
角镇），延续至1956年9月。

在县、区、乡人民政权建立过程中，老区人民在党和政府的
领导下，满腔热情投入巩固人民政权工作。1950—1956年，县内
老区先后开展支前征粮、清匪反霸、选送子弟参军和入读军事学
校、抗美援朝保家卫国等工作，以实际行动为巩固人民政权作出
贡献。

（二）开展剿匪斗争，镇压反革命运动

佛冈解放初期，境内的匪情严重，土匪活动猖獗。在佛冈一
区、二区，一些原国民党旧政府的官僚网罗反革命的残余势力，
秘密成立反革命组织"青年党反共救国军佛冈大队"，策划反革
命暴动，还勾结原清远县潖江区的"剿共"副总指挥谭砥纯股

匪，准备在1950年元旦或春节期间攻打新生的人民政权——佛冈县人民政府。

1950年3月1日，以郭栋、曾繁星为首的股匪100多人，在黄花乡走马夫、滴水岩等村活动，抢劫黄花乡粮仓。佛冈县武装大队前往黄花乡护仓，击毙土匪3人，击伤多人，土匪向清远县四九地区（今佛冈县汤塘镇四九片）和从化县逃窜。

是年3月6日，匪首郑展才勾结英德东乡地区土匪头子沈轩明等反动势力，在佛冈二区的瑶府口、墩心、湖洋等村集结，发动反革命武装暴乱。土匪抢劫民兵枪支、破坏电话通信，准备伏击和杀害区政府干部。佛冈县武装大队会同迳头、高岗民兵400多人，于3月8日对瑶府口、墩心、湖洋等村实施包围。新丰县武装大队直属连从遥田地区赶来增援，配合青竹民兵围攻驻湖洋村的土匪。经过激烈战斗，大部分土匪举白旗缴械投降，匪首郑展才、朱砚波及匪徒30余人趁夜突围潜逃。在清剿瑶府口、墩心、湖洋土匪的战斗中，在杨岭村后背山顶毙匪2人，俘匪173人，缴获枪支70余支。

是年4月上旬，郑展才、黄南耀等匪徒走投无路，再次潜回三八（今石角镇三八片）象山、古塘、水头等地藏匿。黄南耀自命为"青年党反共救国军佛冈大队"大队长，企图再次策划武装暴乱。县委获悉情报后，立即派县武装大队对象山、古塘等村的土匪进行围捕，抓获黄南耀以下土匪10多人，缴获武器10多件。匪首郑展才等因不是古塘村人，不敢贸然进村藏匿，便躲到水头五洞村的山寮。县武装大队及民兵迅速对郑展才进行围捕，终于在水头五洞村将郑展才击毙，同时活捉残匪2人。至此，"青年党反共救国军佛冈大队"全部被剿灭。

此外，以谭砥纯、朱琼书、朱锡九、李再芳为首的清远县滃江地区（今佛冈县汤塘镇、龙山镇一带）的土匪，也于1950年

5—6月被清远县剿匪部队剿灭。佛冈的剿匪工作从1949年11月开始至1950年6月基本结束，取得重大胜利。

佛冈县的集中剿匪工作结束后，佛冈县根据中共中央《关于严厉镇压反革命分子活动的指示》和《中华人民共和国惩治反革命条例》，在广东省镇反委员会的部署下，于1951年2月起开展清匪反霸、镇压反革命运动。佛冈老区人民积极配合，协助人民政府检举揭发和打击土匪（匪首、惯匪）、特务、恶霸、反动会道门头子和反动党团骨干分子。此后，在各区巡回召开镇压反革命分子大会，宣判和处决一批反革命分子。第一阶段的镇反运动到1951年12月结束。

1952年1月至1953年6月，第二阶段的镇反运动按照全省公安工作会议的部署，结合土改运动进行。在这一阶段运动中，老区群众配合县委、县政府开展镇反斗争，有力镇压土匪（匪首、惯匪）、特务、恶霸、反动会道门头子、反动党团骨干五种类型的反革命分子。全县大规模的清匪反霸、镇压反革命运动至1953年6月基本结束。清匪反霸、镇压反革命运动的胜利，基本扫除全县范围内遗留的反革命残余势力，有力地维护人民政权巩固，社会秩序安定。

（三）退租退押、减租减息和土地制度改革

退租退押、减租减息运动又称为"八字运动"，是党在土地改革前实行的减轻农民沉重负担的政策。根据中共中央决定和《广东省减租实施办法》，县委从1951年初起，在全县农村开展退租退押、减租减息运动。

佛冈县的退租退押工作在1951年6—7月开展，三区大陂乡是全县三个试点乡之一。县内老区人民积极参加退租退押、减租减息运动，各地成立贫雇农主席团，配合土改工作队从访贫

问苦、组织骨干、诉苦串连入手，发动农民群众进行清算租押和反霸斗争。

退租退押、减租减息运动把群众充分发动起来，形成空前的农民运动高潮。全县农民取得清退果实（稻谷）84.4万千克，贫苦农民4.57万人分享到胜利的果实，平均每人分得稻谷18.5千克，最多的每人分得稻谷314千克。此外，还清算出一批黄金、白银、布匹等物资，基本解决贫苦农民生产度荒困难。同时，通过退租退押、减租减息运动，县内老区建立、整顿、健全农村基层组织，为此后土改运动打好基础。

通过退租退押斗争，全县已获得斗争果实有：稻谷100吨、黄金14两、白银（银圆）900元、布30匹，人民币839万元（第一套人民币币值）。收缴长、短枪8支，土枪24支，子弹1.09万发，炸药10千克。

土地制度改革是废除在中国持续两千多年的地主阶级封建剥削的土地所有制，实行农民的土地所有制。佛冈县的土地改革运动，从1951年5月开始至1953年4月结束，全县4个区54个乡全面完成土地改革运动，是全省最后一批完成土改的地区。参与这次土改的农户总户数2.82万户，总人数11.49万人。

1950年6月，根据《中华人民共和国土地改革法》和中共中央华南分局指示，佛冈县委从1951年3月起组建土改干部队伍并集中培训，接着部署土改工作。在土改试点和铺开期间，佛冈老区人民在县委、县土改委员会的领导下，保持革命热情和斗争精神投入土改工作，推动全县土改运动的开展。

1952年1月31日，全县370多名土改干部分别下乡，集中力量搞好原定的6个土改试点乡，其中3个试点是老区乡，分别是二区的丰田乡，三区的大陂乡、烟岭乡。土改工作基本完成后，于1953年2月转入土改复查和丈田发证工作。

1953年4月13日，土地改革运动（通过复查）全面结束。斗争及处理地主、恶霸、反革命分子和反动会道门的头子1829人。没收土地5800公顷，房屋1.44万间，耕牛2.31万头，农具3.59万件，余粮3229吨。单是二区就收缴长、短枪184支及手榴弹、子弹、火药等一批。老区广大农民分到土地和财产，提高生产积极性，生活得到初步改善，并提高了政治觉悟和阶级觉悟，因而更加热爱和拥护共产党，进一步巩固了土改成果。

（四）恢复生产，顺利度荒

1949年10月佛冈解放后，全县的中心任务是恢复经济，特别是恢复粮食生产。1952年起，佛冈把恢复粮食生产工作同土改、互助合作结合起来，使粮食生产得到迅速恢复。三区（即高岗、烟岭、迳头地区）的老区群众在政府指导下开荒筑坝、修圳引水扩大耕种面积，并采用黄泥水选种等方式改革耕种技术，增加粮食产量。水头、四九、黄花等地区群众也积极投入粮食生产中，保证粮食生产的稳定和提高。1955年，水头区丰田乡的丰联农业合作社早造用"齐眉白"插单株植，创亩产406.5千克的高产纪录，晚造又用"黄冬""白冬"杂交种单株植，创亩产538千克的高产纪录。当年三区大陂乡的联星农业社实现"千斤社"（指粮食亩产超500千克），为全县农业社树立粮食高产榜样。四九老区是县内的粮食高产区，建立合作组织后，该地区的粮食保持高产稳产。

佛冈解放初期，全县粮食紧缺，特别是老区群众缺粮户多，甚至有不少断粮户，遭遇水灾旱灾或青黄不接时，缺粮或断粮户数量增加。在本时期召开的佛冈县各界人民代表会议和佛冈县第一届人民代表大会，都把救灾度荒作为重要议题。在救灾度荒中，救灾物资尽量向老区倾斜照顾。救灾度荒资金物资主要来源于发放银行信贷款及信贷谷，民政部门发放的救济款、救灾粮、鼓励民间开展调剂余缺的借贷活动等。如1950年，三区钟屋村（宝结岭）缺粮户、断粮户特别多，政府拨稻谷（含救济粮、借贷粮）7500千克给予救济；逐头上青洞困难户多，政府拨稻谷（含救济粮、借贷粮）3500千克给予救济。通过政府救济，使老区群众顺利度荒。

1951年3月春耕前，县政府贷出种子5万千克，口粮1万千克，再由石灰生产合作社贷给石灰200多吨，解决农民缺种、缺粮、缺肥的困难。4月中旬，县政府发放社会救济粮、生产度荒粮、烈军属救济粮、干部家属补助粮共计（人民币旧值折成新值）51万元。是年，老区各乡普遍成立劳动互助小组，帮助烈军属解决春耕生产的困难，使老区群众顺利度过荒年。

（五）公路水利建设

在公路建设方面，佛冈地域在中华人民共和国成立之前没有通车公路，从佛线（从化—佛冈）于1950年初在原从化鳌头至龙山鹤田路段基础上动工兴建，1953年公路延伸至佛冈县城，1956年延伸到老区三八、水头和烟岭前所，当年通至英德白沙。自此，佛冈老区建成通车公路。在农田水利建设方面，因佛冈解放初期巩固政权、恢复生产事务十分艰巨繁忙，在老区只能开展急需整治的农田灌溉设施，如整修陂头、圳渠等工作。较大的工程是组织三区群众修筑烟岭河堤以阻挡洪水冲毁农田，1953年修建烟岭的莲花塘水库，1954年修建高岗的梧塘水库。以上两座水库建成后，总库容共37万立方米，农田灌溉面积16公顷，在一定程度上改善了当地生产条件。

1953年5月，佛冈县发生了六七十年一遇的水灾，洪水淹没农田530公顷，冲坏陂头、水圳、山塘等1698处，冲毁房屋460

间。县内各级领导与群众一道抢险救灾，使灾民顺利渡过难关。其中老区烟岭被洪水淹没农田50多公顷，干部群众积极参加抢险救灾，恢复生产。是年水灾过后又是旱灾，县政府派出400多名干部下乡领导农民抗旱，寻找水源，抢修水利，使受旱农田得到灌溉。

（六）参加抗美援朝运动

1950年6月，朝鲜战争爆发，严重威胁中华人民共和国的安全。10月8日，中国人民革命军事委员会决定组织中国人民志愿军入朝鲜参战。全国开展声势浩大的抗美援朝、保家卫国运动。

佛冈县通过乡村农民协会、县城工人联合会和工商联合会、青年团、民主妇女联合会等组织，利用各种形式深入农村、圩场宣传"抗美援朝、保家卫国"的重大意义，动员全县人民参加抗美援朝、保家卫国运动。10月下旬，全县组织各阶层参加"抗美援朝、保家卫国"的和平签名活动，到10月底全县各界群众3万多人参加签名。11月19—23日，在全县各区召开的第二届农民代表会议上，把抗美援朝作为形势教育的重要内容。佛冈老区人民群众响应党和政府的号召，纷纷投入抗美援朝运动中去。其中高岗、迳头老区人民群众生活虽十分艰苦，但仍积极捐粮捐款、送亲人参加中国人民志愿军。通过宣传发动，全县各界人民以实际行动投入抗美援朝，机关、农村干部群众和学校师生写信慰问中国人民志愿军，积极参加捐款购买飞机大炮的抗美援朝活动。至1953年7月，全县共捐款8.4亿元（人民币旧值，折成新值为8.4万元），超额完成上级分配4亿元的任务。同时，佛冈县的青壮年响应县委的号召，踊跃报名参军。1950—1952年，佛冈县有1000多人报名参加志愿军，556人被批准入伍，其中260人奔赴朝鲜战场。抗美援朝、保家卫国运动，对全县人民进行了一次广泛的爱国主义和国际主义教育。

（七）整党工作

1951年2月，县委根据中共北江区委指示，在全县开展第一次整党工作。要求通过整党，提高党员政治思想觉悟，统一思想认识，克服个人主义、享乐主义、消极自卑思想，同时清理处置一批混进党内的坏分子和不符合条件的党员。

1953年10—11月，县委在老区三区（高岗、烟岭、迳头）农村集中整党。县委组织部到三区驻点，按照"严肃认真、检查从严、处理从宽"的原则，采取集中学习、教育改造、评议鉴定、自愿填表登记的方式进行整党。当时三区有党员73人（其中老党员24人），除个别外，均自愿填表登记。三区整党经验在全县推开，全县整党工作按计划进行。1950—1954年，全县基层党支部从9个发展到93个，党员人数从137人发展到646人。此外，1955年12月至1956年上半年，全县开展第二次整党。通过整党，党员提高思想觉悟，增强了走农业合作化的决心和信心，加速了农业合作化的进程，同时也纯洁了党的队伍。经过整党，县内老区建立党的组织制度。1956年5月起，全县21个乡均建立乡党支部，构建起基层党组织的基本框架。

（八）中小学整顿

1950—1952年，佛冈县开展教育设施改造和教师的接收、整顿工作。县政府设文教科，下设视导组，主管教学业务和教师培训。各区设文教助理员，指定各区中心小学辅导各乡学校的教学业务。整顿的内容：利用寒暑假组织教师集中学习党的有关方针、政策，转变思想，提高认识，适应新形势和新教育的要求。1950年12月，县政府接收全县中小学后，随即开展中小学整顿工作。1952年，全县老区30多所小学全部完成整顿工作，在校学生人数增加到3000多人。其中作为革命遗址的老区小学有黄花存久洞村的培智小学、四九的四九小学（四九黄氏宗祠）和文昌小学（即官山小学）、水头石潭村的培基小学等，在完成整顿后扩大招生。

（九）农业合作化运动

1953年起，佛冈县根据中共中央华南分局的部署，在全县开展农业合作化运动，进行农业社会主义改造。年初，县内老区开始组建农业生产互助组。互助合作贯彻自愿、互助、互利的原则，实行亲帮亲、邻帮邻，以等价交换、以工换工的形式，帮助缺乏劳力、耕牛、农具的农户解决农事的困难。在开展农业合作化运动中，佛冈老区群众积极参加，带动全县各地开展。水头老区上丰田村建立县内的第一个常年互助组。1954年5月，全县办起4个初级农业生产合作社，全部为老区合作社，分别是二区丰田乡1个、三区大陂乡1个、四区菱塘乡2个，入社农户133户524人，入股土地784.04亩（52.27公顷）。至是年10月，在老区建立临时互助组553个，常年互助组296个，入组农户3813户，占老区总农户的48.9%。合作组织建立后，老区群众积极参加生产，加强合作组织的民主管理，开展粮食夺高产工作。

1955年，全县办农业社最多的区是四区，全区办农业社33个；办农业社最多的乡是四区菱塘乡，办有农业社8个；规模最大的农业社是菱塘乡的群锋农业社，入社农户49户。

（十）复员转业军人和烈军属的模范作用

1953年，佛冈县复员转业军人参加农村基层工作300多人，其中老区209人。老区复员转业军人在各项工作中发挥带头作用。二区诚迳乡复员转业军人黄北浪，不但带头将余粮卖给国家，还积极发动其他群众将余粮卖给国家。黄北浪17次深入村民李培家做动员工作，发动李培拿出稻谷1800千克卖给国家。在黄北浪的带动下，该村统购任务按期完成。四区菱塘乡三村互助组组长由烈属担任，该村各项工作顺利完成。1954年，全县评出优抚模范31人，其中老区22人；县级模范6人，其中老区4人；统购模范84人，其中老区57人。菱塘村烈属张镜在农村各项工作中取得显著成绩，先后7次被评为二等、一等、特等模范，成为韶关专区烈军属先进代表，1955年11月出席全国烈军属和荣复军人社会主义建设积极分子大会。1956年，县内复员转业军人和烈军属被评选为社会主义建设积极分子的有县级59名、省级2名。老区迳头乡复员军人郑国普自复员回家后，安心农村生产，积极领导农民办社，多次被评为模范、积极分子和先进生产者。复员转业军人和烈军属在各方面起到模范带头作用，赢得了人民群众的尊敬和爱戴。

二、全面建设，初显成就

1956年9月至1966年5月，是佛冈县开展全面建设社会主义的探索和实践时期。在此十年间，全县老区认真贯彻党和政府的方针、政策，发挥主动性、积极性，使全县经济建设和社会各项事业取得重大成就，积累许多经验教训。县内老区基层党组织在此期间变动较大。1961年5月佛冈县从从化县分出恢复建制后，全县设人民公社党委12个，其中老区公社党委7个。老区公社党委按照县委的部署，先后开展整风整社、经济调整等工作，取得老区建设和发展的初步成就。

从1957年到1966年，县内老区粮食总产量（含薯折谷）从1.94万吨增加到2.19万吨，工农业总产值从860万元增加到1085万元，老区群众月口粮（含返销粮）基本保持15千克。

（一）基础设施建设

1. 水库及水电建设。

1956年起，佛冈县进一步开展老区蓄水工程建设。1957年，修建四九菱塘谢公水库，总库容36.6万立方米，农田受益面积36公顷；修建三八黄泥塘水库，总库容14.3万立方米，农田受益面积17公顷。1958年，修建四九高围平坦水库、水头石潭掘头岖水库和水头王田鲤鱼冲水库以及三八上里水库，总库容84.7万立方米，农田受益面积150公顷。1963年，修建迳头大陂三丫塘水库，总库容22万立方米，农田受益面积15公顷。至1966年，县内老区建成水库10座，总库容194.3万立方米，农田受益面积255公顷，较好地改善了老区农田灌溉条件。

在水电建设方面，佛冈县的水力发电开始于1958年。当时在迳头大陂建成一座装机容量48千瓦的小水电站，所发的电白天以加工稻谷为主，晚上为附近村庄和大陂中学照明。进入60年代，小水电有所发展，老区乡镇除烟岭乡、三八乡外，都兴建以加工

迳头大陂三丫塘水库
（迳头镇党政办供稿，
2016年摄）

为主的乡村小水电站，基本解决各乡镇的广播及照明用电。当时的小水电站大部分水头在5米以下，装机容量在50千瓦以内，采用县农械厂生产的铁制水轮机。至1962年，全县有农村小水电站18座，其中老区高岗、迳头、水头、四九、黄花、良安均建有公社或社队合办的水电站。此后，县内小水电站的撤建、分布变化较大。至1966年，县内建有小水电站3座，装机容量292千瓦，年发电量192万千瓦时。

2．构建基本公路网络。

1957年起，佛冈县加强老区公路建设。至1966年，老区交通运输设施有所增加，其中通老区的公路有4条：广韶线（广州—韶关，当时称国防公路，即后来的国道106线），建成于1966年，从佛冈北部至南部通县内老区7个公社；清湛线（清远—湛江地区，即后来的省道354线），建成于1957年，从佛冈西部至东部通汤塘和老区四九，接从化良口；县道二华线（三八二七—英德华侨农场），建成于1962年，通老区三八、诚迳、高岗；县道大旗线（迳头大陂—高岗旗岭），为1958年建成的简易公路，通老区迳头、高岗。至此，全县老区均有公路相通，老区的基本公路网络初步形成。

3．运用技术开展工程建设。

1958年，洛洞大队党支部制定出建设社会主义新山区规划，修建洛洞至汤塘公路，资金不足大家凑，不懂技术大家闯，没有测量仪器就自己动手制造。他们用眼睛当测量仪测量，用藤条作尺子丈量。1960年秋，公路全面动工。突击队在石壁潭工地苦战七天七夜，提前7天完成石壁潭路段工程。转业军人、民兵营长张华添采用挖"丫"爆破法，修路效率大幅度提高。突击队修建三村水口桥桥墩时，没有抽水机就集中全村水车用人工抽水，终于砌好桥墩，于1966年冬建成长11千米的山区公路。

为解决山坑田灌溉问题,洛洞大队土法上马,见坑筑陂,一水多用,水利、水电综合利用。如联一、联二生产队,劈山开渠,环山开出一条约500米引水渠,汇集东、西两条水圳的水用于农田灌溉。洛洞大队经过几年艰苦奋斗,建成小型水利155宗,解决因旱灾减产失收的"望天田"灌溉问题。

1964年,洛洞大队修建第一座水电站时,没有技术人员,党支部率领张大暖几名知青到外县学习取经,培养"土专家";没有测量仪,自制3根木杆测量水圳走向,用水盆盛水代替水平仪。1965年冬,建成一座装机容量5千瓦的水电站。修建第二座水电站时,"土专家"张大暖把书本上规定的尾水管圆锥角13度,大胆改为8.9度,缩小尾水管口径。经过多方面的技术改革,该电站用9000多元建成。第三座水电站位于翻死蛇(地名),此处坡度极陡,在10多米高的石壁上开凿出引水圳,在70多度的陡坡上安装好总长为36米的10多条压力水管,建成一座装机容量60千瓦的水电站。

县内其他老区也一样运用技术开展工程建设。1969年,高岗公社长江大队成功仿制出40型和60型旋转式水轮机,建成长江水电站。该公社三江大队土法上马,用水泥包瓦管建成一条120米长的压力水管,并经过两个多月奋战,扩建完成既可抽水,又能加工、发电的综合水电站。该公社新联大队岗咀头生产队为了自制木水轮机,不会看图纸就到县城找模型,自制完成木质压力水管和水轮机建成水电站。高镇大队修建引水渠时,自行设计施工,在半山石壁上开凿出一条15千米长的水圳,搬掉16万多立方米土石方,终于建成引水渠。

（二）发展农业生产

1. 发展粮食生产。

在全面建设社会主义时期，发展粮食生产是全县也是老区的重点任务。县内老区按照全县大办农业、发展粮食生产的部署，开展维修水利设施、垦荒扩种、改造低产田以及推广农业技术等工作，推动粮食产量的提高。高岗、烟岭、迳头老区位于县内北部的高寒地区，在发展水稻生产上重点是开展"旱田改水田"工作。水头、三八老区位于县内中部，重点是开展积肥改土、种植冬种作物工作。四九、黄花老区位于县内南部，重点是运用农业技术提高产量。其中四九公社是佛冈县粮食高产区，1965年成为全县第一个"千斤社"。1957—1966年，县内老区粮食总产量（含薯折谷）从1.94万吨增加到2.19万吨，其中水稻总产量从1.77万吨增加到2.07万吨。

2. 推广农业技术。

1956年，佛冈县在老区迳头、水头和石角、汤塘境内的老区地域建立4个农业技术推广站，由县农业部门派出农业技术人员进行管理，主要是推广良种、改革耕作技术和农业机械的应用等。1956—1957年，四九农业社根据昆虫的趋光特性，采用点灯诱杀的办法消灭水稻害虫。烟岭农业社采用选种、浸种和育秧技术，增加稻谷产量。1960年后，老区推广矮脚南特、珍珠矮等水稻良种，以及推广甘薯、花生等优良品种。在水稻种植技术上，继续进行单造改双造、两熟改三熟等耕作，进行以疏播育壮秧、小株密植为主要内容的技术改革，并推广应用植物保护技术、果树栽培技术、畜牧水产技术。1961年，良安公社组织全民出动，改造山坑低产田200多公顷，使原低产田每亩增加稻谷产量90千克。

在此期间，农业机械也在老区逐步推广，先后推广五一步犁、双轮双铧犁，20世纪60年代初推广简易脚踏打禾机、水轮泵以及植物保护机械、运输机械、加工机械等。

（三）民主整社，落实生产责任制

1. 民主整社。

1956年1月，县委决定，把一区的科旺乡高月农业社、二区的丰田乡丰一农业社创办为高级农业生产合作社（该两社干部已集中到县城学习办高级社的政策及建社的做法）。

1956年2月，全县的农业合作化运动贯彻"全面规划，加强领导，长期准备，分批发展"的方针，全县出现科旺、丰田、菱塘、汤塘4个合作化的乡，其中老区占3个。1957年春，全县基本完成组建高级农业社工作，全县有高级农业社201个，初级农业社4个。1957年秋，根据上级部门部署开展民主整社工作，全县农业社分别参加第一批、第二批民主整社。在民主整社中，老区农业社按照县委的部署，主要解决四个问题：贯彻国家的粮、油、猪包干任务，做好农业社的生产规划，改进农业社的生产管理，促进农业生产责任制的落实。在县委召开的1957年度总结表彰大会上，表彰全县集体模范单位47个、个人模范199人，其中属老区地域内的集体模范单位22个、个人模范85人。迳头乡高四社被评为广东省集体一等奖。1958年建立人民公社后，民主整社的做法得到坚持，老区的粮食、畜牧业、渔业、林业、副业等生产实行由生产队"三包"（包工、包产、包成本），超产奖励，减产处罚，生产队对社员实行定额包工和按件计酬的经营管理办法，发挥生产队的生产经营积极性和社员的集体生产积极性，推动集体生产的发展。

2．推进生产责任制。

1961年5月起，县委贯彻中共中央《关于农村人民公社工作条例（修正草案）》（即"农业六十条"），促进农村人民公社各项工作的开展。1961年，老区烟岭公社井冈大队在全县率先实行饲养鸡鹅鸭"三包"（包工、包产、包成本）责任制，调动社员的积极性，增加集体经济收入。同期，四九公社推行生产责任制，实行粮食生产"三包一奖"（包工、包产、包成本，超产奖励）、耕牛和生猪下放社员饲养，促进生产发展，其经验由县委总结后在全县推广，并向全县发出通报。1962年初，在县委召开的四级干部会议上，对贯彻农业"六十条"进行全面的部署，推行"两个一定三年"（粮食征购和"三包"产量一定三年），推行"包死产"和"全奖全罚"的生产责任制，县内老区贯彻县委、县政府的决定，落实生产责任制。7月，县委召开公社党委书记会议，推广水头公社西田大队实行"三包"、扩大良种面积、改良土壤和适当密植，早造获得高产的经验。12月，县委发出文件，鼓励农民扩种杂粮，并规定"谁种谁有、谁种谁收"，贯彻"以粮为纲、全面发展"的方针，发展以养猪为主的多种经营。老区公社制定发展集体经济和家庭副业的措施，贯彻执行县委关于发展养猪"公私并举，私养为主"的方针，把公社、大队、生产队所有的母猪全部下放给社员饲养。同时，鼓励社员繁育耕牛，大队把耕牛全部下放到生产队，所繁育的小牛大部分或全部奖给包养户，允许社员私人饲养1～2头耕牛。烟岭公社井冈大队发展编织草席，繁殖鹅鸭种苗，饲养鹅鸭实行"三包"，壮大集体经济，其做法得到县畜牧局的肯定并在全县推广。在贯彻"农业六十条"过程中，全县老区生产发展，人民生活水平有所提高，给农村生产注入新的动力。1961年7月，县委发出《关于批转丰二、高滩两个大队贯彻六十条政策的调查报告》，推广这两个大队的做法和经验。1962年9月，县委转发良安公社、四九公社《推行生产责任制的经验总结》，推动全县生产责任制的建设和落实。

（四）发展林业生产

中华人民共和国成立前，佛冈县内林木生产都是靠自然生长，未进行过正规的植树造林。中华人民共和国成立后，在党和政府的宣传发动下，植树造林逐步成为群众的自觉行动。佛冈老区多处于山地丘陵中，老区人民发扬艰苦奋斗的精神植树造林，并做好合理采伐，对天然林和新造林严禁乱砍滥伐，防止山林火灾。1955年，县内办起国营苗圃场，培育桉树、杉树等苗种。1956年起，县内老区根据林业主管部门要求，开展植树造林工作，发动群众采集树种育苗，采集到林木种子7688千克。其中，松树种子713千克，杉树种子132千克，油茶种子1593千克，黎蒴种子5099千克，苦楝树种子142千克，樟树种子11千克，这些种子均用于直播造林和育苗。1956—1958年，老区3年造林4500公顷。1959—1961年，老区3年造林1100公顷。1962—1965年，老区4年造林2100公顷。1963年，社队开办林场后，农村育苗则由社队林场承担。1964年，佛冈县出现第一个造林万亩（670公顷）的老区迳头公社和第一个种竹900亩（60公顷）的洛洞大队。

（五）发展工业生产

佛冈县内老区的工业生

迳头镇青竹老区林业基地（朱家佑2016年摄）

产主要由小手工业、小服务业转型形成，其中烧制砖瓦、石灰是较普通的工业生产项目。1958年"大跃进"期间，围绕农业办工业，县内老区创办石灰厂、潭洲耐火砖厂、莲瑶面粉厂等企业。这些企业由于规模小、技术差、产品质量低，不久相继停产。

位于老区三八地域的佛冈县石灰厂，其前身是一家私营石场，当时生产作业基本上是作坊式，完全没有机械设备，只用木柴将石灰石烧熟成石灰。1958年初，石灰厂收归国有，命名为地方国营石灰厂。在此期间，石灰厂生产的石灰供全县各地农业和建筑用。在老区的传统工业项目还有高岗路下陶瓷厂，主要是利用本地瓷泥生产碗、碟等陶瓷器具，直至20世纪60年代前后仍在县内大部分地区销售。在本时期，县内老区的工业还有各地的铁器社、木器社、车缝社等，均为城镇集体企业。

（六）发展教育事业

1. 创办农业中学。

1958年，中共广东省委提出《教育事业跃进纲要》，省教育厅也颁布《民办农业中学教学计划（草案）》。1958—1969年，佛冈县先后创办14所农业中学，共有31个班，学生1229人。其中属于老区的农业中学有8所，分别是：高岗农业中学（校址在高岗圩）、烟岭农业中学（校址在新凤林场，即牛洞林场）、迳头农业中学（校址在迳头西坑）、水头农业中学（校址在莲瑶中学和耀洞）、三八农业中学（校址在诚迳）、石角农业中学（校址在观音山放牛洞）、四九农业中学（校址在四九久棉夫村）、良安农业中学（校址在良安圩）。

这些农业中学的课程，除农业基础知识和英语外，基本上与初级中学相同。学制两年，实行半农半读，即半天上课，半天劳动生产，有时还组织学生开采锡矿、伐木烧炭。办农业中学的目的是，通过劳动实践让学生掌握多种农业生产技能，并靠自力更生、勤工俭学解决办学经费和学生的伙食费。1969年前后农业中学因并入普通中学或解散而撤销。

2. 教育事业受省表彰。

1960年5月15—19日，从化县（当时佛冈县并入从化县）文教战线社会主义建设先进单位和先进工作者代表大会在县城街口召开。出席大会的有教育、文化、卫生、科学、体育、理论、新闻、广播等系统的先进单位和先进工作者代表688人，还有各公社的文教书记、文教委员等人。会议主要内容是：全面总结，交流经验，表彰好人好事，树立旗帜。县委书记王占儒致开幕词及作会议总结。县委宣传部副部长洪流向大会作《关于目前形势》的报告；县政府文教科负责人刘学洪作《高举总路线的红旗，为我县文教事业继续大跃进而奋斗》的报告。大会选出9个先进单位和20名先进工作者出席省的文教群英会，其中佛冈地域有迳头大陂中学、高岗民办中学2个老区先进单位和迳头公社文化站管理员等5名先进工作者。

（七）围镇村率先创办公共食堂

1958年4月，汤塘乡围镇村为了让社员有更多的时间进行农业生产，办起佛冈县农村的第一间公共食堂。参加公共食堂的社员每天把粮、菜交到食堂，由食堂代煮。6月29日，县委召开全县广播大会，要求全县农业社建立公共食堂。11月24日，省委发出《关于进一步做好公共食堂工作的指示》，要求各地党委书记挂帅，加强对公共食堂的领导，加快公共食堂的发展。据11月底统计，从化全县（当时佛冈县并入从化县）办公共食堂1969间，参加公共食堂的社员33.78万人。全县公共食堂实行吃饭不收钱，"三餐干饭任食"（吃饭不限量）。12月，省委发出指示，全省农村要办好公共食堂，做到饭好、菜好、有开水喝、设备卫生好、民主管理好。按照省委的指示，公社的干部和社员一样参加公共食堂。对于规模过大的食堂进行适当调整，加强管理工作。1960年1月，汤塘公社上黎村食堂被省评为"五好食堂"，受到广东省委、省人委和佛山地委的奖励。

由于农村公共食堂不适应农村的粮食和经济状况，放开肚皮吃饭，导致粮食的极大浪费，加上虚报粮食产量造成粮库空虚，农民的口粮出现困难，佛冈境内的农村公共食堂从1960年上半年起逐步解散。

（八）老区迳头乡创建社会主义乡规划

1958年初，佛冈县确定迳头乡为社会主义全面跃进示范乡。5月，迳头乡代表在县人大三届一次会议上介绍该乡创建社会主义乡规划。迳头乡按照县的部署，成立建设社会主义示范乡规划委员会、科普协会和体育协会，各社也成立了规划小组，并初步制定规划方案。社会主义乡规划要求在1958年内实现"五化"（土地耕耘机械化和半机械化、水利灌溉自流化、肥料加工化、农产品加工自动化、运输车辆吊索化），同时制定粮食生产、畜牧业、林果业和农田水利、交通邮电、村庄建设、教育卫生、文化体育等各分项规划。其中在文教卫生方面，规划社社有民办中学、村村有小学、队队有夜校、处处有识字站、社社有幼儿园、队队有托儿组，做到"六化"（宣传工作深入化、学校下放全民化、中学教育普遍化、小学教育普及化、幼儿入园全部化、识字运动群众化）。迳头乡创建社会主义乡规划虽然后来因各种因素制约未能实施，但该规划是佛冈地域最早提出的创建社会主义乡规划，具有其特别的历史意义。

（九）解决老区特殊困难

高岗公社钟屋村是抗日战争游击区，政府一直关心老区人民的生产生活。20世纪50年代初，老区群众缺粮、断粮，政府及时拨给粮食帮助村民度荒。1957年，一场意外火灾烧毁钟屋村村民住房，政府拨款修建44间新房，解决50户237人入住。为解决钟屋村农田灌溉问题，政府拨款帮助修筑侧星江水圳，受益农田6公顷多。后拨款帮助维修宝山小学，帮助该村建起卫生站、安装有线广播。为改善学校教学环境，1957年，政府拨款修建老区四九公社菱塘小学和田心小学；拨款修建四九—从化良口华中公路，改变老区交通落后状况；还在四九设电话总站，安装有线广播及修建小水电站。在政府的关心支持下，老区的特殊困难得到解决。

三、坚持发展，徘徊前进

1966年5月至1978年12月，为"文化大革命"十年和徘徊前进两年的历史时期。"文化大革命"时期，佛冈县同全国各地一样，由于"左"的错误造成思想混乱、社会秩序混乱，经济和社会各项事业遭受严重的损失。佛冈县内老区党员、干部、群众和全县各地一样，对"文化大革命"的错误进行局部的抵制和抗争，坚持生产和工作、发展经济和社会各项事业。在徘徊前进的两年，老区人民在县委、县革委会的领导下，恢复生产秩序，开展劳动竞赛，为后来全县的发展打下一定的基础。

1966—1978年，县内老区粮食总产量（含薯折谷）从2.19万吨增加到3.4万吨，工农业总产值从1085万元增加到2122万元，老区群众月口粮（含返销粮）基本保持20千克。以1978年全县农村人均口粮297.5千克和年人均纯收入81.66元为标准，南部老区略高于全县平均数，北部和中部老区略低于全县平均数。如当年高岗老区宝山村（即宝结岭村）人均口粮234千克，人均收入66元；水头老区潭洞村人均口粮156千克，人均收入47元。

（一）革命委员会与党建工作

"文化大革命"期间，佛冈县红卫兵组织开始基本上是按学校、班级为单位建立，后来逐步扩展到机关、农村及社会。1967年初，佛冈县逐步形成"红旗"和"东风"两大派的群众组织，打破原来的地域和行业界限，发展成为跨地域、跨行业的群众组织。随着外地派别武斗的升级，佛冈两派组织的小摩擦经常发生，使社会治安秩序受到严重破坏。在县城两派群众组织大联合难以促成的情况下，佛冈县抓革命促生产临时指挥部（1967年初成立）把大联合重心转向农村。县内老区烟岭公社因群众自觉抵制两派组织的干扰，大联合的基础较好，于1968年2月27日建立全县第一个公社级的革命委员会，县组织各公社和有关单位代表前往庆贺，借机宣传和推动各地大联合和革命委员会的建立。到5月上旬，全县12个公社1个镇（石角镇）全部建立革命委员会，其中老区公社革命委员会7个。

1968年7月28日，广东省革命委员会发出《关于成立佛冈县革命委员会的批示》，同意佛冈县抓革命促生产临时指挥部《关于成立佛冈县革命委员会的报告》。8月1日，在县城中心广场召开有军代表、干部代表、群众组织代表参加的群众大会，宣布佛冈县革命委员会成立。

在"文化大革命"初期，老区公社党委的领导作用受到冲击而削弱，1969年10月至1970年11月期间，设立公社革委会党的核心小组，取代党委的领导职权。1970年11月恢复公社党委，与公社革委会一起领导老区工作。1978年12月，老区公社党委按照县委的部署恢复党内组织生活，开展揭批江青反革命集团以及平反冤假错案等工作，恢复和加强党对农业和农村工作的领导。

（二）"南国大寨"——洛洞

1. 洛洞大队业绩。

汤塘公社洛洞大队（1970年9月前属良安公社）位于汤塘公社南部，是佛冈境内农业学大寨的先进典型。洛洞地处偏僻山区，解放战争时期是清远地区革命根据地之一。中华人民共和国成立后，洛洞人民在党的领导下，努力发展生产，兴修水利，修筑道路，改变山村贫困落后面貌。1960年，洛洞大队党支部决定修筑一条通往汤塘圩的简易公路，改变洛洞交通闭塞的状况。洛洞大队党支部书记范华罗带领广大社员，经过6个冬春，投入18万个工日，完成土石方24万立方米，建成涵洞42座，架设桥梁2座，于1966年冬建成长11千米的山区公路。由于这条公路在经济困难时期修建，社员是啃着红薯修筑而成的，故有"红薯公路"

汤塘镇洛洞村（佛冈县史志办公室供稿，2016年摄）

之称。

　　洛洞大队靠自力更生、艰苦奋斗的精神，1965年冬建成第一座5千瓦水电站。在不到一年时间建成5座综合利用的水电站。同时，自己制造5台电动稻谷脱粒机，培养一支不脱产的水电机械技术队伍。1970年初，洛洞大队先后建成小水电站7座，办起粮食、饲料加工厂，改善生产和生活条件。1963—1970年，洛洞大队兴建水利工程155宗，解决40多公顷受旱山坑田的灌溉。

　　1969年10月，范华罗被选派到北京参加国庆观礼（1974年当选为第四届全国人大代表）。县委、县革委会以洛洞大队为典型，组织全县基层干部参观学习洛洞大队。佛冈县把洛洞大队三村饭堂改建成展览馆，举办《红太阳的光辉照洛洞——佛冈县洛洞大队农业学大寨》展览，介绍洛洞大队的事迹，供参观学习。

　　1970年初，在韶关专区农村"四化"（革命化、水利化、电气化、机械化）佛冈现场会议上，洛洞大队党支部全面介绍"一化带三化"（革命化带水利化、电气化、机械化）的经验。5月，广东省小水电建设现场会在洛洞召开，会上推广洛洞大队利用本地资源兴办小水电的经验。

　　1971年3月，省革委会外事办公室决定，从4月起洛洞大队对外开放接待外宾参观。6月29日，中共中央委员华国锋到汤塘公社洛洞大队考察。7月19日，洛洞大队被评为广东省农业学大寨先进单位。洛洞对外开放以后，先后接待过来自60多个国家的900多名外宾。

　　1972年11月28日，中共中央委员、大寨党支部书记陈永贵到洛洞大队参观指导，并到县城向全县机关干部和各公社、大队主要领导干部作报告，传授大寨经验，还向佛冈县赠送大寨出产的玉米种子。在"文化大革命"期间，洛洞大队因在农田基本建设和乡村基础设施建设等方面取得骄人的成绩而被誉为"南国大寨"。

2. 洛洞的知青金训华小组。

1968年毛泽东作出"知识青年到农村去，接受贫下中农的再教育，很有必要"的指示后，是年佛冈县接收安置上山下乡知识青年210人。1969年8月23日，县革委会发出《关于上山下乡人员安置工作有关问题的通知》，对知识青年住房、经费补贴等作出规定。

1973年2月，汤塘公社洛洞大队将知青集中到大队林场，办起知青集体户，小组有知青21人。金训华是上海下乡到黑龙江的知青，因抢救国家财产而牺牲。洛洞知青以金训华取名为金训华小组。金训华小组成立后，得到各级组织和领导的关怀，时任中共中央联络部部长申健、文化部部长石少华和省地领导先后到金训华小组了解情况。1974年，金训华小组受到中共韶关地委的表扬，被汤塘公社团委授予"先进团小组"称号，获得"优秀团员"称号2人，受到公社团委表扬1人，组长陈小莲担任大队林场副场长，出席共青团韶关地区团代会，并当选为共青团韶关地委委员。1975年8月5日召开的全省知青上山下乡先进集体、积极分子代表大会上，佛冈县洛洞大队金训华小组和洛洞回乡知青张大暖获得标兵称号。

20世纪70年代后期，开始准许知青以招工、考试、病退、顶职、独生子女、工农兵学员等名

佛冈县洛洞知青金训华小组（黄德民1974年摄）

义逐步返回城市，金训华小组因知青逐步回城而解散。

（三）参加社会主义劳动竞赛

1977—1978年，佛冈县结合农业学大寨、工业学大庆运动，在全县（重点在农村）掀起社会主义劳动竞赛高潮。全县12个公社分为南、北两片开展竞赛和检查评比。南片老区公社有四九、黄花和汤塘3个公社，北片老区公社有高岗、烟岭、迳头、水头、三八和石角6个公社。1977年6—12月，县委先后组织6次劳动竞赛检查评比活动，由县委分别对先进单位和后进单位授予"抓纲治国，贵在鼓劲"和"承认落后，不甘落后"的流动红旗，以作鼓励和鞭策。

1978年2月16日，佛冈县被评为韶关地区1977年农业学大寨先进县，四九公社被评为大寨式公社，高岗公社新联大队等22个大队被评为大寨式大队，高岗公社三联大队等42个大队被评为学大寨先进大队。在全县开展劳动竞赛的同时，各老区公社分别组织开展劳动竞赛，对辖内生产大队、生产队劳动竞赛优胜者给予表彰。

（四）韶关地区大寨式公社——四九公社

20世纪70年代，四九公社有8个大队，110个生产队，3230户，1.42万人，耕地953公顷，其中水田752公顷，人均7分田（467平方米）。四九公社粮食生产1964年亩产超400千克，1965年亩产超500千克。1975年，在第一次全国农业学大寨会议精神鼓舞下，四九公社农业学大寨又迈开大步。特别是打倒"四人帮"后，在抓纲治国的新阶段，四九公社农业生产在连续三年增产的基础上又获得丰收。

1971年起，四九公社大搞农田基本建设，建成高产稳产农田

240公顷；大搞肥料基本建设，建成集体猪栏1178卡，公栏私养猪栏3014卡，牛栏678间，公厕321间，肥料池269个，肥料仓513间，90%的生产队已配套成龙，使土杂肥从过去每造每亩30担增加到50担。四九公社农业机械化发展较快，1975年有农用汽车2台、中型拖拉机7台、手扶拖拉机68台、电动脱粒机104台。四九公社群众科学种田水平比较高，发展三级农科网，建立植保责任制并开展"一帮一"活动，力抓平衡发展。1977年，四九公社粮食总产达7825吨，平均亩产659.5千克。是年，四九公社生猪饲养量1.7万头，人均1.3头，超额完成生猪上调任务。

（五）基础设施建设

1. 公路改造和水电建设。

老区公路改造方面。重点改造广韶线（广州—韶关，即后来的国道106线）、清湛线（清远—湛江地区，即后来的省道354线）。在老区新建的县道有遥迳线（新丰遥田—佛冈迳头），1968年起建；三黄线（石角三爱亭—黄花），1969年起建。以上公路改造新建的重点工程是：1966年和1975年先后两次开展广韶公路的沥青路面改造工程，其中在老区范围的路段由老区群众组织改造施工，于1976年11月全面完成。除国道、省道、县道公路外，老区公社还建有4条乡村公路，为墩下—廖排线、水头—坐下线、烟岭—门洞线、塘口坐—丰二线，均为四级公路。

大办小水电方面。1969年秋，汤塘公社洛洞大队建成两座12千瓦小水电站，开创边远地区群众自力更生办小水电站的路子。1970年1月和5月，韶关地区和广东省先后在佛冈县召开小水电现场会议，推广洛洞办小水电的经验。会后，佛冈县掀起办小水电的高潮，两年间建成小水电站118宗，增加装机容量4502千瓦，其中县镇（乡）合办的水电站有6宗2504千瓦。虽然这些小水电

迳头镇青竹老区公路（李协湖2016年摄）　　迳头镇湖洋水电站（朱家佑2016年摄）

站在兴建时由于缺乏科学论证和严格的管理，以致大部分投产后不久就废置，但其为佛冈电力工业的发展打下一定基础。1970年5月10日，广东省小水电建设佛冈现场会议上，佛冈县革委会在会上作题为《为革命建设山区，建设山区必须革命》的报告，洛洞大队党支部作题为《用革命化带动"三化"，建设社会主义新山区》的经验介绍，高岗公社革委会作题为《发扬革命硬骨头精神，加速水利、水电建设》的经验介绍。1978年，佛冈县老区建有15座并网小水电站，其中高岗2座、迳头5座、水头2座、黄花2座、四九1座、洛洞2座、东二1座。以上水电站装机容量共3516千瓦，设计年发电量1004万千瓦时。

2. 农田基本建设和河段改造。

农田水利基本建设是农业学大寨运动一项重要内容。县委在领导改造低产田、改善灌溉条件、修建机耕路等工作的同时，大搞农田水利基本建设。1969年，县革委会把农田基本建设与河段改造结合起来，重点进行"山、水、田、林、路"的综合整治。1970年，佛冈县逐步实施以治理潖江和烟岭河水系为重点的农田基本建设，包括整治洪涝地区河道、整治田间排灌系统等工程。1974年12月23日，时任中共韶关地委副书记郑群到佛冈老区高岗、三八等4个公社13个大队检查，对佛冈农田基本建设工作给予高度评价。1975年1月21日，广东省革委会副主任张根生和省农办副主任李进阶到洛洞大队、龙南公社和佛冈县农科所检查农田基本建设工作。2月3日，县委向省、地委报告佛冈农田基本建设情况，报告提到，自1974年冬起，每天出动10万多人，按省提出的标准改造山坑低产田共1300公顷，扩大耕地面积170公顷。

1969—1977年，全县进行的农田水利重点建设工程有堤围工程、河段改造工程、蓄水工程、引水工程4项共17宗。其中属老区范围的工程是河段改造整治工程，重点是石角河段改造、四九河段整治、烟岭河段整治，改造整治河段总长11千米，修筑防洪堤15千米，保护耕地600多公顷。

四九河段整治是全县河段改造整治的重点工程。整治规划是：三十华里一条线，山水田林路综合治理。整治工程包括四九河汤塘段（含石门河）。1977年8月17日起，县委组织民兵团，各公社抽调劳动力参加"四九河会战工程"，于翌年春节后完工。通过1969—1977年的农田水利建设，加上1949年以来兴建的重点水利设施，全县农田水利建设的基本框架搭建了起来。此后，全县农田水利建设重点转向维护、扩建以及部分新建工作。

3. 蓄水工程建设。

在本时期，根据农业学大寨的要求，全县加强蓄水工程建设。老区在原建有蓄水工程的基础上继续实施蓄水工程建设，先后建成中型水库放牛洞水库，小（一）型水库有石角三八片上小洞水库、汤塘四九石瓮水库、高岗路下水库和高岗水库，另各地老区建有小（二）型水库和塘坝一批。其中位于观音山自然保护区西南部的放牛洞水库于1972年动工，1977年竣工，设计总库容1724万立方米，农田灌溉面积700公顷。

（六）发展老区粮食和林业生产

1. 粮食生产。

20世纪70年代初起，随着老区农田基本建设的完善，农业科学技术的推广，耕作技术的改进，良种的引进，化肥、农药的应用，耕地面积不断扩大，老区的粮食产量有较大的提高。按照县委的部署，各个老区公社建立出口优质水稻生产基地，确保粮食增产增收。1974年，在水头、三八公社和石角公社建立出口优质水稻生产基地4000亩，水稻产量逐年提高。1978年，佛冈老区公社粮食总产量（含薯折谷）4.6万吨，占全县总产量的47.4%，其中高岗公社9955吨、烟岭公社6395吨、四九公社7970吨。粮食产量不断提高，老区群众缺粮的状况在一定程度上得到改变。

2. 林业生产。

紧抓老区山多优势，发动群众上山造林。1978年，植树造林较多的老区公社有：高岗227公顷，烟岭220公顷，迳头197公顷。是年，老区公社采伐木材2.53万立方米。其中，采伐木材最多的为水头公社6110立方米，三八公社采伐木材4794立方米，木材采伐最少的为烟岭公社2立方米。植树造林，合理采伐，不但绿化荒山，还给老区人民经济上带来较好的收益。

3. 海南育种。

"文化大革命"时期，为增加粮食产量，在全国农业学大寨的形势下，佛冈县动员农民掀起冬种作物、旱粮作物高潮，"两造变三造"，并从1971年起派出人员到海南岛

佛冈县科技人员到海南岛繁育杂交水稻良种
（黄德民1978年摄）

选育水稻良种。老区公社配合全县工作，派出人员驻海南岛，繁育水稻良种，改善水稻种子结构。各地按照全县部署推广水稻良种种植，夺取粮食高产。1978年，全县粮食总产量（含薯折谷）9.71万吨，其中老区公社6.8万吨，占全县总产量的70%以上。

（七）农林牧副渔全面发展

在本时期，佛冈县按照"以粮为纲、全面发展"的方针，指导各地发展多种经营。县内老区按照全县的部署，因地制宜发展林果业、畜牧业、工副业和渔业。1978年，老区农业总产值1325万元，其中种植业占64.6%，林业占7.2%，畜牧业占13.9%，工副业占13.7%。各地老区多种经营的特色项目主要有：高岗的草菇和豆腐，烟岭的药材和水果，迳头的林木和铁器，水头的餐饮和铸造，三八的蔬菜和石灰，四九的水果和花岗岩板材，黄花的木材和柿子（水果）等。多种经营的发展，使农民收入有所增加，生活有所改善。

1. 垦荒种茶。

1971年起，县委、县革委会部署发展多种经营、壮大集体经济工作，要求老区利用山多适宜种植茶树的特点，开垦荒山种茶。在垦荒种茶运动中，烟岭公社从1971年至1973年分三期开垦连片茶场，总面积140公顷。水头公社组织全公社劳力在铜溪大队山场开垦连片茶场，总面积50公顷。至1975年，全县有茶场11个，面积360多公顷，其中老区公社有集体茶场7个，面积250多公顷。

老区在垦荒种茶的同时，做好茶场管理和茶叶加工销售工作。1975年4月，茶叶加工、收购和茶场管理现场会议在烟岭公社召开，推动全县茶叶生产。1977年，全县年产茶叶（生茶叶，下同）1389担（1担=50千克，下同），年产值153万元，其中老区公社年产茶叶972担，年产值107万元。烟岭公社茶场有员工40多人，茶场购买简易炒茶机，采用人工与机械相结合的办法生产茶叶，年产茶叶337担，年产值37万元。老区公社垦荒种茶，大力发展茶叶生产，对发展壮大集体经济起到重要作用。

2. 养猪业的发展。

1974年，中共广东省委在清远召开养猪工作会议后，佛冈养猪业有较大发展。1975年4月13日，县委发出《养猪、建栏圈养积肥的决定》。县内老区均有养猪积肥的传统，县委文件下发后，老区根据"猪多，肥多，粮就多"的思路，采取大办集体猪场、公栏私养等措施，大力发展养猪事业。到1975年底，县内老区新建集体猪栏3500多卡、牛栏850间，新建公厕3700多间，并建有猪栏、牛栏、公厕、粪池、肥料仓等配套设施。这些养猪积肥"一条龙"措施在化学肥料紧缺的年代为粮食增产发挥了重要作用。到1976年，全县各公社、大队、生产队三级都办起集体猪场，全县老区村均建有集体猪场，有养猪能力的农户都养猪。是年，老区生猪饲养量12.31万头，占全县饲养量的71.8%。同时，老区猪苗实现自给，肉猪上市量逐年上升，每年完成上调任务。

1977年5月，县委、县革委会发出《关于表彰1976年养猪积肥先进单位和模范饲养员、养猪模范户的通报》，四九公社被评为先进公社；高岗公社新联大队，烟岭公社大村、社坪大队，迳头公社甲名、迳头大队，水头公社丰二、桂元大队，汤塘公社围镇大队，四九公社官山、高围、菱塘、四九、横江、田心、江坳大队被评为先进大队；高岗公社楼角等28个老区生产队被评为养猪积肥先进生产队。老区获得养猪积肥先进生产队称号的有：高岗公社3个、烟岭公社4个、迳头公社5个、水头公社5个、三八公社5个、石角公社1个、四九公社5个；四九公社土楼等35个老区生产队被评为养猪百头猪场；迳头公社朱玉明等31人被评为模范饲养员；四九公社吴佩珍等31人被评为养猪模范户。县委、县革委会对评出的养猪积肥先进公社、大队、生产队分别奖励红旗一面；对模范饲养员和养猪模范户分别发给奖状。

（八）乡镇企业发展

人民公社成立后，佛冈各人民公社、生产大队、生产队利用本地资源兴办工副业，逐步形成社队企业。佛冈县社队企业的初步形成和发展，在一定程度上发挥"支农、补农、促农"的作用。全县老区社队普遍办起农机厂、铸造厂、砖瓦厂以及养猪场、林果场、茶场、采育场等企业，有的还利用本地水力资源兴办小水电站。老区高岗、烟岭、水头公社和石角、汤塘公社辖内的老区办起小矿场，水头、三八等公社办起小煤窑。社队企业后改称乡镇企业，进一步促进农村经济的发展。1966年，全县老区乡镇企业总收入40万元，占老区三级经济总收入的3.4%。到1975年，老区乡镇企业总收入206万元，占老区三级经济总收入的11%。

（九）创办农村合作医疗

1969年秋，高岗、四九公社率先实行社办和社队联办的以大队、公社为核算单位的合作医疗，大队或公社按人口数量向合作医疗单位缴纳一定的医疗费后，社员到合作医疗单位看病，免交医疗费。此后，合作医疗制度在县内逐步建立。在老区的带动下，1974年，全县有109个大队开办合作医疗，有赤脚医生（乡村医生）319人，生产队不脱产卫生员1376人。

1977年是合作医疗的鼎盛时期，全县老区均办起合作医疗，参加合作医疗的人数达6.82万人，老区各大队有赤脚医生共129人，不脱产卫生员共441人。建立合作医疗制度后，农村缺医少药的状况有所改善。

四、改革启程，推进开放

1978年12月至2012年11月，是进入改革开放并不断深入推进、加快发展的新时期。随着家庭联产承包责任制的落实，农村生产力得到进一步的解放，群众的生产积极性空前高涨，农村经济迅速发展，粮食生产获得丰收，农民生活得到改善。县委、县政府把农村改革的成功经验推广到工业、商业等其他经济部门，逐步开展经济体制改革和政治体制改革等一系列改革，通过改革推动佛冈革命老区经济社会的科学发展。进入21世纪，在全面贯彻落实科学发展观的进程中，县内老区配合全县建设发展步伐，抢抓机遇、同心同德、开拓创新、艰苦奋斗，创造了前所未有的业绩，佛冈在全省山区县中迅速崛起。

1980年，全县7个老区公社经济总收入1458万元，占全县经济总收入47.88%；1990年，全县7个老区乡镇经济总收入1.51亿元，占全县经济总收入51.9%；2000年，全县7个老区镇经济总收入4.86亿元，占全县经济总收入48.21%；2012年，全县老区（含3个老区镇和2个有老区村的镇内的老区）工农业总产值48.57亿元；社会消费品零售总额12.01亿元。

（一）以联产承包责任制为基础，推动农业改革发展

1. 推动建立家庭联产承包责任制。

1979年下半年，四九公社田心大队黄竹田生产队和高岗公社高岗大队大营生产队，自发地实行包产到户的责任制。1980年9月，中共中央发出《关于印发进一步加强和完善农业生产责任制几个问题的通知》后，全县农业的生产责任制仍以小段包工和田间管理责任制为主。1981年2月，全县有66个生产队实行专业

承包、联产到组，其中13个生产队实行包产到户。为了进一步加强和完善农业生产责任制，1981年7月5日，县委农村工作部发出《关于加强和完善包干到户生产责任制若干问题的意见》，印发至各公社党委和大队党支部，县委派工作组到社、队协助做好落实工作。高岗公社新联大队有19个生产队，共有327户1779人，耕地面积107公顷，水田面积99公顷，全部生产队实行家庭联产承包责任制，粮食总产量达375吨，比1980年增长11%；人均分配178元，比1980年的88元增长103%；该大队各生产队完成全部国家各项征派购任务，集体提留资金、大小队干部报酬以及烈军属、五保户、困难户的照顾款项全部兑现。该大队取得的成效，为全县的家庭联产承包责任制作出榜样。到1982年春耕时，全县所有生产队均实行包干到户的生产责任制——家庭联产承包责任制。全县于1985年签订承包合同承包期为15年，1990年、1995年部分地区对承包责任田进行小调整，并签订土地承包合同。到1997年止，全县签订承包水旱田面积1.15万公顷，占全县水旱田面积的93.3%。

2. 开展第二轮农村土地承包。

1999年初，为贯彻中共中央关于土地承包期再延长30年的政策，县委、县政府印发《关于进一步稳定和完善农村土地承包关系的通知》，开展延长农村土地承包期，落实新一轮土地承包责任制工作。实行第二轮农村土地承包后，老区人民调整农业生产结构，在种植主要粮食作物的基础上，大力发展经济作物。1999年，高岗水稻种植面积2288公顷，总产量1.21万吨；经济作物种植面积491.07公顷，总产量3069吨；水果种植面积35.5公顷，总产量150吨。烟岭水稻种植面积1620公顷，总产量1.01万吨；经济作物种植面积233公顷，总产量1876吨；水果种植面积18.3公顷，总产量196吨。迳头水稻种植面积1234公顷，总产量7296

吨；经济作物种植面积231公顷，总产量1692吨；水果种植面积49.7公顷，总产量126吨。水头水稻种植面积2394公顷，总产量1.3万吨；经济作物种植面积494.8公顷，总产量4272吨；水果种植面积102.9公顷，总产量153吨。三八水稻种植面积1216.13公顷，总产量6325吨；经济作物种植面积368.93公顷，总产量6660吨；水果种植面积130.7公顷，总产量1302吨。四九水稻种植面积1490.53公顷，总产量9178吨；经济作物种植面积573.87公顷，总产量6737吨；水果种植面积641.9公顷，总产量492吨。黄花水稻种植面积302.27公顷，总产量1766吨；经济作物种植面积201.07公顷，总产量2260吨；水果种植面积240.4公顷，总产量126吨。实行第二轮农村土地承包，为老区人民的经济发展奠定了基础。在此期间，佛冈县对林业生产责任制也进行调整，稳定和完善农村山林责任制，实行有偿承包责任制，承包合同期延长50年。

　　3. 综合农业分区。

　　1983年5月至1986年6月，佛冈县开展农业自然资源和农业区划工作，根据地形地貌、土壤、水利、气候等条件，全县划分为3个农业区。（1）东北部高丘低山林粮牧区。位于县境东北部，包括老区高岗、烟岭、迳头3个区。共31个乡、481个生产队，总人口5.28万人，其中农业人口5.14万人，土地总面积3.74万公顷。（2）中部中丘粮林多种经营区。位于县境中部，包括老区水头、三八、黄花3个区和石角区、龙南区，共40个乡和1个乡级镇，区内还有1个羊角山国营林场和县城石角镇，总人口9.15万人，其中农业人口7.96万人，土地总面积5.37万公顷。（3）南部低丘粮果禽渔区。位于县境南部，潖江下游，包括老区四九区和汤塘、龙山、民安区，共41个乡、2个乡级镇、779个生产队，总人口9.5万人，其中农业人口9.16万人，土地总面积3.91万公顷。

4．经济布局调整。

1983年起，佛冈县贯彻执行中共中央"农林牧副渔全面发展，农工商综合经营"的方针，根据国家计划、市场需要和经济效益，抓住重点项目发展商品生产，建设商品生产基地。县委、县政府的决策调动了老区人民劳动致富的积极性。县内老区除了利用本地资源发展种养业外，还发展商品生产，搞活市场，个体专业户应运而生。高岗地处山区，利用山多林密的特点，大力发展种养业，产生了养猪、养鸡、水果种植、豆腐制作等专业户；迳头发挥山区特点，产生了木材加工、竹器加工、皮鞋生产、草席编织等专业户；水头除发展种养业外，还继承当地传统手工业，产生了棉被加工、铁器农具制作、矿山开发等专业户；石角内的老区利用靠近县城的优势，产生了饮食服务、交通运输、商品经营等专业户；汤塘内的老区地处平原，产生了龙眼荔枝种植、干果加工、交通运输、砖瓦生产等专业户。洛洞大队确立"以山为主，靠山吃山，大力发展山区经济"的思路，采取多种形式，发动群众，对1300多公顷山地进行开发性生产，种植果、竹、茶、药、杉，形成"五小园区"面积共120公顷，并利用水力资源建设小型发电站，利用山区资源养蜂酿蜜等。1984年，洛洞大队人均纯收入309元，比1976年增长2倍。

按县内7个老区（乡镇）农村经济总收入统计，1980年共1458万元，其中农业占70.2%，林牧副渔业占29.8%；1990年共1.51亿元，其中农业占28.3%，林牧副渔业占71.7%。可见，老区经济布局调整的效果是明显的。

5．"两户一体"迅速发展。

家庭联产承包责任制实施后，群众的生产积极性迅速被调动起来。随着农村经济政策的不断落实，农村生产发展，农民生活得到较大改善，全县农村形势越来越好。农业经济单一化的局面有所改变，农林牧渔收入占农业总收入比重增加，涌现出一批从事商品生产为主的"两户一体"（专业户、重点户和经济联合体）。1984年上半年，全县老区有专业户、重点户共1900户，经济联合体128个。如高岗朱明清种桑养蚕，邝特喜种植香蕉；烟岭王祖劝种养结合，家庭粮食生产和养殖经济收入"双超万"；迳头的陈文检从事建筑业，朱秋兰创办"兰香楼"饮食业，郑敬中从事照相服务业；水头西田徐延启从事农具铸造业，黄有从事养牛专业；三八黄明波从事饮食业，宋国安从事小五金生产业；四九吴植桓的豆腐作坊，黄花李当权养兔。他们勤劳致富，成为当时老区的"万元户"。

1985年3月8日，县委召开1984年度"两户一体"暨精神文明建设先进代表会议，表彰奖励一批勤劳致富、贡献大的"两户一体"。在受表彰的"两户一体"中，来自老区的共65人，其中高岗13人，烟岭9人，迳头8人，水头13人，三八8人，黄花4人，四九10人。

6.　"一稳三兴"经济发展方针的实施。

1984—1986年，按县委提出"一稳三兴"（稳定发展粮食生产，振兴工业和乡镇企业、振兴畜牧业、振兴林果业）的经济发展方针，全县上下以经济建设为中心，掀起经济建设新热潮，经济效益不断提高。县内老区按照"一稳三兴"的发展方针，努力开创经济发展新局面。在调整农业生产布局中发挥资源优势，因地制宜发展经济。林木资源丰富的高岗、烟岭、迳头、三八、黄花等发展商品林，四九发展果树种植，林果生产有较大发展。在此期间，老区造林7067公顷，水果种植面积793公顷。1986年，老区工农业总产值5911万元，占全县工农业总产值的45.4%。当年老区的工业总产值524万元，其中高岗56万元，烟岭44万元，迳头133万元，水头189万元，三八29万元，四九41万元，黄花32

万元。老区的农民人均纯收入从1983年的266元增加到1986年的446元。

7. "三高"农业促进经济发展。

1996年8月29日，县委、县政府发出《关于"三高"农业发展的决定》，并成立佛冈县"三高"农业领导小组，加强对"三高"农业的领导。在粮食生产中，老区积极创建高产、高值、高效益的水稻农田。同时，大力抓好抛秧新技术和水稻优良品种的推广工作，曾多次在烟岭镇召开抛秧现场会，使全县全年抛秧面积达3200公顷，按每亩增产30千克计算，推广抛秧增产稻谷共1140吨；认真落实"米袋子"工程县长、镇长负责制，积极开展粮食创高产活动；落实各项支农、扶贫措施，落实基本农田保护区，抓好农田水利建设，改善农业生产条件。在发展粮食生产的同时，老区因地制宜发展"三高"林业，在老区高岗镇营造尾叶桉速生丰产林。在发展"三高"农业中，烟岭办起粮食基地，迳头、水头办起蔬菜基地，四九办起水果基地，高岗办起养鸡基地，三八办起养鱼基地，黄花办起养鹅基地。通过发展"三高"农业，老区的经济得到进一步巩固和壮大。

8. 开展粮食改低创高工作。

20世纪90年代中期，佛冈县结合本县实际，提出"农业兴县"的口号，及时部署农业工作，制定切实可行的措施，进一步提高各级党委、政府对农业生产的认识，把粮食生产实绩同岗位责任制、政绩联系起来，把粮食生产摆上重要位置，全党重视，措施落实，"农业兴县"结下丰硕成果。

1996年，佛冈县水稻良种推广面积比1995年增加800公顷，全年抛秧面积3200公顷。开展粮食创高产活动的水稻面积6700公顷，增加稻谷2000吨。据统计，是年全县粮食总产量达到11.63万吨，亩产360千克。其中，高岗总产量12061吨，亩产340千克；

水头镇西田村芦笋种植示范基地（宋钊明2016年摄）

烟岭总产量9970吨，亩产402千克；迳头总产量7055吨，亩产379千克；水头总产量12791吨，亩产361千克；三八总产量7032吨，亩产352千克；四九总产量9268吨，亩产412千克；黄花总产量1765吨，亩产380千克。佛冈县增产效果显著，工作成绩突出。1996年，佛冈县被广东省人民政府授予"广东省粮食改低创高先进县"称号。

9. 支农惠农措施推进。

2003年7月1日，农村税费改革试点工作在全县范围内铺开。此后，全省农村税费改革继续深化推进，2005年起全面免征农业税，实现农民税费零负担。县内老区抓住机遇，落实种粮直补、能繁母猪补贴等支农惠农政策，调动农民种粮和饲养母猪积极性，稳定粮食生产，加快畜牧业发展。2012年，全年拨付老区各类支农专项资金共8672万元；兑付老区种粮补贴1433万元，受益农户4.27万户；兑付老区良种补贴268.66万元；兑付老区汽车摩托车下乡补贴资金45.52万元；兑付老区家电下乡补贴资金210万元。新的政策、新的举措、新的动力推进革命老区的开发，加快脱贫奔康步伐。老区人民以市场为导向，以收入为中心，调整农业经济结构，推进农业产业化，走科技兴农之路，提高农产品商品率，全面加快发展。

10．砂糖橘产业发展。

进入21世纪后，佛冈县在稳定粮食生产面积的基础上，调整农业产业结构，扩大经济作物种植比例，大力发展优质水果生产。其中，砂糖橘种植面积逐年扩大，经济效益不断显现。砂糖橘成为特色主导产业和大宗农产品之一，以水头独王山的名义注册"独王山"牌砂糖桔。2007年，全县砂糖橘种植面积已达7800公顷，其中老区种植4900公顷，砂糖橘种植面积占全县水果面积57%；全县砂糖橘总产量20万吨，产值6亿元，其中老区总产量11万吨，产值3.3亿元。2008年，全县砂糖橘种植面积8800公顷，产量25万吨，产值7.5亿元，其中老区种植面积5200公顷，产量13.7万吨，产值4.13亿元。

县委、县政府以人民群众得实惠作为出发点，在砂糖橘销售方面做好"推手"，加大砂糖橘推广销售力度。同时，对"独王山"牌砂糖桔加大宣传推介，提升品牌知名度。佛冈参加中国（深圳）果蔬博览会，被中国果品流通协会授予"2008年度全国'兴果富农'工程果业发展百强优质示范县"称号。2008年12月9日，佛冈县在县城京珠高速公路出入口东侧举办"独王山"牌砂糖橘推介会。这是佛冈县举办的第四届砂糖橘推介会，有300多名客商参加，当天现场签订成交合同3.4万吨。

根据《中华人民共和国农民专业合作社法》，佛冈县供销合作社从2007年下半年起，组织和引导农民组建砂糖橘专业合作社。到2010年底止，登记注册的砂糖橘专业合作社19家，其中老区专业合作社10家；参社砂糖橘专业户850户900人，其中老区专业户447户474人，登记注册资金190万元。砂糖橘专业合作社组织专业户改进种植技术，改良品种，创新品牌，提高砂糖橘产品质量，为助农增收作出一定的贡献。此后，老区水果专业合作社不断增加，先后建立汤塘官山村水果专业合作社、水头桂元村砂糖橘专业合作社等多个砂糖橘专业合作社。

2010年12月，水头镇桂元村砂糖橘专业合作社生产的"独王山"牌砂糖橘被中国果品流通协会授予"中华名果"称号。佛冈县还将水头镇桂元村砂糖橘专业合作社的种植基地申请为国家出口基地，进行绿色食品标准化生产。同月，县供销社组织水头镇桂元村砂糖橘专业合作社等3个专业合作社的种植大户共9人，参加清远市人民政府在北京人民大会堂与中国果品流通协会联合举办的广东清远优质砂糖橘北京推介会，进一步加大佛冈县砂糖橘品牌推介力度，开拓国内外市场。

11．畜牧渔业发展。

改革开放后，革命老区的畜牧业、渔业稳步发展。1982年，老区生猪饲养量13.52万头，耕牛存栏数达2.4万头，扭转自20世纪70年代初起逐年下降的趋势；毛兔饲养量8.24万只，兔毛收购量1.57万千克；鸡、鹅、鸭的饲养量迅速增加；鱼类总产量372吨，增加市场供应量。随着畜牧业生产结构的调整和畜牧科技的推广，畜牧业生产结构由传统耗粮型向节粮型、草食型的方向发展，由分散养殖向规模化、专业化、产业化发展。2002年，清远市第一批重点龙头企业——广东华农温氏畜牧有限公司落户佛冈，实行"公司+基地+农户"产业化生产模式。老区按这个模式为农户提供优质猪苗、饲料、兽药、生产管理、防疫技术和销售等服务。2012年，全县老区生猪存栏量6.61万头，出栏量5.99万头；肉牛存栏量4238头，出栏量903头；羊存栏量564只，出栏量355只；兔存栏量450只；鸡出栏量79.68万只，鸭出栏量21.3万只，鹅出栏量11.73万只，鸽出栏量3.42

万只；水产品产量4607吨。

（二）工业加速发展

1. 乡镇企业巩固发展。

1985年起，佛冈县把发展乡镇企业摆到重要位置，要求全县各地充分利用本地资源，发挥本地优势，积极引进外地先进技术，鼓励农民集资办企业，发动港澳同胞和华侨投资办企业，支持社员联营的合作企业和家庭式的企业，扩大经营项目，开辟新的生产领域，推动乡镇企业就地取材、就地生产、就地销售。老区人民解放思想、抓住机遇、因地制宜，发挥当地资源优势，拓宽生产经营领域，以多方面投资渠道、多种经营方式办起形式多样的乡镇企业，主要有萤石场、鱼苗场、缸瓦厂、茶场、小水电站、农机厂、竹木加工厂等。同时，各地老区根据当地的资源技术优势创办特色企业。如水头创办棉胎加工厂，其中生产的"双喜牌"棉胎销往东南亚国家和港澳地区。四九的花岗岩产品在全国建材产品暨装饰装潢材料展评博览会上获得金奖。至1991年，老区创办乡镇工业企业440个，总产值2100万元。乡镇企业的兴起，带动老区人民的经济发展。

2. 工业园建设。

20世纪80年代后期，佛冈县开始探索工业园建设，并建立佛冈第一个工业园——城南工业园。2001年以来，根据"三化一园"（工业化、城镇化、农业产业化和工业园）的战略部署，加快工业园建设，形成县、镇、村三级工业园，逐步建成县规划的工业园5个，还有镇规划的工业园和村规划的工业园。2006年，对工业园进行调整、合并、扩展，全县6个镇有工业园22个（包括规划中的4个），总面积7000公顷。其中，位于老区的工业园（含规划）11个，总面积2100公顷。老区工业园有汤塘镇四九工业园、水头镇铜溪工业园、王田工业园，迳头镇金岭工业园、社坪工业园、城北工业园、井冈工业园，高岗镇（均为规划）产业转移工业园、旗岭工业园、社岗下工业园、石山下工业园。迳头镇建立的工业园有金岭工业园、井冈工业园、社坪工业园与城北工业园（合称为"迳头四大工业园"）。其中社坪工业园以发展纺织制衣、制带、漂染、印花等相关行业为主，先后引进佛冈永富纺织印染厂和双喜（佛冈）机械有限公司（港资）等企业入园经营。

2003年，县委、县政府根据全国和全省的经济发展形势和市委、市政府提出的"三化一园"发展战略，确立"工业立县、工业富县、工业强县"的发展新思路，作出以工业化为龙头，以城镇化为载体，以农业产业化为依托，以招商引资为突破口的决策部署，大力推进县域经济跨越式发展。佛冈县四大工业园之一的顺德北滘（佛冈）产业转移工业园位于老区高岗镇和迳头镇相邻地域，规划总面积约1670公顷，可开发工业用地约870公顷。2010年起，工业园开发工业用地120公顷，已有14家企业入驻园区。该园区以绿色、生态、环保为发展理念，以电子、通信信息、机械制造、电气自动化、食品医药、轻纺等为主要产业，着力打造成承载力强、创新力强、产业链长的新型工业集群基地和承接珠三角产业转移的基地。

3．招商引资工作。

"十五"期间，特别是2003年以来，佛冈县加快全县工业化进程，全力做好招商引资工作。2003—2006年，全县共引进外来投资项目374个，合同投资金额达469.98亿元，实际利用外来资金63.99亿元。

县内老区在"十五"期间加大招商引资力度，促进经济发展。高岗镇引进外来投资项目9个，合同利用外来投资256万元，

位于革命老区工业园的清南玩具厂（朱家佑2017年摄）

实际利用外来投资175万元，有力地壮大了高岗镇的经济实力。2004年，高岗镇被县委、县政府评为招商引资有突出贡献的单位。2005年全镇工业总产值959万元。迳头镇引进外资企业31家，其中工业项目29家，合同资金达14亿元，实际利用外资5亿多元。2005年全镇工业总产值1.3亿元，创造迳头镇经济发展新高。水头镇重点引进科技含量高的产业，如乐善机械有限公司、怡和机械有限公司和圻鑫五金制品有限公司等，均属于技术密集型企业。2005年全镇工业总产值6558万元。

县内有老区村的石角镇引进外资企业153家，累计引进外资177.8亿元。2005年全镇工业总产值43.5亿元。建滔工业城经过多年的发展，共投入建设资金20.5亿元，形成了由8家企业组成的电子化工生产基地，并被确定为国家级的高新技术企业。2005年8月，经广东省科技厅批准，石角镇成为清远市首批省级电子工业建设创新试点专业镇。汤塘镇引进外资企业49家，合同利用外资107亿元，实际到位资金12.1亿元。其中2005年引进的中国500强民营企业恒大集团旗下的地产、旅游项目，计划投资额75亿元。

2004年，汤塘镇被县委、县政府评为招商引资先进单位。2005年全镇工业总产值达7.7亿元。

（三）第三产业初步发展

1. 旅游风景区建设。

观音山自然保护区为省级自然保护区，又称高岗观音山自然风景区，位于佛冈县西北部的高岗镇，建于1985年11月，总面积25.69平方千米，距县城15千米。观音山主峰亚婆髻海拔1218.8米，为全县最高峰。观音山层峦叠嶂，群山环抱，沟谷纵横，溪水长流，瀑布壮观，构成复杂多样的地形地貌。观音山动植物资源丰富。据专家考证，其植物起源于古热带植物区系，是华南中部地区植物区系的典型代表。观音山有翠鬟峰、歧指岭等10多个特色景点，在观音山东北面建有观音山庄，作为旅游接待基地。观音山庄的龙潭飞瀑，落差达40多米，下有深潭，为观音山著名景观。

羊角山林场为国营林场，位于石角镇三八片，距县城6千米，建于1958年，占地面积26.74平方千米。羊角山林场以育林营林为主，在场内建有漂流区，并于2006年在林场附近新建羊角山漂流风景区，故把羊角山林场列入旅游风景区范围。

羊角山水度假世界（后改名为羊角山水度假森林）位于石角镇三莲村，与羊角山林场连成一片，由新信（佛冈）休闲度假山庄有限公司投资开发，计划总投资20亿元，整合开发为面积2500公顷的旅游度假项目。项目以建设国家级4A级风景区和国家绿色五星级酒店为目标，由主题公园、大型温泉、度假酒店、深涧漂流和森林旅游五大板块组成。

"南国大寨、世外桃源"旅游区位于从（化）佛（冈）交界处的汤塘镇洛洞村，于2006年3月由县发展和改革局批复立项，占地面积330公顷，项目总投资2000万元。洛洞曾是全国农业学大寨的先进典型，曾有中央和各级领导人以及90多个国家和地区的嘉宾前来参观。该项目主要是利用洛洞村在20世纪六七十年代战天斗地的人文景观和现在洛洞村优美的自然环境，开展生态旅游，让游客在休闲度假的同时体验丰富的乡村生活和传统教育。

2. 助推创建广东省旅游强县。

2008年，县委、县政府作出全力创建广东省旅游强县的决策，并迅速启动"旅游创强"工作，从人力、物力、财力等方面提供保障。2009年11月，佛冈县成功创建为广东省旅游强县。

在创建广东省旅游强县中，佛冈老区发挥了重要作用。高岗镇利用省级观音山自然保护区的青山绿水、奇石瀑布、清新空气等资源，将其打造成集旅游、休闲为一体的"世外桃源"；迳头镇利用烟岭河岸风光，打造百亩荷塘、油菜花基地、自摘葡萄园等自然生态长廊；水头镇利用当地水资源开发龙啸峡漂流，开发佛教基地龙牙寺等旅游景点；石角镇在老区村打造羊角山森林公园、羊角山漂流、森波拉度假森林、观音山王山寺等一批旅游景区；汤塘镇在老区洛洞村建成南国大寨特色旅游休闲胜地。革命老区打造的旅游景点，成为佛冈旅游新亮点，丰富了佛冈旅游的内涵。

3. 旅游业大发展催生农家乐。

作为全市统筹城乡一体化科学发展试点县，佛冈县把发展旅游业与统筹城乡一体化相结合，积极探索旅游业发展和新农村建设相结合的路子，引导当地农民利用县内丰富的农业资源和良好的生态环境，依托当地鱼塘、果园、农场等优良的自然资源和乡村人文资源，发展不同形式、不同功能的农家乐项目，使旅游与农业互为融合、互相促进、互为发展，拓宽农民的就业和收入渠道。2010年起，全县的农家乐经营户从30多家增加到60多家，直接从业人员2000多人。农家乐的快速发展，为佛冈旅游注入新的活力，体验乡村风情、品尝农家特色美食已经成为佛冈旅游发展的新亮点。

在加快农村旅游与农家乐有机结合和发展中，县内各地老区注重开发利用本地特色资源，发

黄花中华里农家乐（朱家佑2017年摄）

展具有当地特色的农家乐。高岗镇利用传统特色美食"高岗酿豆腐""客家脘肉""高岗米酒""高岗土猪肉"等办客家饮食农家乐。迳头镇利用省级农业示范区葡萄园、莲藕园的特色产品创办集采摘、休闲、观赏为一体的农家乐。水头镇和石角镇内老区利用传统小食工艺创办饮食与田园风光相结合的农家乐。2011—2012年，县内老区积极创造良好的发展环境，促进具有地方特色的农家乐乡村旅游发展，取得快速发展势头。农家乐乡村旅游从单一休闲型向集文化、风景、休闲娱乐等为一体的综合型转变，增强竞争力，带旺镇内商贸活动、服务业、特色农业产业发展，推动佛冈旅游经济健康快速发展，旅游经济成为镇内经济新增长点和新亮点。

4. 房地产开发。

由于自然环境的制约，县内老区相比县城及其他地区的房地产开发起步迟，项目也不多。老区除小型房地产开发项目外，大型房地产开发项目于2005年才起步，主要有佛冈奥园、碧桂园清泉城。

佛冈奥园位于石角镇三八片坝仔坑，由佛冈奥园集团有限公司投资开发。项目分3期建设，总占地面积21.23万平方米。项目于2006年启动建设，2007年竣工。

碧桂园清泉城位于水头镇西部的莲瑶村和石角镇三八片的三莲村，由清远市卓越弘建置业投资有限公司投资开发。项目分3期建设，总占地面积107.2万平方米。项目于2008年启动建设，2011年竣工。

（四）基础设施建设推进

1. 农房改造工程。

改革开放前，县内大部分老区群众居住条件仍较简陋、落后，人均居住面积在8～10平方米。改革开放后，老区的住房建设逐步加快。1985年，县组织对革命老区的群众居住状况进行调查。根据调查情况，老区砖木结构的瓦房占98.6%，钢筋混凝土结构的楼房占1.4%，人均居住面积11.4平方米。此后，老区住房建设得到较快发展，农村建造钢筋混凝土楼房的户数逐步增多，人均居住面积逐步增加。1986—1990年，县内老区私人建房总投资1754万元，年均351万元。1990年，老区农村人均居住面积，高岗镇为18.13平方米，烟岭镇为20.33平方米，迳头镇为19.76平方米，水头镇为17.59平方米，三八镇为20.54平方米，四九镇为24.92平方米，黄花镇为11.5平方米。此后，老区各地改造和新建房屋数量逐年增加，居住条件有了改善。

1999—2001年，县委、县政府为加快脱贫奔康步伐，按照《佛冈县关于加快农房改造和文明村建设的意见》开展农房改造工作。农房改造的目标是：用3年时间，基本消除农村泥砖瓦房，分期分批改造旧房，兴建新房、钢筋和红砖瓦房，农民人均达到18平方米以上。在农房改造中，采取县和镇财政补贴、农户出料出工的方式，调动农户的积极性，保证全县农房改造任务的完成。3年期间，老区完成农房改造总户数4500户，改造总面积4.8万平方米。2004年起，县委、县政府根据"十项民心工程"中的全民安居工程，开展农房改造工作。2001—2005年，县内老区私人建房投资1.06亿元，年均2128万元；农房施工面积21.76万平方米，年均4.35万平方米。2006年起，老区新建的住房大多改为钢筋混凝土结构的楼房，老区私人建房投资5845万元，比1990年增长近10倍。革命老区住房条件的改善，较好地提高村民们的生活质量。

2．"五通"工程。

佛冈县从20世纪80年代中期起，开展老区通电、通电话、通车、通自来水、通电视"五通"工程建设。通过努力，全县老区1988年实现全部通电，1990年实现全部通电话、通电视，2000年实现全部通汽车。

老区乡村公路（黄春苗2016年摄）

老区兴建自来水设施从80年代开始。1989年10月26日，三八镇二七田心村村民自筹资金兴建自来水厂竣工。1991年7月，水头镇自来水厂竣工启用，可供圩镇及附近村庄居民4000人饮用。此后，兴建自来水设施的镇、村不断增多。2001年以后，经批准立项的老区村级供水工程有：水头镇铜溪村供水工程（投资750万元）；汤塘镇四九涩塱村供水工程（投资85万元），供2600人饮用。

3．建筑工程队。

改革开放后，县内各地先后建立建筑工程队（简称"建筑队"），承接单位和私人房屋新建、改造和装修业务。20世纪80年代中期，全县有基层建筑队13个，其中老区有7个，分别是高岗、烟岭、迳头、水头、三八、四九、黄花建筑队。2000年，6

个老区建筑队均为四级资质建筑队，注册资本共557万元，总资产740万元。2001年，根据国家建筑法规，基层建筑队（含老区建筑队）因不具备规定资质而撤销。

4. 高速公路进老区。

京港澳高速公路（原名京珠高速公路）是国家重点工程之一，由国家投资兴建。京珠高速公路佛冈段工程总投资约22亿元，于1999年10月8日正式分南段、北段施工，并于2002年11月29日全线竣工通车。京珠高速公路佛冈段全长55.8千米，途经佛冈高岗镇和石角镇、汤塘镇，并在高岗、石角、汤塘各设立一个互通口。京珠高速公路建成后，从佛冈县城沿京珠高速公路至广州市中心72千米，至广州白云国际机场52千米。从2005年9月起，开展京珠高速公路路面扩建工程，撤销中间隔离绿化带，扩建工程于2007年12月全面完成。2008年，京珠高速改名为京港澳高速公路。

县内老区除新建高速公路外，在改革开放前建成通车的国道106线（佛冈段）、3条省道（佛冈段），在改革开放后进行改造扩建。其中国道106线改造扩建工程于1992年12月15日举行动

京港澳高速公路汤塘出入口特色文化广场（黄超贤2016年摄）

工仪式，分南段、北段施工，于1998年9月实现全线竣工，1999年11月28日全线通过验收。国道106线途经佛冈烟岭、迳头、高岗、三八4个老区镇和石角、汤塘2个镇的老区地域，全长61.2千米。同期，县内老区进行改造扩建的省道有：清湛线（清远—湛江地区），1990—1991年改造扩建，1998年定编为省道354线；县道二华线和佛旧线组合，于1994—1999年改造扩建，竣工后定编为省道252线；省道292线（即英佛公路），于2000年新建。此外，通老区的县道，除改革开放前建成的遥迳线（362线）、三黄线（375线）外，改革开放后新建通老区县道有：373线（深坝线，迳头深坑—石角坝仔坑）于2005年建成，全长31.34千米；829线（横龙线，高岗横江—龙潭下）于2000年建成，全长5.1千米；839线（河西公路，高岗三江—英德门洞）于2005年建成，县内全长15千米。

老区的公路建设随着社会发展而不断加强，公路通车里程不断增加，公路等级不断提高，路况不断改善。至2012年，通过老区的高等级公路有京港澳高速公路、国道106线，有省道3条、县道5条。乡村公路四通八达，纵横交错，对推动老区建设发展起到重要作用。

5.加强水利工程建设。

2006—2007年，高岗镇投入50多万元新建水利设施和修复水毁工程。同期，水头镇投入资金460多万元用于水利基础建设，修复和新建水利设施37宗，整治灌溉系统154处共13.6千米，改善农田灌溉面积620公顷。2008年，高岗镇投入20多万元修建6宗水利设施，改善80公顷农田灌溉条件；同期，迳头镇投入20多万元对大陂白石洞、湖洋湾陂等7宗水利工程进行维修加固。2010年，迳头镇筹措23.2万元对龙冈村野猪湾陂、社坪村老樟陂等15宗小型水利工程进行维修加固；投入880万元对楼下、龙冈等村共270公顷农田灌溉渠道进行"三面光"改造。

2008—2010年，石角镇3年投入资金276.6万多元，对59宗水利设施和水毁水利设施进行建设、修复和加固工作。2011年，佛冈县实施灌区改造工程3宗，其中老区项目分别为迳头镇社坪灌区改造工程、汤塘镇围镇村灌区改造工程。3宗工程总投资1351.37万元，项目包括渠道"三面光"改造、建设清淤排洪渠、加固山塘及陂头等，改善灌溉面积586公顷。同期，石角镇投入46.5万元，完成12宗水利设施维修加固工程；投入240万元，改造放牛洞水库排洪河道，确保两岸居民的生产生活安全。

2012年8月，佛冈县以竞投方式成为广东省小型农田水利建设重点县，争取省级资金4800万元，分3年建设小山塘、小灌区、小水陂、小泵站、小堤围"五小"水利工程项目。是年，水头镇创建省级小型农田水利改造工程示范镇工程，总投资1020万元，项目分布在镇内的潭洞、西田、石潭、桂田、桂元、新联、铜溪、新坐8个村，主要内容包括整治、衬砌灌溉渠道34.5千米，维修、加固、改造引水陂18座和渠首控制闸10座，新建水闸、退水闸84座，兴建机耕桥84座。工程完成后，新增灌溉面积60公顷，改善灌溉面积770公顷；新增粮食生产能力1832吨，受益群众2.7万人。

6. 放牛洞水库除险加固达标工程。

放牛洞水库位于北江一级支流滃江的龙溪水中游，距佛冈县城5千米，属石角镇观音山老区地域。放牛洞水库是一座以防洪、灌溉为主，兼顾县城生活供水和调节发电等综合效益的中型水库。水库工程捍卫水库下游5万多人口、3000公顷农田、堤防、国道106线、京珠高速公路以及英佛一级公路等的防洪安全，是佛冈县的主要水利基础设施之一。由于水库初建时受历史条件的限制，存在较严重的缺陷和隐患，加上30多年的运行，工

放牛洞水库大坝
（佛冈县史志办公室供稿，2017年摄）

程老化失修，水库大坝的泄水、输水建筑物和金属结构等存在的隐患严重威胁水库的安全。

2004年11月，经省发展和改革委员会批准立项，放牛洞水库除险加固达标工程纳入广东省城乡水利防灾减灾工程项目。工程总概算1548.1万元，主要建设内容为土坝加固、溢洪道加固、新建输水隧洞、封堵原输水涵、完善大坝管理及观测设施等。工程于2007年9月13日开工，2008年上半年全面完成。

工程完工后，有效地改善了库区生态环境、提高了安全运行系数、增强了水库调洪能力以及提高了县城的供水能力，大幅度提升了水库灌区高峰用水的供水保证率。

7. 农村饮水安全工程建设。

2007年底，国家发改委、水务部把佛冈县确定为全国100个农村饮水安全工程建设示范县之一。是年，全县安装简易自来水行政村18个，其中老区行政村7个；建成供水工程28宗，其中老区11宗。2009年12月31日，佛冈县被评为全国农村饮水安全工程建设示范县。是年，全县新增日供水总规模2.24万吨，受益人口13.9万人，其中老区人口3.2万人，自来水入户率提高到42%以上。

2011年起，为进一步扩大农村饮水安全覆盖面，提高供水质量，佛冈县实施村村通自来水工程建设规划，分为烟岭供水区和潖江供水区，供水范围涉及佛冈全县6个镇，辖78个行政村，总投资为3.52亿元，受益人口为24.39万人。烟岭供水区主要建设内容为新建高岗水厂及管网新建、改建和扩建，供水规模每日1.1万立方米，以满足高岗镇和迳头镇群众的生活与工业用水。潖江供水区达标的水厂有4个，总供水规模每日7万立方米，可满足全县4个镇（其中包括老区水头镇和石角镇、汤塘镇内的老区村）群众的生活和工业用水。以上供水设施管理费均由县财政作适当补贴。

（五）卫生教育文化事业发展

1. 卫生医疗事业发展。

改革开放后，老区的卫生医疗事业逐步发展，卫生环境不断改善，医疗设备、卫生医疗技术人员不断增加，医疗业务不断扩大，医疗技术不断提高。1980年开始，全县乡村卫生站推行承包责任制，乡村医生的待遇由过去大队统筹分配，变为自食其力。1994年，全县有乡镇卫生院12间，其中老区镇卫生院7间，工作人员84人，其中卫生技术人员70人。2002年起，县委、县政府把发展农村合作医疗事业作为关系全县20多万农民切身利益的大事来抓，开展新型农村合作医疗工作后，老区参加农村合作医疗的人数不断增加，合作医疗覆盖率不断提高。2010年，农村合作医疗实现基本全覆盖。2011—2012年，促进基本公共卫生服务逐步均等化，提升老区医疗服务水平。争取国家扶助资金和地方配套资金1.16亿元，全面加强县、镇、村卫生基本设施建设，对未达标的镇级卫生院和村级卫生站进行标准化建设，其中县内老区镇、村的医疗机构全部完成改造任务。

2．教育事业发展。

县委、县政府高度重视革命老区的教育事业发展，加大经济投入，进行校园改造和建设，改善办学条件。1980年，县、镇重视老区教育基本建设，彻底解决老区"一无两有"（校校无危房，班班有课堂，学生人人有课桌凳）的问题。至1986年，老区新建学校楼房1.47万平方米，改变革命老区中小学校无楼房的旧貌，老区校舍危房大幅度减少。1993—1994年，全县普及九年义务教育（简称"普九"），是校舍楼房建设高潮时期。县委、县政府在全县范围内进行为实现"普九"集资，其中县内老区中小学均按"普九"要求实施配套设施建设和校舍改造。在"普九"校舍建设高潮中，全县校舍楼房建筑面积达15.12万平方米。1994年经省、市验收，全县实现普及九年义务教育。在开展义务教育方面，对老区农村学校进行重点建设，改善农村学校学生学习和生活条件，积极解决农村学生寄宿、交通、安全等难题。2006年秋季起，开始实施农村免费九年义务教育，随后实施城镇免费九年义务教育，全面解决"读书难"的问题，"普九"成果得到进一步巩固和提高。

3．中小学校舍危房改造。

1990—1991年是佛冈县学校危房改造高潮时期。据统计，全县中小学校舍危房面积7.62万平方米，严重危房面积4.75万平方米。其中，老区校舍危房面积4.57万平方米，严重危房面积2.85万平方米。全县人民经过两年多的艰苦努力，投入资金1137.45万元，清除和改造校舍（含危房）共14.03万平方米。佛冈县校舍危房改造，经省、市组织检查验收已达到要求，成为全省第9个校舍危房改造工作合格县，四九镇被评为校舍危房改造先进单位。

2002年起，分三批对县内老区薄弱小学进行改造工作（共21所学校），新建及维修教室171间（含维修加固），建筑面积

1.4万平方米，从而使4500多名农村小学生告别危房转入新教学楼读书。在此期间，社会各界也关心支持老区校舍危房改造。2005年，华润万家和宝洁两家公司到佛冈县石角镇黄花小学开展"爱心之旅"活动，为黄花小学捐款20万元建设校舍。香港基督教循道卫理联合教会向佛冈县捐赠赈灾款5.98万元港币。香港基督教循道卫理联合教会先后资助100多万元，支持烟岭中学、迳头中心小学以及楼下小学兴建教学楼、购置教学设施。

4. 助推创建教育强县。

县委、县政府坚持"科教兴县"战略，高度重视教育在经济社会发展中的重要作用。将教育发展列入经济社会发展的总体规划和纳入政府行为。2007年起，以创建教育强县为动力，坚持对教育发展实行财政倾斜政策，增加对教育投入，推动全县教育的大发展。

在创建广东省教育强县中，老区发挥主动性、积极性。高岗镇确立"科教兴镇，教育强镇"的方针政策，深化教育改革，大力促进教师专业化发展，加强师德师风建设和教师学历提升，完善教育教学设施。2008年1月，高岗镇通过省专家组考核，成为全县第一个省教育强镇。汤塘镇确立"科教兴镇，教育强镇"的工作目标，坚持把教育摆在优先发展位置，大力调整学校布局，加快教育资源优化整合步伐，深化教育改革，全面推进素质教育。2008年6月，汤塘镇通过省专家组督导验收，被评为省教育强镇。水头镇进一步优化教育资源，改善办学条件，大力实施中小学布局调整，提高办学效益，实现义务教育均衡协调发展。2008年12月，水头镇通过省专家组督导验收，被评为省教育强镇。石角镇以创建广东省教育强县为契机，以创建广东省教育强镇为基础，整合教育资源，优化办学条件，推动教育教学全面发展。2008年12月，石角镇通过省专家组督导验收，被评为省教育强镇。迳头镇深入推进素质教育，促进学生德智体全面发展，教育信息化建设跨越发展，学校布局调整成果显著，教育教学质量跃上新台阶。2009年12月，迳头镇通过省专家组督导验收，被评为省教育强镇。至此，全县6个镇均创建为省教育强镇。2010年2月，佛冈县成功创建为广东省教育强县。

5. 文化事业发展。

改革开放带动老区人民物质生活的提高，广播电视等传媒丰富老区人民的精神生活。1990年，佛冈县广播电台在全县的覆盖率已达100%。1993年10月，在三八镇的羊角山建立高山广播电视差转台，电视信号传送到水头、石角、迳头、高岗等镇，全县90%人口可收听收看广播电视节目。1998年，实现羊角山到各镇（除黄花镇）的微波联网，使佛冈新闻传送到城乡各家各户。2000年，县城至各镇光纤网络进行改造，老区镇可收看电视频道12个以上。2006年起，加强对全县农村"村村通"点运行维护工作，确保全县"村村通"点地面卫星接收设施运行良好。2010年，完成省、市、县、镇、行政村、自然村6级有线电视光纤联网，自然村光纤联网率达到96％以上，自然村内97％以上的村民通有线电视。2011年底，建成佛冈县有线数字电视前端平台，全面铺开数字电视整体转换工作，为老区人民群众送上更清晰、更丰富、更高品质的电视节目。广播电视的普及，可以及时宣传党的方针、政策以及经济社会发展取得的成就，让老区看到

佛冈县广播电视中心（李协湖2017年摄）

175

党和国家对民生工作的关注和投入，同时让老区人民了解更多的信息，为老区人民建设家园、勤劳致富广开门路，在推动老区的经济建设和精神文明建设中发挥了重要作用。

（六）扶贫工作持续推进

1. 扶持老区脱贫。

1979年起，在全县12个人民公社开展扶贫工作，对口粮水平低、人口多、劳力少、生活较困难的1075户4285人（其中老区贫困户873户2570人）由民政部门和大队、生产队筹集扶持资金共2.45万元，给予扶贫救济。1983年，根据全国第八次民政会议精神，改革农村救济工作，大力开展农村扶贫。县政府拨出7万元作无息有偿贷款，分配到全县12个公社，重点扶持老区公社。据1984年初统计，经过几年的扶贫，全县有711户3156人摆脱贫困，其中老区427户1894人摆脱了贫困，摆脱贫困户数占原来贫困户数的66%。

1985年，县、区、乡成立扶贫扶优领导小组，采取由银行、信用社贷款，民政部门补息的办法，解决扶贫扶优的生产资金；农委、供销、林业、科技等部门，则给予信息、种苗、技术的扶持与帮助。全县扶贫对象共235户，其中老区141户，投入扶贫资金3.53万元。

1987年，进一步改革扶持形式，实行无偿扶持与有偿扶持相结合、分散扶持与集中扶持相结合的方式，全县安排10万元资金，以无息有偿（用民政费垫息办法）的形式，分散扶持贫困对象和困难户，发展养殖、种植项目。集中扶持就是办经济实体，变"输血"为"造血"。县民政部门与广州全新针织厂挂钩，在大坪山办起一间针织厂，招收老区农村困难户的子女。他们的工资收入在200～250元左右，基本解决用钱要靠救济的困境。同时，县民政部门拨款5.5万元扶持老区高岗镇高镇村创办糖果厂，拨款1.1万元扶持四九镇创办纸袋厂等，帮助老区"造血"脱贫。

2. 扶持老区建设。

县委、县政府坚持对老区"高看一眼、厚爱三分、同等优先"的方针，积极扶持老区人民开展山区开发和建设。1980年起，在老区架设高压电线、打水井、筑水陂，修建公路、桥梁、学校、医院、医疗站、电站，兴办砖瓦厂、青梅加工厂、木料加工厂，以及发展种植养殖等项目。此外，县政府还对老区的困难户采取各种办法，在资金上给予支持，帮助其脱贫致富。1983—1987年，共拨出资金9.15万元，扶持245户困难户开展种果、种桑养蚕、养猪、养鸡等，使这些困难户摆脱贫困，改善生活。

1992年7月，佛冈县成立老区建设促进会。佛冈县老区建设促进会对全县老区开展调查研究，努力当好各级党委、政府的参谋助手，反映老区人民的意见和要求，协助县委、县政府推动老区建设各项工作的开展，促进老区建设和发展。1994年，全县老区实现电灯照明，普及小学教育，基本扫除文盲，不少人家还住上楼房，用上自来水，基本上解决革命老区的照明、饮水、教育、医疗、交通等困难问题。1995年起，配合有关部门做好烈士后裔助学工作。

在本时期，县委、县政府支持老区加快镇区建设也取得新成效。2000年，支持老区高岗镇建成新的镇办公大楼，大楼由3栋建筑物组成，其中主楼为框架5层，形成新的镇办公小区，新镇区建成区总面积31公顷。老区迳头镇为县内的次中心镇，2003年迳头镇区从原迳头圩迁往大陂圩，建成新镇区。新镇区建有镇办公综合楼3栋，其中主楼为框架4层。新镇区建成区总面积28公顷。同时，县内老区原三八镇、原四九镇均建成新办公大楼。镇区撤并后，这些办公楼分别归石角镇、汤塘镇安排使用。此外，老区行政村村委会于2001—2004年已全部实现办公楼房化。

3. 脱贫奔康工作。

1999年2月起，佛冈县部署全县脱贫奔康工作。主要任务有：一是以市场为导向，以增加农民收入为中心，加快调整农业经济结构。二是培育发展农业"农头"企业，推进农业产业化。三是完善科技服务体系，走科技兴农之路。四是认真研究和解决流通问题，提高农产品商品率。五是加快山水田林路综合治理，全面改善农民生产生活条件。2000年，县内老区把脱贫奔康和推动山区综合开发结合起来，对老区的总投入达4669.5万元，其中交通部门52万元、电力部门2718万元、水利部门30.1万元、邮电部门710万元、教育部门1046万元、卫生部门35.4万元、民政及其他部门78万元。2000—2001年，全县老区修建公路5.1千米，改造供电线路13.06千米，通信线路290千米，兴修水利7宗，受益农田面积528公顷，修建学校校舍1.97万平方米，修建卫生站房舍610平方米，种果123公顷，造林33公顷，种植其他经济作物224公顷，发展水产养殖面积15公顷，兴办工矿企业1个，发展第三产业项目3个。通过加大力度扶持老区，推动全县脱贫奔康工作，全县于2001年通过省、市验收，实现小康达标。

4. 扶贫开发"双到"扎实开展。

2008年，县委、县政府成立扶贫开发"规划到户、责任到人"（简称"双到"）工作领导小组，开展扶贫开发"双到"工作。2008年，全县有贫困村39个，人均年纯收入2500元以下贫困户6388户1.78万人。在以上39个贫困村中，有省定贫困村18个，其中有老区的行政村12个，分别是高岗镇三联村、宝山村，迳头镇龙冈村、仓前村，水头镇新联村、潭洞村，石角镇诚迳村、黄花村，汤塘镇菱塘村、官山村、四九村、涩江村。12个村分别由佛山市南海区及佛冈县相关单位对口帮扶，帮扶工作在2009—

2011年进行。

扶贫开发"双到"工作实行"一户一干部"方式，采取"七到户"（脱贫措施、干部帮扶、发展项目、科技培训、农业产业化带动、小额贷款贴息、扶贫就业培训到户）的措施和向贫困村、贫困户提供产业化、劳务输出、智力扶持等多种基础扶贫模式。全县老区经过3年努力，扶贫开发"双到"工作取得显著成效。

2009—2011年，迳头镇做好年收入2500元以下贫困户调查核实、登记建档工作。全镇14个挂扶单位、312名干部职工挂扶贫困户433户1601人，为帮扶户投入扶持生产资金及慰问金50多万元。经多方筹集资金，湖洋、仓前、龙冈等贫困村入股县政府周转房90多万元，每年分别为村集体增加3万元收入。其中仓前村和龙冈村两个省定贫困村集体年收入均达10万元，贫困户人均年纯收入7500元以上，贫困户实现脱贫。高岗老区镇自开展扶贫"双到"工作的3年内，为省定的贫困村宝山村和三联村累计投入资金739.41万元，使这两个村2011年集体收入均达18万元以上，贫困户人均年收入达7185元，脱贫人数344人，脱贫率100%。汤塘镇有6个贫困村，其中4个为有老区的行政村，通过落实"一户一法"的帮扶措施，帮扶贫困户人均年收入超过2500元，实现脱贫。2011年，全县12个老区贫困村集体收入均超过3万元，贫困村"五难"（行路难、住房难、饮水难、上学难、就医难）问题得到缓解或有效解决。是年，帮扶脱贫工作通过省检查验收。

（七）精神文明建设开展

1981年起，佛冈县广泛开展"学雷锋、树新风"和"五讲四美三热爱"活动。1984年县第五次党代会召开，对加强社会主义精神文明建设作出专题部署，标志着佛冈县在改革开放后的精神文明建设全面启动。

在开展精神文明创建活动中，老区根据实际开展工作，积极创建文明村。其中水头区西田乡龟咀村在全区自然村中率先建成自来水设施，并做好垃圾处理、环境卫生设施建设，加强道德文明建设，使村民精神面貌发生显著的变化。1984年，该村被省委、省政府命名为文明村，并选派代表参加当年全省精神文明建设表彰大会。

1986年起，老区人民贯彻执行《中共中央关于社会主义精神文明建设指导方针的决议》，开展精神文明创建活动。1988年，佛冈县老区被评为广州市文明单位的有四九镇官山村、水头镇西田龟咀村和迳头乡迳头圩。此后，老区精神文明建设不断推进。1993年，水头镇、四九镇和烟岭大村小学被评为清远市文明单位，水头镇西田南亩村和丰联涩田村被评为清远市十佳文明村；1996年，四九镇、迳头镇被评为清远市"八城四线"文明乡镇；1999年，水头镇被评为清远市文明单位。1990—2000年，老区不少基层党员、干部和群众被评为省、市、县精神文明建设先进个人，其中有水头镇捐资60万元建设希望小学的廖诗强，迳头镇植树造林模范张银顺，石角镇东二村党支部书记高福金等。

2001年起，全县老区按照县委的部署，开展群众性精神文明创建活动。在创建文明小康镇村活动中，老区人民积极参与，对创建工作的认识不断提高，积极拓宽投资渠道，使创建工作取得明显成效。2001—2003年，全县7个老区镇投入创建资金1028万元，创建文明村315个，评出文明户2.44万户。在此期间，老区四九镇官山村被评为广东省文明村，水头镇丰联下村、四九镇柴一村被评为清远市文明村，其中官山村把"创文"和"奔康"结合起来开展的经验在全省推广。此后，按照省、市、县关于文明创建活动部署，推进文明小康创建活动。2009年，石角镇老区观山村西元、大坝和老区高岗镇长江村上陈等自然村成功创建为清远市生态文明村。

（八）社会保障体系进一步完善

1984年4月，省政府颁布《广东省农村五保户暂行规定》，五保户的供养由区、乡统筹。1986年5月10日，县七届人大常委会第十三次会议通过的《佛冈县农村五保户供养暂行办法》中规定，五保户每人每年的生活费，不低于当地一般群众生活水平。具体标准是：稻谷不少于240千克，食用油不少于2.5千克，零用钱不低于60元。当年，全县老区五保老人423户473人，全部按规定标准落实，其中对97名生活不能自理的老人落实专人护理制度。

1988年起，全县乡镇全部实行统筹供给五保户的办法。供养的形式实行集中供养与分散供养相结合，提倡乡镇建立敬老院，收养孤寡老人。分散在家的五保老人则由村和乡镇统筹供给。县内老区执行上述规定，对五保户的生活照顾实行专人负责与组织群帮小组照顾相结合的方式。1994年，全县五保户572户634人，其中老区五保户343户380人，全县五保统筹供给款31.84万元，年人均为540元，粮食每人每月22.5千克，食用油每人每月250克。

（九）造林绿化工作

1986年9月，县委、县政府提出"三年消灭荒山，五年绿化佛冈"的造林种果绿化规划，全县大力开展造林绿化和改燃节柴工作。如迳头的张艮顺，是远近闻名造林的"女状元"。她以山为家，以树为邻，与家人一道在山上垦荒植树，还带动乡亲们育苗190万株，造林面积达1300多公顷，把山林建成村的"绿色银行"，为植树造林作出贡献。由于造林工作成绩突出，她先后获得"全国造林绿化劳动模范"称号、全国"三八绿化工程"奖和"三八绿色奖章"，并在全国"十项女能手大赛"中被评为造林女能手，同时被评为清远市三八红旗手，清远市农业"十项女能手大赛"活动的造林冠军，获清远市文明户标兵奖，清远市农村带头致富的优秀共产党员等。

佛冈县林业以绿化达标为总揽，认真贯彻"封、管、造、节、限、防"的方针，大办绿色企业。县内老区从1986年起，大力开展造林绿化工作，有林面积迅速增加。严格做好封山育林工作，狠抓护林防火员工作的责任落实。大搞"四旁"（村旁、路旁、水旁、宅旁）种树；大办以种植石硖龙眼和青梅等品种为主的水果基地。认真落实护林防火措施，积极开好防火带，充分发挥防火带的作用。认真贯彻执行林业政策和法规，抓好改燃节柴等工作。1991年10月3日，《南方日报》报道：省委、省政府通报全省造林绿化检查情况，对造林绿化工作扎实、成绩显著的22个县（区）给予表彰，其中佛冈县受到表彰。到1992年，全县造林3800多公顷，其中老区造林1973公顷，其中高岗1300公顷，烟岭80公顷，迳头210公顷，水头80公顷，四九150公顷，黄花153公顷。是年，经省绿化达标检查组验收，佛冈县各项绿化指标达到省规定标准，被省委、省政府批准为"1992年实现绿化达标县"。

佛冈县森林资源大部分在老区。据1993年统计，全县实有森林面积8.3万公顷，7个老区镇（含羊角山林场和观音山自然保护区）占全县实有森林面积的61%。多年来，老区保护森林资源，加强林政管理，推动全县林政管理和森林防火工作。1993年，佛冈县获得国家林业部、人事部授予"三年无森林火灾先进单位"和"全国森林资源林政管理先进单位"的殊荣。

在开展林业工作中，老区掀起群众性的植树活动，把植树任务分配到各单位、个人，每年植树节掀起植树高潮，为全县作出榜样。1993年，高岗造林1335公顷，烟岭造林66公顷，迳头造林313公顷，水头造林193公顷，三八造林94公顷，四九造林168公顷，黄花造林41公顷。同时，认真执行贯彻《中华人民共和国森林法》和《广东省森林保护管理条例》，严格执行木材管理法规，并在高岗、三八、汤塘镇设立森林公安派出所，同时做好森林资源档案工作。

（十）推进社会主义新农村建设

1. 创建名镇名村示范村。

推进名镇名村示范村建设工作，是省委十届八次全会的重要部署，是加快转型升级、建设幸福广东的重要内容，也是广东省加快转型升级、缩小城乡差距的一个重要载体，时任中共广东省委书记汪洋、省长黄华华对此提出明确要求。2011年5月16日，省政府批复同意将佛冈县列为全省名镇名村示范村建设示范县之一，要求清远市及佛冈县按照"一年初见成效，两年实现目标"的要求，集中力量建设一批名镇名村示范村，推进社会主义新农村建设，全面有效提升城镇化和城乡协调发展水平。

2011年5月23日上午，广东省名镇名村示范村建设示范县启动仪式在佛冈县举行。作为全省首个示范县，佛冈着力打造具有广东特色的生态宜居和产业发展并举的名镇名村示范村，建设全省乃至全国最美的乡村，为全省名镇名村示范村建设探索经验。佛冈县名镇名村示范村建设按照一年内"看得见、摸得着、做得好"的目标要求，形成名镇名村示范村建设基本模式。

迳头镇积极推进新农村名镇名村示范点建设，筹措建设资金177多万元。镇内大陂村河唇围、土仓下两个新农村示范点完善各项公共基础设施的建设，新农村试点建设初见成效。全镇建设乡村公路11千米，新建乡村公园2个，新建完善文化室2间。汤塘镇内老区泍江村的门一（从门口村分出）、船二（从菱船村分出）自然村被评为县级新农村建设示范村；汤塘村被列入县首批名村建设单位，并荣获清远市2011年度新农村建设优秀奖。汤塘镇"村村建公园"工作有条不紊推进，泍江、四九等村的老区村均建有乡村公园。汤塘镇农村改厕工作扎实开展，建设完成改厕630户，顺利通过清远市对农村改厕工程的验收，农村人居环境得到进一步改善，人民群众的生活质量得到进一步提高。

2. 实施主体功能区规划。

2012年，佛冈县以科学发展观为指导，制定和实施全县主体功能区规划建设，开创"共创富民强县，建设幸福佛冈"的新局面。根据主体功能区规划设想，佛冈县初步划分三类主体功能区。

石角镇、汤塘镇和龙山镇是城镇与工业集聚发展区，是未来清远大都市的重要组成部分，是以高新技术产业发展为主的综合型城市功能组团。该区加快与清远城区的一体化进程，着力发展园区经济，做大做强电子、制冷、食品饲料和节能材料等高新技术产业，发展现代服务业，建设广州空港经济走廊。

迳头镇是都市农业与村镇发展区，是面向广大城乡地区提供现代公共服务的城镇化地区。该区加快推进新集镇建设，完善综合服务功能，提高中心镇的辐射带动能力，承接城市化过程中的农转非人口；推动产业转移园发展，引导产业集聚，适当发展资源节约型、环境友好型产业；积极发展现代农业，适度开发休闲农业和旅游业。

高岗镇和水头镇是生态调节区，在维护国土生态安全和水资源安全、保护自然资源、促进人与自然和谐发展方面具有重大生态意义。该区有效发挥水源涵养、水土保持和生态屏障作用，适度发展与生态保育区功能相容的生态农业、生态工业和生态旅游业。

新时期"落实主体功能区规划，加快区域协调发展"战略，为佛冈新一轮转型升级指明方向。老

2015年7月23日，时任中共广东省委农办主任陈祖煌（左三）在清远市委副书记黄兆芬（左一）的陪同下到佛冈调研农村综合改革情况　（谢芳瑜摄）

区按照主体功能规划实施建设，促进发展。迳头镇按照都市农业与村镇发展区规划，大力推进产业结构调整，将全镇划分为生态发展区、重点产业区、优化开发区3个功能区，制定规划并抓紧实施。高岗镇和水头镇按照生态调节区规划，结合农村综合改革和社会主义新农村建设，推进生态建设，优化发展环境。其中高岗镇以高镇村、宝山村为试点，大力开发生态观光农业；水头镇以发展芦笋等名优特产和开发生态旅游为主线，大力开发历史文化资源和旅游资源。此外，石角镇和汤塘镇内的老区村也结合当地实际落实主体功能区规划。

3. 第一书记在老区。

2012年5月，佛冈县开展创先争优"六民六先锋"活动，选派县直副科以上单位和省、市直管单位正职领导到村（社区）挂任党支部第一书记，在每月的15日到挂任的村驻点办公，开展第一书记加村党支部书记的村务"1+1"活动。同年10月，县委向全县各村、社区党支部选派优秀年轻党员干部担任书记助理。全

县派到老区村的第一书记40人，书记助理40人。第一书记和书记助理在老区村加强基层组织建设，拓宽致富增收渠道，积极办好事实事，收到显著的效果。

县环卫所派驻石角镇三八村的第一书记，针对该村卫生"脏乱差"的情况，迅速调配拖拉机、清运垃圾车和工作人员，对该村的卫生死角和垃圾池进行清理。县人民医院派驻汤塘镇洛洞村的第一书记，由县人民医院资助和村筹资2.5万元，把通村小学的泥泞路改造成水泥路。县社保局派驻汤塘镇菱塘村的第一书记，会同广州市南海区扶贫驻村工作组筹资15万元，新建"菱角苑"菱塘村休闲公园；筹集6万元资金帮助菱塘村建造商铺，壮大村集体经济。县交通运输局派驻水头镇潭洞村的第一书记，筹集30万元资金，新建一个砂糖橘收购点和办公楼，壮大村集体经济；组织农业技术专家开展果树栽培技术讲座，有效增加农民收入。县供水服务中心派驻高岗镇高镇村的第一书记，由单位出资2万元，组织村民搞好安全饮用水工程，保障村民身体健康。县公路局派驻迳头镇青竹村的第一书记，筹集5万元资金帮助该村发展集体经济，增强村委的领导能力，带领村民共建美丽乡村。

五、时代伟业，振兴老区

中国共产党第十八次全国代表大会于2012年11月8日在北京召开，中国特色社会主义事业进入新的历史时期。2012年11月至2017年，佛冈县在贯彻落实中共十八大精神、加快全县经济社会发展中，把振兴老区作为重要任务，采取多种措施加强老区建设，使全县老区在深化改革中加快发展。

2013—2017年，县内老区（含3个老区镇和2个有老区村的镇内老区）工农业总产值从55.12亿元增加到74.67亿元，社会消费品零售总额从10.43亿元增加到15.55亿元。

（一）经济建设加快推进

1．加快推进富民强县。

从2013年起，佛冈县采取"七个加快"的措施，推进富民强县工作。县内老区镇、村紧密配合全县中心工作加快发展。在加快发展方式转变方面，全力推动经济平稳较快发展。2014年，老区迳头镇新引进广东华劲汽车零部件制造有限公司，该公司设计年生产车轴24万支，年产值10亿元。同时，通过加快产业平台建设，全力推进新型工业化进程。2013—2017年，迳头镇加快整合园区资源，不断完善园区配套设施。2014年，迳头镇以"现代工业大镇，生态休闲名镇"为引领，稳步实施城镇化战略，加快推进新集镇建设，推进城乡清洁工程，改善城乡环境。县内老区加快新农村建设，全力打造宜居美丽乡村。2013—2015年，在老区建成并通过考核验收的美丽乡村有26个，其中高岗镇2个、迳头镇3个，水头镇4个，石角镇内老区2个，汤塘镇内老区2个。2014年，迳头镇楼下村委会的官墩围村、田心村、中心村、下楼村规划为迳头镇的美丽乡村，开展各项基础设施建设。全县老区加快实施主体功能区规划，全力提升绿色生态优势，积极开展生态村、生态镇等生态示范创建活动，逐步推进"绿色社区""绿色学校""绿色教育基地"等基层绿色创建活动，进一步优化人居环境，做优做强"国际健康养生旅游示范基地"品牌。在加快发展各项社会事业方面，老区全力推进基本公共服务均等化。2013年，石角镇筹集教育经费400多万元，以改造老区小学为重点，全镇小学共改造校舍15栋，面积达1.05万平方米。同时，将三八中学撤并到石角中学，使更多的学生享受更优质的教育。

2．农业现代化发展。

佛冈县加快转变农业发展方式，以市场、社会需求为导向发展现代农业，推动农业规模化发展，培育壮大老区新产业，使老区在农业产业链推进中分享不同环节的增值效益。

2013年，佛冈县成功申报"广东省现代农业示范区"项目，该项目3年投入4.5亿元，全面建成都市现代农业与新农村建设先行区。是年，县内老区注册农民合作社79家，其中种植业60家、畜牧业10家、服务业9家，参加合作社人数1812人，带动农户发展生产。

2014年，成立佛冈县省级现代农业示范区建设领导小组，编制和完善佛冈县省级现代农业示范区三年总体规划与年度实施方案。全县建立"政银保"和政府贴息机制，打造一批有规模、有特色的优质农业项目。在现代农业的发展中，县内老区农业打造一批连片种植示范点，推动产业种植标准化和管理规范化发展，促进农业产业多元化发展和农业科技成果推广应用，农民收入明显增加。

高岗镇宝山村中药佛手果种植园（佛冈县国税局供稿，2016年摄）

高岗镇墩下村蔬菜基地（高岗镇党政办供稿，2016年摄）

至2017年，全县老区建立农民专业合作社251个、家庭农场98个，有专业大户231个，省、市、县龙头企业8个。是年，在全县老区地域发展的规模化种植基地主要有：澳大利亚坚果基地330公顷、百香果基地200公顷、青枣基地170公顷、莲藕基地67公顷、葡萄基地35公顷、大棚蔬菜种植基地35公顷。至2017年底，全县老区连片种植50亩以上基地224个，其中100亩以上98个，老区现代农业经营主体结构明显优化。

3. 工业生产发展。

县委、县政府确立并全力推进"工业立县、工业富县、工业强县"的发展战略后，加快革命老区工业企业改革转制工作，招商引资推动外向型经济发展。

2013—2017年，县内老区重点工业企业有27家。其中，老区迳头镇6家，有佛冈盈泰纺织品染整有限公司、汇康荧光科技（清远）有限公司、清南（佛冈）玩具制品有限公司、龙玮（佛冈）织造有限公司、清远南玻节能新材料有限公司、广东华劲汽车零部件制造有限公司；水头镇4家，有佛冈县贤艺包装实业有限公司、佛冈县圻鑫五金制品有限公司、佛冈县长大新型墙体材料有限公司、佛冈县水头镇骏鸿鞋业加工厂；石角镇11家，有佛冈佳特金属有限公司、建滔化工集团、迪米格（佛冈）实业有限公司、亿骅（佛冈）珠宝有限公司、奄美佛冈五金制品有限公司、盈展（佛冈）电子有限公司、东溢（佛冈）特种钢制品有限公司、佛冈鑫源恒业电缆科技有限公司、广东松峰机械有限公司、佛冈达味特钢有限公司、广东顺意佳纺织服装有限公司；汤塘镇6家，有国珠集团有限公司、广东兆联纺织有限公司、清远加多宝草本植物科技有限公司、保成（佛冈）机械有限公司、强丰（佛冈）制鞋有限公司、佛冈鑫统仕汽车散热器有限公司。

5年内，全县老区工业项目增多，工业效益持续提高。其中

位于老区迳头镇的清远南玻节能新材料有限公司（黄超贤2016年摄）

高岗镇建成广东中粤通油品经营有限公司京港澳高速公路高岗加油站，于2016年1月起开业运营，打破该镇多年没有规模以上工业的局面。2013—2017年，迳头镇规模以上工业总产值共61.87亿元，年均12.37亿元；水头镇规模以上工业总产值共4.75亿元，年均0.95亿元。此外，石角镇、汤塘镇内的老区村工业发展进程也持续加快，推动所在镇的工业发展。其中石角镇规模以上工业总产值共365.64亿元，年均73.13亿元；汤塘镇规模以上工业总产值共189.27亿元，年均37.85亿元。

4. 打造特色旅游。

自2009年11月佛冈县被评为"广东省旅游强县"后，佛冈县以健康养生旅游示范基地为目标，致力打造"温泉度假、绿色生态、乡土文化、农业观光"四大旅游品牌，努力建设温泉度假、休闲娱乐、自驾游、体验游、农家乐等旅游精品项目。

2013—2014年，佛冈县旅游业围绕"把旅游业打造成当地战略性支柱产业"的发展战略，着力优化整合旅游资源，力争在产业扩容提质上取得新突破。县内老区根据各地的特色，打造旅游景点、建设绿色生态、建立农家乐基地等，乡村特色旅游蓬勃发展。在开发旅游的同时，推介佛冈旅游商品"十大养生菜"（民安白切鸡、龙山萝卜、浥江鲩鱼、迳头竹笋、高岗土猪肉、高岗豆腐、汤塘竹山粉葛、水头芦笋、汤塘红葱头、石角麦菜）和"五大手信"（汤塘竹山粉葛、"独王山"牌砂糖橘、赤蕨干、广生元初生蛋、金鲜美大米）等一大批健康环保特产食品。

2015年起，佛冈县继续明确"养生旅游、生态旅游、温泉度假、乡村旅游"的旅游发展战略定位，着力打造以山水景观为主体、以休闲度假为特色的旅游品牌，努力建设食、住、行、游、娱、购配套的旅游产业化体系。县内老区山水景观、乡村旅游项目有：高岗镇的观音山龙潭山庄、龙潭小寨及社岗下的豆腐节等；迳头镇的通天蜡烛杜鹃花、楼下百亩荷塘和百亩葡萄园等；水头镇的铜溪桃花观赏、省级保护文物东坑祠等。石角镇内老区先后完善羊角山森林闲情山水、森波拉度假森林；汤塘镇内的南国大寨洛洞、围镇村妇女舞被狮习俗、陂角村花卉世界等景观得到进一步开发和推介。

2017年，佛冈县继续致力发展生态旅游、温泉旅游及乡村旅游，强化县域旅游资源的对外宣传，提升佛冈县至珠三角一站式休闲旅游目的地品牌形象。是年，佛冈县继续蝉联"省旅游创新发展十强县（市）""全省县域旅游综合竞争力十强县"。

佛冈县旅游业大发展，激活和带动当地特色旅游产品的开发。深受游客欢迎的旅游商品主要有农副产品和禽畜类商品、水果类商品、初步加工类商品三大类22个品种，其中老区的土特产品主要有：汤塘镇肉质鲜美、体型适中的乌鬃鹅；石角镇黄花村盛产的果型大、肉厚、皮薄、爽甜的黄花柿子；高岗镇和迳头镇深山老林产出的肉厚嫩滑、清爽鲜美的野生冬菇；汤塘镇四九出产的风味上佳、提神解渴的四九话梅；高岗、迳头、水头镇产出的冬蜜糖、芦笋等。以上大批健康环保土特产食品受到各方游客的欢迎。

（二）基础设施建设进一步完善

1. 一事一议项目。

2011年，县委、县政府制定印发《佛冈县村级公益事业建设一事一议财政奖补工作实施意见的通知》，有计划、有重点地安排实施项目，形成"建成一批、滚动一批、充实一批"的良性循环机制，推进一事一议项目建设。

2011—2017年，全县老区完成村级一事一议公益事业建设项目985个，其中建设硬底化村内道路126条104.97千米，桥涵22座，村内水渠18条13.27千米；饮水安全工程68宗，堰塘水窖345.25立方米，村内安全饮水管线347.5千米；乡村文化室132间3.04万平方米，乡村文化公园56个8.86万平方米；农田水利建设98宗。政府下达村级公益事业建设一事一议财政奖补资金6560万元。在村级一事一议公益事业建设中，高岗镇长江陈屋村、迳头镇大陂土仓下村、水头镇王田村等完成乡村广场、公园、道路、路灯、饮水安全工程、污水管网、景观绿化等建设项目，被列入全县第一批示范村。汤塘镇四九村投资684万元建起12个公园，成为全县乡村公园最多的行政村。该镇潖江村投资738万元，建成9个公园，实现村村有公园的靓丽景观。一部分老区村建有特色亭、廊，设有农家书屋，配置宣传、文化、休闲、娱乐、体育等设施，种植花草树木，安装照明设备，明显改善生产生活环境，发展农村公共事业，丰富村民精神文化生活，展现出新时代新农村新面貌。

2. 省小型农田水利建设老区项目。

2012年8月，佛冈县以竞投方式成为广东省小型农田水利建设重点县，主要项目是高标准基本农田建设和农田水利建设，对田、水、路、林、村进行综合整治，包括土地平整工程、灌溉与排水工程、田间道路工程等，总投入1.34亿元。项目在县内老区投入资金共9051.68万元，其中重点县建设专项投资6188.59万元（省级财政补助4800万元、县财政配套600万元、群众自筹788.59万元），整合涉农资金2863.09万元。项目主要在2013—2014年实施，项目实施后新增灌溉面积347公顷，改善灌溉面积3085公顷，年粮食增产1.7万吨，年新增农业总产值4889万元，项目区农民人均年收入增加460元。项目在县内老区分布如下：高岗镇投入资金1926.24万元，受益农田面积830公顷；迳头镇投入资金1776.77万元，受益农田面积870公顷；水头镇投入资金1334.75万元，受益农田面积720公顷；石角镇（包括老区村）投入资金2182.49万元，受益农田面积897公顷；汤塘镇（包括老区村）投入资金1831.43万元，受益农田面积916公顷。

3. 农村饮水工程建设的巩固和提升。

2013年起，佛冈县继续开展农村饮水工程建设，认真做好31宗农村集中式供水工程运行及建后管理、农村饮水工程预算审查、财政审核工作，其中5个镇内老区12个行政村1.96万人饮水不安全问题列入工程规划，新增供水能力315.84吨/日。2015年，饮水安全工程全部完工，受益农户4446户。2016年，佛冈县制定《佛冈县村村通自来水工程建设项目》方案，农村自来水工程建设完成立项2宗，完成设计7宗。2017年，佛冈县村村通自来水工程通过扩网、改造和新建等措施，全年实施27个项目，年度投资5800万元，解决8.69万村民的自来水问题。县内老区村村通自来水覆盖率、农村自来水普及率、农村生活饮用水水质合格率均达到90%以上的目标。

4．中小河流整治。

2013年5月15日，佛冈县遭受大暴雨到特大暴雨的袭击，全县6个镇58个行政村受灾，其中以老区水头镇、迳头镇和石角镇黄花村灾情最为严重。全县直接经济损失11.65亿元，称为"5·15"洪灾。为减少水灾危害，2013年下半年起，佛冈县对全县的主要中小河流以"清淤、清违、清障、护岸固堤"为切入点开展治理工作，提高河道防洪能力。是年，佛冈县列入中央水利投资《全国重点中小河流实施方案》的项目有3宗，其中老区迳头镇2宗（烟岭河南堤和北堤）加固工程，2宗工程投资共5700多万元，治理河长16千米。

2014年5月23日，佛冈县再次遭受特大暴雨的袭击，全县6个镇72个村委（片区）546个自然村受灾，直接经济损失1.67亿元。由于2013年下半年启动了全县中小河流整治工作，因此全县受灾损失降低到2013年的六分之一。佛冈县实施"还河于水""还河于民"的河道清障工程，被群众称作是"功德无量的民生工程"和"群众的救命工程"。2014年，以水头镇为试点，通过清理河障、清理违章建筑、清理淤积的"三清"行动，提升河道排洪能力，提高中小河流综合防洪减灾能力。"三清"治理中小河流经验在全省推广。

2015年，全县规划治理洪灾频繁发生的河流共有26条，分29宗治理工程项目，治理河长299.8千米，总投资5.03亿元。其中，列入中央水利投资项目、县2015年十件民生实

整治后的水头镇河流（朱家佑2016年摄）

事之一中小河流治理工程有3宗，项目总投资8000多万元，治理河长30.04千米，3宗工程均开工建设。2016—2017年，全县治理中小河流13条，完成在建中小河流治理工程8宗，工程投资3.97亿元。其中县内老区有烟岭河堤加固工程。2016年，列入省中小河流治理资金工程有4宗，其中老区工程有3宗，分别是滃江上游综合治理工程（省试点工程）、滃江上游耀洞水口至西田陂治理工程、迳头大陂水治理工程。2017年，完成中小河流治理项目16个，工程投资3.3亿元。通过实施中小河流治理工程，实现"治一条河流、美一方水土、保一方平安"的效果，达到"河畅、水清、岸固、景美"的治河目的。是年，佛冈县基层三防能力建设成为广东省的先进典型，被广东省防汛防旱防风总指挥部授予"广东省基层三防能力建设示范县"称号。

（三）加强基层组织建设

1. 基层组织设置下移。

佛冈县完善村级基层组织建设工作从2012年12月开始。县成立完善村级基层组织建设推进农村综合改革工作领导小组，推进各项工作的顺利开展。2013年，佛冈县确定试点镇石角镇的17个行政村和其他镇各1个行政村为试点村。试点工作结束后，农村基层组织下移工作在全县推开。至2014年，全县6个镇建立片区党政公共服务站78个、经济联合社78个，设置党总支部78个、村党支部486个、经济合作社1913个、村民理事会1662个。其中，3个老区镇和2个有老区村的镇设立党政公共服务站64个、经济联合社64个，设置党总支部64个、村(级)党支部431个、经济合作社1620个、村民理事会1382个。

2. 基层党建的加强。

2013年起，佛冈县老区按照中共十八大关于加强基层党建工作的要求和习近平总书记在十九大报告中提出的基层党组织建设"要以提升组织力为重点"的部署，落实党建工作责任制，扩大党组织和党的工作覆盖面，充分发挥推动发展、服务群众、凝聚人心、促进和谐的作用。在思想建设方面，老区加强对十八大精神的学习宣传工作，通过镇党委理论中心组学习、举办党员干部培训班、开展远程教育和宣讲活动等形式，加强对镇村党员的思想教育，把十八大和十九大精神宣传贯彻到全体党员。学习宣传的重点是十八大关于全面提高党的建设科学化水平、十九大关于用新时代中国特色社会主义思想武装全党的系列活动，开展"不忘初心、牢记使命"主题教育活动。在组织建设方面，老区镇党委、村党支部按党章规定开展换届选举，通过换届选举调整充实镇、村两级党组织领导班子，提高领导班子的战斗力和凝聚力。2013年起，老区按照全县农村综合改革"强化组织下移"的部署，把行政村党支部改建为党总支部，在自然村（或连片）建立党支部，增强党组织联系群众、服务群众的作用。在党风廉政建设方面，老区镇、村党组织先后开展"三级联创"工作和"正风"行动、党务公开以及"村廉通"等工作，并加强"述评考"（述职、评议、考核），提高老区党组织的党风廉政建设水平。

（四）生态文明建设

2013年起，佛冈县按照中共十八大关于加强生态文明建设的部署，加大生态文明建设力度。县内老区把生态文明建设同推进"三农"工作结合起来，践行"绿水青山就是金山银山"的理念。在加快生态文明项目建设方面，老区镇村以新农村建设、美丽乡村建设为契机推进生态文明建设，先后实施生态景观林带工程、乡村绿化美化工程建设，做好生态公益林的保护和管理工作，推进绿色生态环境建设。在加快生态文明产业建设方面，在农村产业结构调整中发展节能低耗产业，引进高质高效的大规模产业项目，并发展乡村旅游、休闲观光等产业，提高效益，增加收入。

高岗镇、水头镇在全县功能分区规划中定位为生态调节区，两个老区镇根据当地山场面积大的特点，坚持开展绿色生态环境建设。高岗镇在京港澳高速公路两旁山地营造生态景观林带15千米，同时在位于该镇的观音山自然保护区建设生态旅游风景区。水头镇开展潖江河道及堤围整治工程，使潖江及两岸的生态环境有较大的改善。迳头镇按照都市农业与村镇发展区的定位，在开展全域风景化工作中，打造富有当地特色的"河西走廊风景旅游区"，即在烟岭河岸沿线建设生态旅游观光景点，包括范仲淹纪念馆、官墩围文化广场以及供游客观赏品尝的葡萄种植园等。石角镇、汤塘镇内的老区村也分别结合当地特色开展生态文明建设，优化生态环境。2017年，全县完成乡村绿化美化工程建设任务的有10个村。其中在3个省级示范村中，老区村有1个（水头镇西田村龟咀自然村）；在7个县级示范村中，老区村及有老区的行政村有3个（水头镇铜溪铜兴自然村、迳头镇井冈行政村和中心坝自然村）。

2013年10月，县委办印发《佛冈县推进美丽乡村建设实施方案》，启动全县美丽乡村建设工作。美丽乡村建设按照"政府引导、农民主体、社会参与"的基本模式，制订规划，稳步推进。全县从2013年10月至2015年底开展美丽乡村的建设，建成并通过考核验收的美丽乡村共26个。其中高岗镇2个，迳头镇3个，水头镇4个，石角镇内老区2个，汤塘镇内老区2个。

2015年，佛冈县第三批共15个美丽乡村建设工作启动，参与创建的15个自然村中，有老区村12个，分别为：迳头镇的大陂土仓下村、龙冈谢屋村、社坪上文岭村；高岗镇的高镇新联茶园坪村、宝山围角村（宝结岭村中的小村）；水头镇的西田龟咀村、新坐上周村（周陂田村分出）、铜溪铜兴村；石角镇内老区三莲麦坝村和江坝村，汤塘镇内老区官山隔塘村、四九留四村（留田村分出）。

2016年，全县创建美丽乡村90个，其中老区村53个。2017年，积极开展"整洁村、示范村、特色村、生态村、美丽小镇"创建工作，全县创建美丽乡村116个，其中老区村68个。是年，创建美丽乡村第一期考核验收总数为95个村，其中整洁村87个、示范村7个、特色村1个。是年，佛冈县成功入选2017年省级新农村连片示范建设工程，并获省级财政资金1亿元，明确实施范围为水头镇莲瑶、新坐、新联、桂元、石潭5个有老区的行政村。

（五）新一轮扶贫开发和新时期精准扶贫精准脱贫工作

2012—2015年，佛冈县开展新一轮扶贫开发工作，制定了扶贫开发"规划到户，责任到人"工作的目标任务和考评要求。全县列入新一轮扶贫开发的省重点帮扶贫困村14个，其中有老区的行政村8个，分别是高岗镇长江村、三江村，迳头镇迳头村、楼下村，水头镇铜溪村、西田村，汤塘镇围镇村、江坳村。以上村分别由佛山市南海区、清远市直单位和县内单位对口帮扶。通过帮扶，2015年老区贫困村均按期达到阶段脱贫目标。

2016年起，佛冈县开展新时期精准扶贫精准脱贫工作。全县列入新时期精准扶贫的贫困村22个，其中有老区的行政村11个，分别是高岗镇高镇村、新联村、高岗村，迳头镇大村村、社坪村、井冈村、青竹村，水头镇石潭村、新坐村、桂元村，汤塘镇大埔村。以上11个贫困村分别由广州市越秀区和市直单位、清远市相关单位帮扶。在11个有老区的贫困村中，共有贫困户854户1942人，其中一般贫困户242户826人，低保户375户876人，五保

2015年8月27日，碧桂园集团阻断贫困代际传递专项活动——水头镇贫困学生签约仪式（水头镇供稿）

户237户240人。

在2013—2017年开展老区扶贫工作中，采取的主要措施有如下五个方面。（1）建立长效机制，壮大村集体经济。通过入股县周转房、县德城投资有限公司、养牛场、水电站及商铺出租等项目增加村集体收入。（2）拓宽帮扶渠道，增强贫困户自我脱贫能力。县委、县政府出台《佛冈县新时期精准扶贫就业扶贫以奖代补实施办法（试行）》《关于促进有劳动能力贫困户就业务工的工作意见》，通过设立500万元的务工奖励基金，充分调动贫困户自我脱贫内生动力。（3）加大对基础设施投入，改善群众生产生活条件。把"大禹杯"专项资金和中央专项产业扶贫资金200多万元安排到高岗镇、迳头镇、水头镇及其他镇的老区村统筹发展产业项目。（4）创建清远市扶贫改革示范村。2014年，佛冈县成功申报市扶贫改革示范村5个，有老区的村有汤塘镇围镇村、高岗镇三江村、水头镇西田村。在示范村的工作中，水头镇西田村获得9万元改革示范奖励。（5）农村低收入困难户住房改建。2013年，加快革命老区农村危房改造工作，实现"住有所居"的目标。水头镇潭洞村新联自然村在碧桂园房产开发公司的资助下，实施整村拆旧建新项目，安置全村75户危房改造户。此后，每年重点帮扶老区村开展危房改造工作。其中南海区投入100多万元帮扶高岗老区村实施幸福安居工程。

六、心系老区，助力发展

佛冈县老区建设促进会（下称"县老促会"）成立于1992年7月，是由县内部分热心老区建设的离退休老同志、有关镇和有关部门负责同志、部分热心支持老区建设的民营企业家所组成，经县民政局批准登记注册的非营利性社会团体。宗旨是为老区人民服务，开展调查研究，当好各级党委、政府加强老区建设工作的参谋助手，争取社会各界支持老区建设，促进老区的建设和发展。县老促会自成立以来，在中共佛冈县委、县政府的领导和广东省老区建设促进会（下称"省老促会"）、清远市老区建设促进会（下称"市老促会"）的指导下，认真履行职责，努力做好各项工作，为促进全县老区的建设和发展作出了积极贡献。县老促会多次被评为先进单位，受到中共清远市委、市政府及有关部门和省、市老促会的表彰。

（一）2002—2004年度清远市改造老区小学先进单位

2002—2004年，省老促会统一部署在全省开展老区薄弱小学改造工作。这是改变老区教育事业落后状况，改善老区办学条件的重大举措。县老促会和县教育局一道，抓住机遇共同努力，争取到省的扶持改造专项资金和佛山市对口扶持资金530万元，并发动各方面筹措资金696万元（包括土地折款），合计筹集资金1226万元，全部投入老区薄弱小学改造工程。三年内，改造老区薄弱小学21所，新建教室171间，改造和新建面积13950平方米，使4500多名学生告别了破危教室，迁入新建、安全的课室学习，大大改善全县老区小学的办学条件。县老促会于2005年10月被中共清远市委、市政府授予"2002—2004年度清远市改造老区小学先进单位"称号。

（二）清远市老区建制村公路建设先进单位

为改变老区农村交通落后状况，改善老区群众交通出行条件，促进老区经济社会发展，根据省老促会的统一部署，县老促会从2003年开始积极配合有关部门和有关镇、村，大力推进老区农村公路硬底化建设。其中争取到县财政从2006年开始对老区公路硬底化建设每千米补助2万元的政策，大大激发全县老区人民对老区公路硬底化建设的积极性。2003—2008年，全县老区农村公路硬底化建设总投资为4750万元，其中获得省政策扶持资金2844万元，地方自筹资金1906万元（包括县财政每千米补助2万元）。到2008年底，全县完成老区公路硬底化建设219.6千米。全县通有老区的行政村（40个）公路全部实现硬底化，从而大大改善老区群众的交通出行条件，促进老区经济社会发展。2010年6月，县老促会被评为清远市老区建制村公路建设先进单位，受到清远市政府的表彰。

（三）清远市老区建设促进会成立20周年暨老区工作先进单位

2011年是清远市老区建设促进会成立20周年。20年来，佛冈县老促会积极履行职责，和有关部门密切配合，通力合作，在推进老区薄弱小学改造、老区农村公路硬底化建设、老区扶贫开发、老区宣传工作、促进老区经济发展等方面做了许多工作，取得显著成绩。2011年6月，在清远市老促会成立20周年之际，佛冈县老促会被中共清远市委宣传部、市扶贫办、市老促会授予"清远市老区建设促进会成立20周年暨老区工作先进单位"称号。

（四）烈士后裔助学二十周年（1995—2015）先进集体

烈士后裔助学工作，是党和政府对烈士后裔的关心和爱护的体现。县老促会把做好烈士后裔助学工作作为自己义不容辞的责任，从1995年开始，积极主动配合有关部门，以高度负责的精神，认真做好烈士后裔助学工作。1995—2015年，全县受助烈士后裔共1301人（次），其中大专以上学生181人（次），中专学生185人（次），高中学生149人（次），初中学生249人（次），小学学生537人（次），受助金额为118.46万元。其中，省、市下拨的助学金85.36万元，本县配套的助学金19.9万元。根据国家实行九年制义务教育的情况，从2007年起清远市政府调整受助对象的范围，提高受助对象助学金的标准。2007—2015年，全县受助烈士后裔共237人（次），其中大专以上学生107人（次），中专学生61人（次），高中学生69人（次），受助金额为82.65万元。在工作过程中，县老促会严格按照有关文件要求，和有关部门密切配合，认真负责地做好各项工作，确保不错、不漏，把助学金按时发放到受助烈士后裔手里，同时重视对受助烈士后裔进行爱国主义和革命传统教育。此外，县老促会还争取到县政府从2014年起在市下拨的助学金的基础上给受助烈士后裔增加助学金，其中大专以上学生每人每年增加1000元，中专和高中学生每人每年增加500元，在清远市各县（市、区）中开了先河，起到带头作用。2015年12月，县老促会被评为烈士后裔助学二十周年（1995—2015）先进集体，受到省老促会、省老区建设基金会的表彰。

（五）全省老区建设促进会系统先进集体

多年来，县老促会在县委、县政府的领导和省、市老促会的指导下，紧紧围绕县委、县政府的中心工作开展老促会工作，发挥老促会"以弘扬老区精神为使命，以服务老区人民为宗旨，以促进老区建设为己任，努力为党委、政府当好参谋助手，为社会各界牵线搭桥，为老区发展献计献策"的职能作用，取得显著的成绩。一是深入调查研究，积极建言献策，努力当好党委、政府加强老区建设的参谋和助手。除开展经常性的调研外，还根据省、市老促会的工作部署并结合佛冈的实际，组织开展多项专题调研，并将调研成果适时向县委、县政府及有关部门汇报、反馈，提出县老促会的意见和建议，得到县委、县政府和有关部门的重视。二是加强老区宣传工作，弘扬老区精神。每年完成或超额完成中国老促会主办的《中国老区建设》杂志和省老促会主办的《源流》杂志的征订任务，并重视利用县内媒体宣传老区。与县史志办合作编纂反映佛冈老区革命斗争历史的《佛冈革命史迹通览》《佛冈革命故事》《红色的丰碑》等书，为广大干部群众提供革命传统教育的教材。驻会老同志多次到学校机关团体宣传革命烈士的英雄事迹和老区人民为革命所作的贡献。牵头在全县6个镇创办12间思源室，思源室已成为对人民群众特别是青少年进行爱国主义和革命传统教育的基地。同时配合有关部门抓好革命遗（旧）址的保护、开发、利用工作。三是积极争取各方对老区建设的支持，为老区人民多办好事、实事。加强与有关职能部门的联系，争取有关部门在同等条件下，在建设项目安排、资金支持上向老区倾斜，支持老区加快发展。在清远市率先争取到县对烈士后裔增加助学金和在福利彩票公益金中安排一定比例的资金作为老区建设资金支持老区建设。积极参与清远市组织的"百家民企进老区扶百村感恩行动",并取得较显著的效果。四是注重县老促会自身建设。县老促会理事会设有专职会长、副会长、秘书长,做到机构健全,人员落实。同时建立健全各项规章制度,保证县老促会各项工作有序开展。2016年12月,县老促会被评为全省老区建设促进会系统先进集体,受到省老促会的表彰。

全县建设发展

一、国民经济恢复和社会主义改造时期的建设发展

1949年10月至1956年9月，是国民经济恢复和社会主义改造的历史时期。其中，1949年10月至1952年12月，为恢复生产、巩固政权阶段；1953年1月至1956年9月，为对农业、手工业、资本主义工商业进行社会主义改造和制定实施"一五"计划阶段。

在本时期，佛冈县在巩固人民政权的基础上，迅速恢复生产，制定和实施"一五"计划，经济和社会事业有较好的发展，按1956年底统计，全县社会总产值（当年价）2181万元，比1950年增长61.1%；1953—1956年，全县财政一般预算收入从16万元增加到32万元，财政总收入从61万元增加到95万元。同时，通过人民政府支持发展生产，帮助赈灾度荒，人民群众断粮问题得到解决，缺粮问题也得到基本解决，人民生活的保障度得到提升。在本时期建设和发展中虽然存在经验不足、执行政策有偏差等问题，但总的来说，佛冈县各级党组织在错综复杂的情况下，克服困难，推进各项工作，特别是在土地改革、社会主义改造和"一五"计划的实施等方面都取得重大成就，为此后的建设发展打下良好的基础。

（一）恢复经济，在"三大改造"中发展生产

佛冈县属于山区县，农业生产长期处于条件差、效益低、粮食难以自给的状态。中华人民共和国成立后，进行土地改革，废除地主阶级封建剥削的土地所有制，实行农民的土地所有制，解放农村生产力，调动农民生产的积极性。在本时期，佛冈县根据中共中央关于"农业的恢复是一切部门恢复的基础"的指示，把恢复农业作为工作重点。发展农业的主要措施是：召开各种会议作出决策，制订生产计划，发放信贷谷、救济粮帮助农民，鼓励饲养耕牛、发展冬种作物以及提高耕作技术等。按1950—1956年统计，全县农业总产值从1287万元增加到1919万元。

在粮食生产方面，主要突出抓好精耕细作，增施肥料，选育良种，防治病虫害。同时要求广种杂粮，发动农民利用田基、屋前屋后、村前村后的空地及开垦山坡地，扩种水稻、黄豆、绿豆、高粱、番薯、玉米、木薯、豆角、南瓜等作物。1956年粮食（含番薯折谷）总产量5.67万吨，其中水稻总产量5.24万吨，比1950年分别增长52.8%和51%。

在林业生产方面，发动群众植树造林，合理采伐，对天然林和新造林严禁乱砍滥伐，防止山林火灾。1950—1956年，全县造林面积共3108公顷，年均444公顷。

在畜牧业水产生产方面，畜牧业重点是保护耕牛，做好防疫工作，严禁违法宰杀及偷运耕牛出县境，鼓励农民饲养猪、鸡、鹅、鸭等禽畜。1956年，全县耕牛饲养量1.5万头，生猪饲养量4.5万头，鸡、鸭、鹅饲养量25万只。在渔业生产方面，利用鱼塘和山塘水库养鱼。1956年养殖面积128公顷，鱼产量92吨，比1950年分别增长64.3%和减少23.3%。

城镇工商业和农村工副业在进行社会主义改造中得到恢复和

发展。中华人民共和国成立初期，县内有火柴枝厂、砖瓦厂、榨油坊等工业。1950年成立佛冈县商业贸易公司，为县内首家国营商业公司，各地私营商铺也开始恢复营业。1952年起，先后在县内各地建立佛冈县供销社分社，各地逐步建立交易圩场。佛冈县于1953年完成土地改革后，于1955—1956年先后开展对手工业和工商业的社会主义改造。改造完成后，全县工商业生产经营秩序有较好的转变。1956年，全县有各类手工业生产合作社45个，另建立水上运输社1个。国营和集体商业部门有专卖公司、贸易公司、糖烟酒公司、纺织品公司、供销合作社和农产品采购局。此外，农村工副业也得到恢复和发展。1950—1956年，全县工业总产值从2.9万元增加到143万元，社会消费品零售总额从314万元增加到542万元。

（二）开展基础设施建设

在交通公路建设方面，佛冈县历史上没有通车公路，1950年成立佛冈县公路筹建处、佛冈县公路建设委员会。1950年11月召开的县第三届各界人民代表会议作出决定，要迅速修建汤塘至石角段公路。公路修建工程从是年底开始，到1952年，已修通鳌头至龙山公路（5千米）、清潖公路（龙山飞鼠迳至汤塘15千米）。1953年3月10日，佛冈县城驶进第一辆汽车。至1956年，广韶公路（广州—韶关）佛冈段延伸到烟岭前所。是年，全县公路工程里程59千米。

在水利建设方面，把兴修水利作为发展农业生产的重点工作，各乡政府及农会发动群众做好区域内山塘、陂圳的检查和维修，发动群众封山蓄水，保持水土，调节旱涝。1950—1956年，全县重点水利工程是潖江、烟岭河整治工程，修建汤塘联和堤、龙山湴镇车步堤，建成石角示范山塘和烟岭莲花塘水库等4座小

（二）型水库，农田受益面积150公顷。

在能源通信方面，石角粮食加工厂（当时称利群米机厂）于1951年安装1台30千瓦火力发电机组，向佛冈中学和县领导机关大院供电。1952年元旦，县城第一次有电灯照明，结束佛冈无照明用电的历史。在通信方面，1953年设立佛冈县邮电局，至1956年开通县城至各乡的邮政步班邮件投送线路。

（三）社会事业恢复和发展

在教育事业方面，佛冈解放后，县委做好教育设施和教师的接收、改造工作，县政府设文教科，下设视导组，主管教学业务和教师培训。各区设文教助理员，指定各区中心小学辅导各乡学校的教学业务，保证教育教学工作的正常进行。1950年12月，县政府接收全县中小学后，县立和区立中小学由县拨给经费，各乡小学经费仍由当地统筹解决。1951年，全县有初级中学2所，即佛冈县第一初级中学（今佛冈中学）、佛冈县第二初级中学（今大陂中学）；有小学74所。至1956年，全县有初级中学2所，在校学生437人，另设高中班1个班81人；有小学98所，在校学生1.22万人。

在卫生事业方面，1949年10月建立佛冈县人民政府卫生院（1956年改为佛冈县人民医院），随后在各区建立基层卫生院5间。1952年成立佛冈县防疫委员会（后改称为佛冈县爱国卫生委员会），各区、乡成立防疫组（站）。开展群众性的卫生知识宣传教育和预防天花、接种牛痘等工作，天花、血吸虫等疾病得到控制。1956年，全县有医疗机构21个，床位15张，卫生医疗工作人员178人，其中卫生技术人员156人。

在民政事业方面，佛冈县在致力于恢复生产和发展各项事业的同时，大力组织抗灾、救济、优抚工作，帮助人民群众生产度荒。1950年3月设立民政科。1950年，三次向农民、灾民发放信贷谷和救济粮（稻谷）61吨。1951年，组织全县性的拥军优属工作，组织机关干部和小学教师下乡宣传中央发布的春耕生产十大政策，成立乡生产借贷度荒委员会，落实农村自由借贷、将退租退押的果实用于生产度荒等7项度荒措施。县政府在春耕前发放信贷水稻种子33吨，救济粮6吨，石灰生产合作社发放信贷石灰200吨，支援春耕生产。县政府发放救济粮、生产度荒粮、干部家属补助粮共计（当时的人民币折成新值）48.3万元。1956年，在建立军烈优抚和复退转业军人安置制度的同时，在全县开展建立五保供养制度，是年享受五保的老人213户216人。在本时期，人民生活有所改善，农民月人均口粮（含救济粮）在15千克左右。

（四）党的建设和党的领导作用逐步加强

1949年10月成立中共佛冈县委，领导开展国民经济恢复和社会主义改造工作，并建立基层党组织。1956年6月佛冈县第一次党代会召开，选举产生县委常委会。1949—1956年，县委领导开展全县清匪反霸、巩固人民政权、土地改革，以及农业、手工业和资本主义工商业改造等工作。1954年6月佛冈县第一届人民代表大会召开，标志着佛冈县人民代表大会制度的正式建立，推动全县"一五"计划（1953—1957年）的顺利实施。

二、开始全面建设至改革开放前的建设发展

1956年9月至1978年12月，为开始全面建设至改革开放前的历史时期。其中，1956年9月至1966年5月的十年时期，是开始全面建设社会主义阶段。在十年全面建设社会主义的探索和实践中，虽然受到各种干扰和影响，但党在领导经济社会发展和党的

建设方面仍然取得重大的成就，积累许多经验教训。1966年5月至1976年10月，是"文化大革命"时期。在此期间，因受"文化大革命"的冲击，经济和社会事业发展不快，一些行业受到挫折。1976年10月至1978年12月，是徘徊前进时期。在此期间，经济和社会事业的相关秩序得到局部恢复，发展速度有所加快。按1957年（"一五"实现年）至1978年统计，全县社会总产值（当年价）从2329万元增加到9014万元；工农业总产值（1957年不变价）从2149万元增加到7636万元（1980年不变价）；地方财政一般预算收入从55万元增加到420万元，财政总收入从99万元增加到728万元。

（一）经济建设的曲折发展

农业的曲折发展。农业生产贯彻"以粮为纲，全面发展"的方针，以发展粮食为中心，推动农林牧副渔的发展。1957—1966年，通过改善耕作条件、选用良种、改革耕作技术等措施，克服"大跃进"和自然灾害带来的困难，粮食单产和总产均有所增加，取得农林牧副渔的稳步发展，体现十年社会主义建设的重要成效。1966—1976年，虽然农业生产受"文化大革命"的冲击，但全县人民努力排除干扰，战胜困难，使农业生产在起伏曲折中保持发展。1977—1978年进入徘徊发展时期，通过开展劳动竞赛等活动，全县农业生产逐步趋向稳定。1957—1978年，全县粮食总产量（含薯折谷）从5.53万吨增加到9.71万吨，其中稻谷总产量从5.06万吨增加到8.77万吨。在此期间，林果业也有较快的发展，全县造林面积最少的年份1960年为370公顷，最多的年份1974年为3900公顷，全县松、杉、竹、经济林面积均有所增加。水果种植经历了1958年水果新品种引种、1964—1966年局部扩种、1971—1974年全面扩种三个阶段，种植面积有所增加，产品质量有所提高。1978年，全县水果种植面积810公顷，比1957年增加1倍多；水果总产量368吨，比1957年有所减少。全县畜牧水产业发展加快。1957—1978年，全县耕牛饲养量从1.87万头增加到1.88万头，生猪饲养量从4.74万头增加到17.26万头，鸡、鸭、鹅饲养量从27.89万只增加到44.34万只，水产品产量从142吨增加到189吨。1978年，全县农业总产值（1980年不变价）5229万元，其中农业占64.63%，林业占7.23%，畜牧业占13.94%，工副业占13.67%，渔业占0.5%。

工业产业初具规模。在此期间，县内工业包括国营、集体工业企业和社队办的工副业。1957—1966年，佛冈县在完成"一五"计划后，按照省委《关于迅速掀起全省工业生产高潮，争取工业大跃进的指示》，加强对工业的领导。经过贯彻国民经济调整的方针，在兴办工业企业和提高企业效益上取得一定的成绩。1966年，全县有工业企业48个（其中国营企业11个，集体企业37个），比1957年减少6个。全县工业总产值669.5万元，比1957年增长272.8%。全县工业结构向轻工业、重工业并行的方向发展。1966—1978年，工业生产在克服种种困难中发展，新建成水泥厂、造纸厂、炼乳厂、农药厂、迳头粮食加工厂以及116间社队农机厂（站）。县农机厂可生产配套的水轮机、发电机、变压器、粉碎机等过去不能生产的工业产品。年产3000吨合成氨的县氮肥厂于1975年2月建成投产。磷肥厂在1972年进行扩建，磷肥年产量从原来7000吨增加到1.5万吨。1978年，全县工业企业79家（其中社队工业企业57家）；全县工业总产值（1980年不变价）2312万元，其中轻工业占47.61%，重工业占52.39%。

商业在起伏曲折中发展。"一五"计划期间，商业发展取得较好成绩。随着"大跃进"的兴起，商业工作受到严重的冲击。1958年，佛冈县根据广东省规定，提出"消灭单干"，实行集体商业大合并，把县供销社并入县商业局，石角镇7个合作商店和2个合作小组合并为一个合作商店，不久又过渡为国营商店。1960年起，开放农村初级市场，组织物资交流会，逐步恢复国营商业领导下的多渠道流通体制。1962年，全县商品零售额、农副产品采购额等指标均比1957年有较大幅度的增长。1963年起，通过商业工作的调整，全县商业贸易得到恢复和发展。1965年，建立的国营商业企业有百货公司、食品公司、蔬菜副食品公司和糖烟酒公司等专业公司，集体商业部门主要有县供销合作总社和各公社的基层供销社以及城镇的合作商店等。1966年起，商业行业受"文化大革命"冲击，商业体制、经济政策、管理制度均遭到干扰和破坏。商业局与供销社合并，政企合一，以高度集中的行政管理方式指挥商业经营活动。1972年1月，县革委会决定恢复商业机构，支援工农业生产，大抓企业经营管理，使商业工作的混乱状态有所扭转，国营、集体商业有所发展。从1976年10月起，县财贸部门一方面抓干部职工的思想转变工作，抓服务、促购销、建制度、重管理，使商业工作逐步得到恢复，重新步入正轨。抓好市场商品供应，增加群众日常生活用品的流通，加强经营管理和经济核算，提高经济效益。1978年，全县社会消费品零售总额4271万元，比1957年增长7倍多。农村集贸市场也得到恢复，全县建有农贸市场10个，市场交易的产品数量逐步增多。全县集贸市场成交额1548万元，比1957年增长37倍多。在对外贸易方面，全县收购后出口到国外（加拿大、美国、日本等）的商品有农副产品、轻工业产品和矿产品，农副产品主要有黄姜、木薯干片、兔毛、松香、茶叶等。1978年，全县收购用于出口的商品总值共172万元。

（二）基础设施建设有所加强

1957—1962年，全县基本建设投资额很少，建设资金均为临时筹措，未有制订投资计划。在1963—1965年国民经济调整期间，全县基本建设投资年均84万元；1966—1970年"三五"期间，全县基本建设投资年均110万元。此后，基本建设投资额增大，1971—1978年，全县基本建设投资额年均245万元，新增固定资产年均181万元。1957—1978年，全县基础设施建设的主要项目有农田水利、交通通信、城乡建设等。

农田水利建设初见成效。1957年起，全县加强农田基本建设，使农业生产条件有所改善。至1966年，完成农田水利工程840宗。同年，成立佛冈县电动排灌工程建设指挥部，开始建设电动排灌设施。全县水利工程中受益农田面积1000亩以上的9宗，1万亩的1宗。全县有2200公顷旱田改造成水田，5300公顷农田改善灌溉条件。建设的重大水利项目有石角山田水库和石角水电站拦河陂、高岗独石陂、龙山鹤田大堤和占果拦河陂（木石结构）、三八下山塘、汤塘黄花河水库除险加固等。这些水利项目的建设，为全县农业发展提供坚实的基础。"文化大革命"期间，佛冈的农田水利建设虽然受到政治运动的干扰，但仍有所发展。从1976年秋冬开始，全县划分为4个区进行农田基本建设。1976年冬至1977年春，完成大小水利工程232宗（其中以公社为单位或大队联合办的有14宗），扩大水田面积110公顷，改造山坑低产田1300公顷。1977年春，承接上年的农田水利建设项目有龙南汶坑改河工程、烟岭河筑堤工程、石角吉田坝工程、石角东圳造田工程、汤塘石门改河造田工程等。1977年9月8日，时任中共广东省委书记郭荣昌到佛冈视察农田基本建设，对佛冈的治水工程给予肯定。1977年秋，按"30华里一条线、山水田林路综合整治"的规划进行重点河段改造，开展四九河段、潖江县城段改河工程。全县农田基本建设的主攻方向是：因地制宜，山水田林路综合治理，把现有耕地有步骤、高标准地建设成"双纲田"（亩产800千克）、"吨粮田"（亩产1000千克）。经过1977年、1978年两个秋冬的农田基本建设高潮，全县农业生产条件有了较大的改善，并为此后的农田水利建设打下基础。

交通、邮电行业主要成就是建成佛冈县汽车站、佛冈县水上运输社和佛冈邮电局。1959年，清潖线龙山—汤塘—四九公路与从化良口公路衔接，为三级公路。1962年1月29日，黄花河大桥建成通车，结束汽车靠船载渡河的历史，并建成龙山凤洲过水路堤。1964年对从佛线进行改造，1966年建成三级沙土公路，由广州经佛冈抵韶关，称为广韶线。1966年全县110个大队通汽车，并对广韶线佛冈段68千米进行修整，于当年竣工。在通信方面，1966年建有2条邮递线路，并增加电信汇款业务，在县城设有长途电话、农村电话、市内电话混合的100门西门子式磁石交换机。1976年，佛冈县邮电部门取消明线电报电路，采用新型机械式电传机进行收发电报，报刊发行有所增长。至20世纪70年代末，市内电话用户有290户，长途电话、会议电话和农村电话也有所发展。在电力设施方面，1958年建成迳头大陂水电站，为全县第一个小水电站。1959年10月，石角水电站建成投产。1965年1月，建设由从化温泉三层变电站到佛冈黄花河的35千伏输电线路，这是佛冈第一条35千伏输电线路。5月，黄花河变电站建成投产，并开始建设10千伏配电网，由黄花河变电站的2台主变压器分别向石角、龙山供电。1967—1978年，交通邮电基础设施有一定的加强，产值收入有所提高。1976年后，广韶公路（国道106线）佛冈县段按三级沥青路进行改造。1976—1977年新建、改造3条地方公路，1978年对省道1959线进行改造。能源和水利建设项目增多。建成35千伏黄花河输电线路,建成县城放牛洞水电站、水头铁扇关门水电站和大石桥水电站,建成龙山凤洲西排涝工程,并完成龙南小坑和汶坑、汤塘四九河和石门河的改河工程。1957—1978年,全县公路通车里程从64千米增加到310.6千米;交通邮电总产值从38万元增加到301万元。

城乡设施建设开始起步。1961年5月从化、佛冈分县后,县城石角镇的建设逐渐起步。1962年建成电影院、冰室、茶楼,这是县城最早的钢筋混凝土结构的楼房,给县城增添现代气息。同时,对县城的建设路、解放路进行改造。1963年,对全县农贸市场逐步进行维修、扩建。1966—1978年,城乡设施建设的主要建设项目除水利设施和公路、桥梁外,还建设或改建水电站12座,在县城建成机关幼儿园、工农兵饭店和佛冈旅店、味精厂、氮肥厂、石英粉厂等。1967年11月开始建设县城石角大桥,1969年竣工通车,成为县城第一座横跨潖江的大桥。1976年2月广韶公路佛冈县城段线路南移,为城市扩建拓宽了空间,城市面积逐步扩大。此外,全县各公社和大队的办公场所、卫生医疗及教学等设施也有所改善,农村居民居住条件有一定的改善。20世纪70年代末,县城建成和在建的街道共31条,其中长度在1000米以上的有7条。潖江石角河段改造工程完工,修筑县城南北土堤,建成冈田水陂。此外,各公社办公场所、圩场设施等也有所改善。

(三)各项社会事业稳步发展

在科技事业方面,开始建立科技机构网络,推广新技术。1956—1966年,科技的宣传、推广和应用工作主要由农业、工业、水电、文教等职能部门负责,其中农业部门推广应用的科技项目较多。1956年,在迳头、水头、石角、汤塘等地共建立4个农业技术推广站,由县农业部门派出农业技术人员进行管理，主要是推广良种、改革耕作技术和应用农业机械，同时推广"五一"步犁、双轮双铧犁。1966年，全县建立农业技术推广站6个。在此期间，在水利水电、工业生产和医疗卫生等领域也开展技术革新和新技术的推广应用工作。1966—1976年"文化大革命"期间，科技工作主要是宣传推广农业科技，并在部分厂矿企业中进行技术革新和技术改造。1966年以来，试验示范的科研项目和推广的科研成果有：水稻、小麦、番薯、花生良种种植，三季稻栽培，水稻深层施肥，露晒田技术，病虫害综合防治，冬种绿肥，氨水、磷肥施用，家蚕、毛兔饲养，草菇栽培，手扶拖拉机综合利用等，都取得较好的实用效果。1976年，全县建立农业科研组织1248个，科技队伍6000多人。1977—1978年，通过推广农业耕作技术和工业管理技术，促进科技事业的发展。

在教育事业方面，1956—1966年教育事业发展较为顺利。1958年，先后办起佛冈县红专学校，有4个公社办起农业中学，还鼓励农村办幼儿班、耕读班。1959年，在从化县（时佛冈县并入从化县）召开的文教战线群英会上，大陂中学、高岗农业中学被推荐为出席省文教战线群英会的先进单位。1961年起，教学质量有所提高。1966年，全县普通教育有中学5所（其中完全中学1所），小学178所，农业中学14所，熔炉大学（原称劳动大学）1所。1966—1976年，教育工作受到的影响和冲击最为严重，从"文化大革命"一开始就陷入瘫痪，直至县革委会成立后才逐步好转。1970年，首批16名工农兵学员被推荐到广州的高等院校学习。按广东省的要求，在县内办起工业、农业、师范、卫生4种类型的学校。1974年6月5日，成立佛冈县高等学校招生领导小组，负责审查推荐工农兵学员上大学的工作。"文化大革命"期间，推荐308名工农兵学员上大学，为社、队培养学生204人。此外，全县还兴办一批幼儿园（班）和政治文化夜校。1977—1978

年，县教育局按省教育厅的要求，于1977年恢复中小学九年制教育，为提高教育质量提供条件。1978年1月，兴办重点学校，佛冈中学被确定为全县重点中学。11月，佛冈按照"一扫二堵三提高"（扫盲、堵住文盲产生、提高扫盲质量）的方针开展扫盲和业余教育的工作，力争1978年基本完成全县扫除文盲的任务。1979年，经省、地区验收，佛冈县被评定为脱盲县。

在文化体育事业方面，1957—1966年努力发展文化体育运动。1958年5月，按照全省文化工作会议的精神，加强乡村文化站建设，培养群众文艺骨干，开展唱歌、创作、读报等活动。在中华人民共和国成立初期取得一定成绩的基础上，继续搞好识字扫盲工作。1958年"大跃进"期间，农村的扫盲工作改为"学在田头，教在田头"，以个别教、小组教的形式进行。1959—1960年，全县脱盲人数30913人。1961年5月从化、佛冈分县后，扫盲工作由县业余教育委员会负责，全县办扫盲班206个，脱盲人数增加3521人。县扫盲队队长黄荣全出席全国业余教育先进工作者会议，佛冈县被评为广州市扫盲先进县。1966—1968年，文化体育工作配合宣传工作进行。1967年初，县委发文要求各公社加强农村有线广播网建设，各公社党委指定一名领导专抓，并挑选培养好广播员。"文化大革命"期间，从县城到各公社新架设的广播专线130千米。大队广播站从2个发展到40个，舌簧喇叭从1.2万多只增加到1.8万多只。电影放映点从182个增加到287个，放映机从6台增加到20台，电影放映和管理人员从27人增加到60人。图书发行点从89个发展到105个。全县各种体育队伍发展到934个，比"文化大革命"前增加2倍。经常性的体育活动项目从4个增加到8个，有1.2万多名学生试行《国家体育锻炼标准》，体育场地和体育设施也成倍增长，篮球、田径运动技术水平有所提高。1977—1978年，逐步开放文化市场，在"文化大革命"期间被禁止放映的影片开始陆续解禁，深受群众欢迎。县文化部门增加文艺节目和活动，丰富群众文化生活，开展新时期总任务的文艺宣传。群众体育活动逐渐受到重视，县城修建游泳池（原县科委所在地）、灯光球场等体育设施，学校逐渐修建体育场地，组织篮球、体操、象棋、游泳等体育队伍。各公社的群众体育活动也开始活跃。

在医疗卫生事业方面，1957—1966年贯彻"以防为主，防治并重"的方针，大力加强防疫工作，为群众免费接种各种疫苗，减少疾病的发生。医疗力量和医疗设备逐步增加。1958年，按照广东省卫生工作会议的精神，开展爱国卫生运动，预防和消灭天花、霍乱、鼠疫等恶性传染疾病。1959年，全县抽调7批医务人员共42人到农村治疗水肿病人。1965年，全县卫生机构有60个（比1957年增加32个），农村缺医少药的状况有所改善。同时，开始倡导和逐步推行计划生育。1964年设立县计划生育办公室，在全县机关单位试行奖励节育、晚婚和控制生育、早婚的政策。1966—1978年，卫生工作在艰难中缓慢发展。1966年10月在县内局部地区发生流行性脑膜炎，通过采取紧急措施控制疫情的蔓延。1970年，在全县范围内进行麻风病人口的普查工作。至1976年，全县108个大队办起合作医疗站，共有赤脚医生350人，卫生员和接生员1362人。1977年，成立县防治麻风病、精神病领导小组，并在全县开展普查工作。在县城组织大搞爱国卫生运动，并印发《石角镇市容卫生交通管理规定》。县委发文成立县爱国卫生运动委员会，各公社（镇）、厂矿、学校分别成立相应机构，开展爱国卫生运动。当年，把爱国卫生运动列入各公社（镇）的社会主义劳动竞赛内容一起检查评比。1978年10月，全县再次部署掀起爱国卫生运动和计划生育工作新高潮，全县动员起来，讲究卫生，减少疾病，提高健康水平，实行计划生育。

在人民生活水平方面，1957—1966年，"大跃进"开始后，物资短缺给人民群众生活带来极大困难，以致缺粮食、断粮户增多，其中不少人患上营养性水肿病甚至死亡。经过全面整顿和调整，人民群众生活才逐步有所好转。1966年，城乡居民社会商品购买力为1413.1万元，比1957年增长167.5%。农民年人均纯收入68.8元，月人均口粮（含返销粮）19.7千克（稻谷），在职职工年人均工资540元，均比1957年有所增长。全县各项银行存款余额365万元（比1958年增长4倍多），其中，城镇居民储蓄存款余额20万元，农村存款余额9万元。1966—1978年，人民生活水平缓慢提高。1978年，全县全民所有制职工（含固定工、临时工、计划外用工）7679人，年人均工资607元；集体所有制（不含农村人民公社）职工2280人，年人均工资548元；农民年人均纯收入81.7元，比1966年增加12.9元；农民月人均口粮25千克（稻谷），比1966年增加5.3千克。

（四）党建工作的开展

1956—1966年，随着开始全面建设社会主义各项工作的开展，党建工作也顺利进行。1961年召开佛冈县第二次党代会，选举产生第二届中共佛冈县委。县委领导开展全县经济建设和社会事业发展，取得十年建设发展的重大发展成就。1966年下半年进入"文化大革命"后，县委的组织和领导受到冲击，至1970年1月才恢复党的组织并召开佛冈县第三次党代会，逐步恢复党建工作。至1978年12月中共十一届三中全会召开前，县委加强各级党组织建设，基层党委、党支部建设逐步趋向正常。

三、改革开放以来至中共十八大前的建设发展

1978年12月至2012年11月，是改革开放以来至中共十八大前

的历史时期。其中，1978年12月至1992年1月，是改革开放的启动和推进阶段，重点工作是建立农村家庭联产承包责任制、城镇经济政策的调整；1992年1月至2002年11月，是深化改革、推动发展阶段，重点工作是调整农业、工业和第三产业发展思路，按构建社会主义市场经济体系的要求加大经济结构的调整力度，推动全县经济社会加快发展；2002年11月至2012年11月，是以开创中国特色社会主义事业新局面为统领，以全面建设小康社会为总目标，推进经济社会持续、快速、健康发展的阶段，重点工作是构建现代农业、深化工业产权制度改革，以及加大招商引资力度推动一、二、三产业发展，全面加强基础设施建设和社会事业的发展。

按1979—2012年统计，全县地区生产总值从5198万元增加到77.01亿元，工农业总产值从8185万元增加到138.76亿元，地方财政一般预算收入从444万元增加到8.04亿元，地方财政总收入从735万元增加到16.10亿元，社会消费品零售总额从4258万元增加到34.32亿元。

（一）经济建设在改革转型中发展

1979年初起，佛冈县按照中共十一届三中全会提出的"把工作重点转移到经济工作上来"的部署，创新经济发展思路，推动经济建设在改革转型中发展。1979—1991年，开展县域经济调整与改革。1983年起，佛冈抓住归属广州管辖的机遇，作出"城乡结合办工业"的决策，通过内引外联发展工业产业。1985年，按照全省第一次山区工作会议精神，提出"一稳三兴"的经济发展方针，即"讲究效益，一稳三兴，全面发展，服务城市，富裕人民"。其中"一稳三兴"为稳定粮食生产，振兴工业和乡镇企业、振兴畜牧业、振兴林果业。按1979—1991年统计，全县地区生产总值从5198万元增加到2.85亿元，地方财政一般预算收入从444万元增加到1821万元，财政总收入从735万元增加到3178万元。1992—2002年，以继续深化改革为基础，加快经济发展步伐。1993年，全县经济发展思路调整为：大力发展"三高"农业，加速发展第二、三产业，建立市场经济体制，提高整体经济效益。按1992—2002年统计，全县地区生产总值从3.51亿元增加到16.48亿元，地方财政一般预算收入从1954万元增加到8043万元，地方财政总收入从5600万元增加到2.1亿元。2003—2012年，以全面建设小康社会为中心，推动经济体制改革的深化发展。2005年5月，时任中共中央政治局委员、广东省委书记张德江到佛冈视察时，充分肯定佛冈经济社会发展成就，称佛冈为"广东山区发展的典型"。佛冈的经济发展速度，被各方媒体誉为"佛冈速度"。2006年，全县经济发展思路是：以调整经济结构和转变经济增长方式为主线，以工业化为龙头、城镇化为载体、农业产业化为依托、招商引资为突破口，大力发展民营经济，深入推进"工业立县、工业富县、工业强县"和"三化一园"（工业化、城镇化、农业产业化、珠三角后花园）发展战略，努力实现国民经济持续、快速、健康、协调发展。按2003—2012年统计，全县地区生产总值从19.08亿元增加到77.01亿元，地方财政一般预算收入从9564万元增加到8.04亿元，财政总收入从2.45亿元增加到16.1亿元。

1. 农业改革转型和发展。

1979年初，佛冈建立农业生产责任制，后来建立农村家庭联产承包责任制，农业改革转型开始起步。农村家庭联产承包责任制建立后，解放了农村生产力，极大地调动广大农民的生产积极性，推动农村经济体制改革的开展，全县农林牧副渔各业出现了加快发展的新趋势。1979年起，全县发展农业的主要措施有：按照"以粮为纲，全面发展，因地制宜，适当集中"的方针，认真调整生产布局，发展社队企业，走农工商综合发展道路。1978—1991年，全县农业总产值从5.8万元增加到1.95亿元。按地区生产总值统计，1991年，第一产业增加值（当年价）1.03亿元；全县农业总产值（当年价）1.89亿元，比1979年增长2.3倍。1992—2002年，全县以调整农业结构为重点发展"三高"农业。1993年，把发展"三高"农业与推动农业产业化结合起来，发展特色农业和规模农业。1998年起，全面落实第二轮土地承包，并结合脱贫奔康、绿化达标等工作，努力发展具有山区特色的农村经济，重点发展"两水一牧一菜"（水果、水产和畜牧、蔬菜），大力发展具有佛冈特色、科技含量高、经济效益好的农产品，提高农产品的市场竞争力。2002年，全县农业总产值（当年价）4.89亿元，比1992年增长142.7%。2003—2012年，加大对"三农"的支持力度，加快农业和农村的发展，增加农民收入。2006年起，结合统筹城乡发展、建设社会主义新农村的部署，实施大龙头、大基地战略，支持发展砂糖橘等富民产业。

在稳定粮食生产方面，主要措施是推广良种和耕种新技术。1990年，全县粮食总产量11.73万吨，创历史最高纪录，佛冈县被国务院评为粮食生产先进单位。1995年，建立县、镇两级粮食高产示范片，总面积3000公顷，带动粮食生产向规模化、高产化方向发展。1997年，佛冈县被评为广东省粮食改低创高先进县，同年被列为全省商品粮基地建设县，开展商品粮基地建设，1999年通过省验收。此后，因农业产业布局调整，粮食播种面积及总产量有所减少。至2012年，全县水稻播种面积1.2万公顷，总产量5.54万吨。

在抓好粮食生产的同时，佛冈县继续大力调整作物布局，充分利用旱坡地和冬闲地，发展经济作物，发展农业商品经济，建设专业化的商品生产基地，发展国内外市场上"优、稀、缺"名牌土特农副产品，增加农民收入。根据市场需要，对原习惯种植的花生、蚕桑、果蔗、药材等加强管理，并发动各地发展苎麻、木薯、草菇、蔬菜等经济作物。同时开始建设大宗商品生产基地，发展经济价值高、适销对路的农副产品。政府有关部门为农业生产服务，大力协助农副产品销售，通过开拓国内市场，采取措施组织南果、南菜北运，为发展地方工业提供原料，为城市生产、生活服务。1993年，引进台资在汤塘镇兴办华鲜农场，为县内第一个招商引资兴办的农业项目，带动全县引资兴办农业项目工作，并推进全县"一乡一品"项目申报工作的开展。到2002年，全县落实招商引资的农业种植业和农业观光企业5个，创省、市级"一乡一品"项目基地4个，总面积170公顷，其中省级"一乡一品"项目为汤塘竹山粉葛基地。2003—2012年，开展创建农业龙头企业和培育农民专业合作社工作。2012年，全县有省、市重点农业龙头企业7家，其中金鲜美粮油食品有限公司为省级重点农业龙头企业；培育农民专业合作社63家，其中省级示范专业合作社3家。1991—2012年，全县种植业（含粮食和经济作物）总产值（当年价）从1.11亿元增加到8.09亿元。

全县林果业生产的重点是开发利用山地资源，治山致富，发展山区经济。林业生产按照"一封二管三造"（封山、管护、造林）的发展方针，建立林业管护队伍，防止山林火灾和乱砍滥伐，加强计划育

迳头镇青竹行政村中洞村毛竹林基地（佛冈县史志办公室供稿，2016年摄）

林和砍伐管理工作，保证林业生产的正常开展。1981年，通过核发山林权证，解决各地历史遗留的山林权属纠纷。1982—1991年，把造林和种果结合起来，按照全省"治山致富"的部署，全县掀起造林种果的热潮。1983—1991年，全县实有森林面积从4.62万公顷增加到8.27万公顷。1991年，佛冈县被评为全省造林绿化成绩显著县。随着造林工作的推进，种果工作也得到相应的发展。1984年，根据广州市支持佛冈"三线两岸"（国道线、省道线、县道线和潖江两岸）造林种果的政策，采取政府培育种苗、发放有偿贷款等形式，发动集体和农户大种果树。1987—1988年，又引种一批优质龙眼，推动果树种植向高产、优质、高效方向发展。1983—1991年，全县果树种植面积从453公顷增加到2370公顷，水果总产量从450吨增加到4962吨。1992年，佛冈县被评为全省绿化达标县。在此基础上，全县以绿化达标为总揽，加快林业产业化进程，加强林政和森林资源管理。1993年佛冈县被全国绿委、林业部授予"三年无森林火灾先进单位""全国森林资源林政管理先进单位"称号。1996年起，全县掀起山坡地开发种果高潮，采取"统一规划、连片开发、政府扶持、落实承包"的模式，发展石硖龙眼和其他果树种植。2003—2012年，全县以创建林业生态县为目标，推广优质阔叶树种，营造混交林，合理调整林分，发展生态林。2011年和2012年，开展林权制度改革，并通过省验收。种果业重点是发展砂糖橘生产。2003年掀起种植砂糖橘高潮，砂糖橘逐步成为全县农业的主导产业和大规模产出的农产品。2008年，佛冈县被评为全国兴果富农百强优质示范县。至2010年，全县登记注册的砂糖橘专业合作社19家，其中有3家砂糖橘种植基地被批准为国家出口基地，生产的砂糖橘被评为"中华名果"。2006—2010年，全县砂糖橘总收入每年6亿元，砂糖橘产业被称为富民产业。1991—2012年，全县林业

2009年12月18日，在佛冈县举办清远市首届砂糖橘暨旅游文化节开幕典礼（佛冈县旅游局供稿）

总产值从1502万元增加到1.44亿元，水果总产量从5107吨增加到11.13万吨。

　　全县畜牧水产业向高产、优质方向发展。1979—1991年，通过开展农村经济体制改革，发展养殖专业生产，提高畜牧水产业的商品率。畜牧业生产以生猪养殖为主，渔业以"四大家鱼"（青鱼、草鱼、鲢鱼、鳙鱼）为主。1992—2002年，重点抓养猪业的稳定发展，以此带动其他家畜家禽和渔业生产。2001年，佛冈县引进温氏集团创办良种商品猪生产基地，推动养猪业的规模化生产。2003—2012年，畜牧业生产抓好三项重点工作：抓畜牧业结构调整和畜牧科技推广，推动畜牧业品种结构向优质型发展；抓畜牧业规模化、专业化、产业化建设，创办大中型养殖场，实行"公司+基地+农户"的产业化生产模式；抓生猪标准化养殖，建设10个生猪标准化规模养殖场。2011—2012年，全县建成生猪标准化规模养殖场3个，其中国家示范区项目1个、中央财政扶持"菜篮子"产品项目1个、省"菜篮子"项目1个。渔业生产重点是优化品种结构，推广"名、特、优"鱼类养殖，通过抓好重点养殖户的示范点创建，推动渔业生产的发展。1991—2012年，全县畜牧水产总产值（当年价）从4835万元增加到2.8亿元。

2. 工业改革转型和发展。

1978年12月至2012年11月，全县工业发展速度加快，产业规模增大，生产效益提高。1979—1991年，工业生产主要是发展县属工业和乡镇工业，1983年逐步兴办横向联合工业企业。在乡镇企业中，被评为广东省科技先进企业1家（石角镇水处理设备厂），被评为国家和省级优质产品、列入"星火计划"项目的产品3个。还有的企业和产品获得出口证书和质量达标证书。1991年，县内已经构建起味精、佛宝矿泉水、水泥、日用陶瓷四大工业支柱产业。招商引资办工业起步于1985年，当年引进台资兴办中佛塑胶染料原料厂，为县内引进的第一家工业企业。1979—1991年，全县工业总产值从2380万元增加到2.32亿元。1992—2002年，通过先后开展工业改革思路调整、实施工业企业新一轮

2008年11月10日，清远加多宝草本植物科技有限公司开工庆典仪式（佛冈县新闻信息中心供稿）

承包、加快工业企业转制、扩大外引内联和创办工业园区等重大举措，推动工业发展。2003—2012年，按照"工业立县、工业富县、工业强县"的发展方针，实施大招商、大提升战略，全力推进工业新型化建设。根据以上发展方针和发展目标，努力提升招商引资水平，按主体功能区规划建立四大工业园区，优先发展高技术产业和先进制造业，积极推进"名牌带动"战略。至2012年，以四大工业园区为基础形成的四大支柱产业不断扩大，科技水平不断提高。其中，位于龙山镇的江森约克工业园制冷产业成为清远市首批省级产业集群升级示范区和清远市首个省级火炬计划特色产业生产基地；位于石角镇的建滔电子工业园形成电子线路板产业链，覆铜面板产量占全球总产量的20%；位于汤塘镇食品饮料工业园的加多宝浓缩项目呈现加快发展的趋势；位于高岗镇、迳头镇的顺德北滘（佛冈）产业园吸引南玻第一批优质高科技项目进驻。是年，全县有省、市级高新技术企业7家，其中国珠集体公司为省级高新技术企业。1992—2012年，全县规模以上工业总产值（当年价）从2.39亿元增加到138.76亿元；按地区生产总值统计，全县第二产业（工业、建筑业）增加值从1.11亿元增加到33.74亿元。

3. 第三产业改革转型和发展。

1978年12月至2012年11月，第三产业在经济调整改革中逐渐恢复和发展，商业、贸易、服务等行业逐步加强，旅游业也开始启动和发展。1979—1991年，先后开放农村粮油集市贸易、开展对国营商业改革和调整工作，并逐步发展个体工商户，加快城乡商贸的发展。同时，外贸工作也开始启动并收到初步成效。1979—1991年，全县社会消费品零售总额从4258万元增加到1.99亿元；1991年全县外贸出口总额71万美元。1992—2002年，全县进一步加快商业贸易工作，搞活商品流通。按照"经营放开、价格放开、用工放开、分配放开"的原则转换企业经营机制，逐步形成多元化主体、多种经营成分以及多渠道购销并存的商贸格局。同时，整合资源开发房地产业，培育和发展旅游业。位于县城的振兴花园成为最早建成的商品房住宅小区，此后商品房住宅小区不断增多，2002年全县商品房销售面积9.3万平方米。县内旅游业起步于20世纪90年代初，1992年引进外地资金在汤塘镇黄花湖建成白云机场温泉度假区，此后落户佛冈的大型旅游项目不断增多，旅游业逐步成为全县新的经济增长点。在此期间，外贸工作也有新的加强，外资企业增多，外贸进出口额增大。2003—2012年，第三产业发展加快，成为县内的支柱产业。县内商业流通活跃，在县城建成万家福、鸿兴等多个现代商贸城，各镇区的商贸设施、市场设施也得到较好的改善。全县按照"大市场、大流通、大商贸"的发展战略，大力发展现代商业、休闲、餐饮、服务等各类产业，推进"万村千乡市场工程"试点建设，建立一批县、镇、村各级相互流通的商业网络。加快房地产业发展是本时期的重点工作，在继续发展县内投资的房地产业的同时，引进外来资金投资房地产业，名汇花园、明珠花园等近10个大型商品住宅楼盘在县内建成，其中位于水头镇和石角镇三八片的碧桂园清泉城总占地面积100多万平方米，为县内占地面积最大的商品住宅区。旅游业迅速发展，按照全县把旅游业建成第三产业龙头的思路，县委、县政府推行"大品牌、大景点、大服务"的举措，构建温泉、生态、历史文化三大旅游经济圈，并引资创办聚龙湾温泉度假村、森波拉度假森林和观音山王山寺风景区等一批大型旅游企业，同时加快推进高端旅游接待酒店建设，打造健康养生旅游示范基地和"百里生态旅游长廊"，促进全县旅游业向高档化、规模化方向发展。在此期间，佛冈县以招商引资为重点推动外经贸业发展。2003—2012年，全县引进涵盖一、二、三产业的外来投资项目（含增资扩产项目）180个，合同外来资金总额6.87亿美元，实际利用外来资金3.62亿美元。1991—2012年，全县社会消费品零售总额从1.99亿元增加到34.32亿元；按地区生产总值统计，全县第三产业增加值从7881万元增加到30.1亿元；对外贸易进出口总额从259万美元（仅为出口总额）增加到5.2亿美元（进出口总额）。

（二）基础设施建设逐步加强

全县基础设施建设的重点是交通通信、能源水利以及城乡公共设施等。随着经济的发展和社会的进步，全县基础设施建设的项目增多、规模增大、投入增加。1979—1991年，全县固定资产投资总额3.56亿元，年均2741万元；1992—2002年，全县固定资产投资总额34.87亿元，年均3.17亿元；2003—2012年，全县固定资产投资总额279.64亿元，年均27.96亿元。

交通通信建设的重点是开展公路新建、扩建、改建和通信设施的基础扩容工作。1979—1991年，公路建设的重点是改造省道354线佛冈段，建设三黄线（三爱亭—黄花）等4条县道，同时开展乡村公路的改造工作，并建成佛冈汽车客运大楼。通信工作的重点是建设邮电大楼，增加通信设备，1991年设有3000门容量的电话交换机。1992—2002年，掀起交通公路建设新高潮，重点工程是国道106线佛冈段改造扩建工程、京珠（今京港澳）高速公路佛冈段新建工程。其中，国道106线佛冈段改造扩建工程于1992年动工，1998年竣工，纵贯全县5个镇；京珠高速公路佛冈段新建工程于1999年10月动工，2002年11月竣工，在县内设有高岗、石角、汤塘3个互通口。以上两条高等级公路的扩建和新建，彻底改善佛冈对外交通条件，使佛冈融入珠三角"一小时经济圈"，为佛冈经济社会发展打下良好的交通基础。在本阶段，通信设施有较好的完善，1997年开通城乡1.5万门程控电话，县城安装IC卡式公用电话。2002年全县固定电话用户3.36万户，移动电话用户3.85万户。2003—2012年，全县交通公路建设的重点是构建以"二纵三横"为中心的现代化交通体系。"二纵"是指纵贯全县的京珠高速公路和国道106线佛冈段。"三横"是指省道252线县城南段（石角—龙南—民安路段），省道354线汤塘镇—龙山镇路段，县道374线迳头镇大陂—高岗镇旗岭路段（大旗线）。到2011年，"二纵三横"主干公路新网络基本完成。"二纵三横"公路新网络形成后，进一步完善佛冈的交通主干道网络，实现顺接珠三角的目标，推动广（州）清（远）佛（冈）有机结合、连成一体的交通运输网络的形成。2010年，全县6个镇通78个行政村的公路水泥路面硬底化工程全面完成，整项工程累计投入资金2.39亿元，提前完成省下达的建设任务。2010年起，启动县内通较大自然村公路的改造扩建工程，重点是通较大自然村的水泥路面硬底化工程，进一步完善农村公路网络。2011—2012年，全县由高速公路、国道、省道、县道和乡村公路形成的5个层次有机结合的公路网络更趋完善，使佛冈融入珠三角"一小时生活经济圈"，在县内构建起城乡结合的公路网络。2012年，全县公路通车里程1389.4千米，其中一级和二级公路244.3千米。同时，县内客运站（场）和农村客运服务均等化建设也得到加强，在先后建成公路大厦和交通大厦的基础上，启动振兴客运站的建设工程。至2010年底，完成振兴客运站（二级客运站）新客运大楼和综合大楼的主体工程建设，2011年1月整体移交给市汽运集团公司。农村客运服务均等化建设从2010年开始启动，到2012年完成。至2012年末，全县开通城乡公交客运线路11条，形成以县城为中心，以乡镇为辐射，安全畅通、经济快捷的农村客运网络。在本阶段，通信业发展的重点是深化通信机构改革，加强信息化建设。县内邮政、电信、移动、联通四部门设施不断完善，信息化和电子政务水平不断提升。2012年，全县固定电话用户3.36万户，移动电话用户28.46万户，互联网用户2.74万户。

能源水利建设的重点是改造、维修原有设施和新建设施。1979—1991年，县内能源基础设施建设的重点是水电站、并网线路和煤矿设施。1982年，全县有并网水电站7座，投入营运供电的35千伏变电站有3座（黄花河站、佛城站、佛氮站），全县用电量3158万千瓦时。此后，建成110千伏变电站1座（佛城变电站），并建设县办水电站1座（大庙峡水电站），全县114个管理区全部实现通电。此外，建立佛冈县液化石油气公司，为县城居民供应燃用石油气。在本阶段前期，水利设施建设的重点工程是石角放牛洞水库的配套工程和四九石瓮水库的除险加固工程，并开展县内几宗机电提水工程建设。在本阶段中期起实施的水利设施重点项目有黄花河水库加固、龙山占果拦河陂改造、石角岗田坡自动翻板水闸新建、龙山凤洲联围堤除险加固工程等。1992—2002年，能源建设方面主要是建成110千伏输变电工程1宗，完成农村电网改造工程，全县供购电量稳定增长。水利设施方面主要是完成省人大关于小型水库除险加固议案工程9宗，并完成省人大关于水库移民议案工程，做好石角镇官山村、高岗镇路下村、四九镇田心村等移民工程建设。2003—2012年，能源建设方面继续加强供电网络建设，先后建成220千伏湛江变电站等一批输变电工程，西气东输二线工程佛冈段进展顺利。2012年，佛冈县范围内运行的变电站有6座，建成以220千伏湛江变电站为中心、以110千伏线路为主干、10千伏线路为基础的"统一开放、结构合理、技术先进、安全可靠"的佛冈电网。当年，全县电力购进量和消费量均为7.43亿千瓦时。在本阶段，水利基础设施日趋完善，佛冈县被评为全国农田水利基本建设先进单位，成功创建全国第一个农村饮水安全工程建设示范县，启动省村村通自来水试点工作，农村生产、生活条件大大改善。2006—2010年，完成农村饮水安全工程建设任务，完成堤防建设和加固总长度40千米、病险水库除险加固工程20宗、省人大机电排灌建设议案的工程5宗，全面完成农田水利整治200公顷任务。2012年，全省十件民生实事工程之一的龙山镇荷田排站改造工程进行排涝泵站、自排水闸等工程改造建设。当年，被列入市、县十件民生实事任务、概算总投资1305.18万元的社坪、围镇、龙塘3宗灌区改造工程，均于当年完成。同时，佛冈县以竞投方式成为广东省小型农田水利建设重点县，争取省级资金4800万元，进行小山塘、小灌区、小水陂、小泵站、小堤防的"五小水利"工程整治项目。

城乡设施建设的重点是县城区、各镇区及农村设施建设。1979—1991年，县城建成佛冈县自来水厂，新建和扩建佛冈酒家、百货大楼等商业设施。县城公共设施建设项目主要是浧江县城段的南堤和北堤建设，冈田陂自动翻板水闸新建、湖滨公园和人工湖建设。建成的湖滨小桥，南岸接振兴路，北岸接佛冈一中。建成县档案馆、体委、银行及信用社等10多座办公楼。1991年，县城建成区面积1.9平方千米，街道总长12.5千米，比1982年分别增加0.31平方千米和4.2千米。除县城建设外，也对全县11个人民公社驻地进一步建设，主要是维修办公场所，改造农贸市场等，改善环境。全县各镇区建设项目主要有办公楼新建或改造、街道修建、市场建设和改造等，使各镇区的环境有一定的改善。1992—2002年，县城建设的重点是"六横三纵"（振兴北路等6条南北向街道、环城路等3条东西向街道）建设、改造浧江县城段南堤和北堤，建成冈田自动翻板闸和人工湖，并将烈士陵园迁往英佛公路旁龙溪沙亩。各镇区建设按计划进行，其中龙山镇于1998年搬迁新镇区，迳头镇于2000年搬迁新镇区，汤塘镇新镇区建设于2002年启动。2003—2012年，县城建设先后实施"三线一中心""五大建设主战场""五路一桥""东扩南拓北进"等工程，推进县城"山水园林城市"建设进程。其中，"三线一中心"（中轴线、水轴线、交通线和县人民中心广场）工程建设于2003年启动，2004年基本完成主体工程；"五大建设主战场"指以县人民中心广场、中轴线、水轴线为主体，连同生活污水处理厂、新影剧院共5项工程建设；"五路一桥"是县城青云东路、文明路、青松东路、青松西路、福田路和奥园大桥；"东扩南拓北进"是县城区域向东、南、北三面扩展。以上建设工程完成后，县城的形象和品位得到明显提高，"山水园林城市"的布局已经形成。县内各镇区设施建设得到加强。2004年5月起，全县分设高岗、迳头、水头、石角、汤塘、龙山6个镇，其中石角镇为县城镇，是全县城镇建设的重点，其他5个镇也加快镇区基础设施建设。

高岗镇区位于高岗圩。2000年以来，建有镇办公大楼。镇办公大楼距省道252线120米，大楼为框架5层的3幢组合楼房，建筑面积共680平方米。镇区内有高岗中学、文化中心、永福房地产小区和两个农贸市场等设施。

迳头镇区位于镇境西部，为佛冈县次中心镇，也是全省273个中心镇之一。2000年8月起启动新镇区建设，新镇区占地2.4万平方米。2003年1月，新镇区办公大楼建成启用，大楼框架4层，占地面积近900平方米，建筑面积2549平方米，投资220万元。是月，迳头镇政府办公地址从旧址（迳头圩）搬迁到新镇区（国道106线大陂地段）。此后，各项设施不断完善。2005年建成农贸市场。镇区内有工业带、自来水厂。2012年建成健身广场和镇文化中心。

水头镇区位于水头圩。1990年建成中心市场，1995年建成镇办公大楼。国道106线原通过水头镇区，1999年国道106线改建后，把国道106旧线改建为县道373线，接通石角、水头、迳头。此后，水头镇区的文化中心、自来水厂和110千伏变电站等设施也先后建成。

汤塘镇区位于镇境西部，是佛冈县次中心镇，也是全省273个中心镇之一。镇区中心原在汤塘圩，2003年起往南面扩建，形成新区，在新区建有办公大楼，并建成新区大街等设施。其中镇办公大楼为框架5层楼房，占地面积1412.44平方米，建筑面积4647.15平方米，总投资450万元，于2006年1月建成启用。新镇区新建大街3条，总投资240万元。同时，建有垃圾填埋场、自来水厂、新农贸市场等设施。

龙山镇区位于镇境东南部。旧镇区位于龙山旧圩，1998年迁到现址（鹤田地域）。新镇区占地247公顷，2000年起建设龙山新城，建有镇办公大楼、文化综合大楼、潖江中学等设施。2012年，龙山新城的商业街、综合市场等配套设施建成。其中商业街由广州市恒生集团有限公司投资146万元兴建，位于国道106线龙山镇区旁，全长1000多米，为2层建筑，总面积3650平方米。

（三）各项社会事业同步发展

改革开放后，全县科、教、文、体、卫各项社会事业同步发展，社会主义精神文明建设逐步加强，社会保障和人民生活水平不断提高。

在科技事业方面，1979—1991年，重点是开展专业技术职称评定、促进科技推广工作。1980年，全县评聘专业技术干部703人，分布于县内各行业。科技推广的重点是农业优良品种推广和农业技术推广。1988年起，在全县12个乡镇配备主管科技的副镇长，县委、县政府发出《关于科技人员管理若干决定的通知》，对科技人员给予更宽松的工作条件和更优惠的生活待遇。同年，在滗江县城段建成冈田自动翻板闸，为国内的先进科技项目。1992—2002年，推广新科技成果应用、开展科普教育以及职称改革，推广省、市科研革新技术项目，加快工农业生产发展。在本阶段，启动"科技服务月"活动，开展"火炬"项目和"星火"项目研究，其中"地热开发"和"免烧红砖"列入省级科研开发项目，落户民安镇的海龙种养殖业有限公司被国家科委纳入国家级"星火"计划项目。1998—2002年，加强农村党员、基层干部科技培训，办好科技示范点，引进推广先进实用农业技术，促进农村科技进步。按照全县"科教兴县"战略，县委、县政府印发《关于依靠科技进步，加强科技创新，推动产业结构优化升级的决定》，推动全县产业优化升级。2002年，建滔、约克等工业企业分别被认定为国家级、省级高新技术企业，"优质砂糖橘技术开发"等4个项目列入省级科技"星火"项目，一批科研成果分别获国家、省、市级奖励。2003—2012年，全县科技工作的重点是发挥科技团体的作用，开展科技宣传和培训，实施《全民科学素质行动计划纲要》。主要项目有：启动汤塘镇荣埔科技园建设，兴办集科、工、贸于一体的佛冈联炬科技孵化园。在本阶段，申报科技计划项目有所增加，其中2006—2012年申报并获批准立项的国家级项目3个。2012年，佛冈县被国家科技部评为2011年全国科技进步先进县。

在教育事业方面，1979—1991年，教育事业的重点是调整普通学校布局、建立职业教育设施，并对全县中小学进行"一无两有"建设。1991年，全县有普通中学15所（其中高中学校2所），小学113所，幼儿园3间，另有职业中学和教师进修学校各1所。1992—2002年，教育事业的重点是全面完成校舍危房改造工程，开展扫除青壮年文盲和普及九年义务教育。其中从1990年起实施的"一无两有"工程到1992年基本完成，全县共投入资金1138万元，完成11万平方米的校舍危房改造工作；"普九"投入资金2200多万元，于1994年提前达标，成为广东省第二批实现"普九"达标县。1995年，佛冈县被国家教委评定为"普及九年义务教育和扫除青壮年文盲县"。1996年起，以全面提高教学质量和办学效益为中心，以"改薄建规"（改造薄弱学校，建设规范化学校）为重点，促进教育事业发展。1996—2002年，投入教育事业经费4.44亿元，完成省核定的52所学校"改薄"任务，创建省、市、县一级学校（含幼儿园）共43所。2003—2012年，按照"科教兴县"的战略部署，把教育事业摆上优先发展的战略地位。在提高办学综合能力方面，佛冈一中于2002年、佛冈中学于2004年创建为省一级学校，2005年全县普通高中学位全部达到省一级学位，同时把创建等级学校与学校布局调整结合起来，推动学校上等级、上水平。在推进学校基础设施和教育信息化建设方面，加大投入推进"校校通"工程力度。2012年，全县初中、中心小学全部完成配备计算机室任务，接入省基教网，并安装远程教育系统（互动课堂教学系统）。佛冈一中和佛冈中学均被评为广东省现代教育技术实验学校。在整合资源推动教育创强方面，先后建成县青少年宫和城东中学，义务教育经费保障机制得到有效落实，各级各类教育全面发展。2010年，县内6个镇被评为教育强镇，佛冈县被评为教育强县。2012年，佛冈县被国务院评定为全国"两基"（基本普及九年义务教育、基本扫除青壮年文盲）先进地区。

在文化体育事业方面，1979—1991年，全县文化体育事业的重点是制订发展规划，扩大覆盖面，先后开展调整机构、增加设施等工作。加强基层文化室建设，有2个文化室被省文化厅评为1988年度先进文化室。同时，加强广播电视、电影和报刊设施建设，县广播电视台成为全省山区县第一个1千瓦调频广播电台。在体育事业方面，在县城北郊建成一个有400米跑道和标准足球场的大型运动场，重修县城文化公园篮球场。县内每年组织开展篮球、乒乓球、羽毛球等球类和田径运动赛事。1992—2002年，在文化事业方面，完善县、镇、村三级文化网络，新建县城文化活动中心和县文化馆、县图书馆，其中县文化馆于1995年被评为广东省一级达标文化馆。广播电视、电影事业得到同步发展。实施"村村通广播电视"工程，完成广播电视光纤网络改造，2001年起实现县、镇两级有线广播电视光纤网与省、市台联网，全县广播电视覆盖率在96%以上。县内体育事业的重点是举办佛冈县第一届运动会，把全县群众性体育活动推向一个新阶段。是年，佛冈县被评为广东省全民健身运动先进单位。此后，县内先后组织群众性万人跑活动，在县城新建县游泳场。2003—2012年，全县文化体育活动逐步形成以节假日文体活动为重点、以大型活动为依托、以社会人群为对象、以广场文化艺术和全民健身活动为载体、以弘扬民间文化艺术为突破口的局面，群众性文化体育活动广泛开展。在本阶段，重要的文化体育活动有：2006年1月29日，在县人民中心广场举行迎春花车巡游活动，全县各镇、各系统参加巡游的花车共28辆；同年5月28日，在县城人工湖举办佛冈县首届"永康杯"龙舟赛，参赛龙舟共21支；2008—2010年，承办在佛冈举办的全国汽车拉力锦标赛总决赛。此外，每年组织文艺表演，组织美术、书法、摄影作品展并送上级文化部门参展。2012年10月5日，在篁胜国际酒店举办"知青乡恋·唱响佛冈"大型文化联谊活动。广播电视设施建设进一步加强，2004年建成县广播电视综合办公大楼，2005年完成广播电视县、镇、村"一张网"工程。2011—2012年，开展有线电视数字化平移和网络改造工作，佛冈天域数字电影城建成开业。2012年，佛冈县第三次全国不可移动文物普查顺利完成，全县登录不可移动文物127处。

在卫生和计划生育方面，1979—1991年，把卫生和计划生育工作结合起来开展。在卫生工作方面，县中医院、镇卫生院以及卫生保健、卫生检疫等机构得到调整和健全，爱国卫生运动覆盖面逐步扩大，人民群众医疗保障条件得到改善。县内实行儿童免费接种"百白破"（百日咳、白喉、破伤风）疫苗，并先后消灭白喉、流行性脑脊髓膜炎和地方性甲状腺肿等疾病。1991年，全县实施世界银行贷款结核病控制项目，有效地防治肺结核病。在计划生育工作方面，执行《广东省计划生育工作条例》，通过办理独生子女优待证，提高育龄夫妇落实计划生育措施的自觉性。1991年8月起，执行广东省关于计划生育的规定，全县计划生育工作逐步趋向正常化。1992—2002年，卫生工作围绕"人人享有卫生保健"的目标，以初级保健为重点开展。在开展"一无三配套"（无危房和房屋、设备、人员配套）建设中，改造乡镇卫生院业务用房，改善医疗条件，同时建成县妇幼保健院，汤塘镇医院获"爱婴医院"称号，并在汤塘镇建成全省首家爱幼中心，佛冈县被评为广东省"爱婴县"。2000年，佛冈县初级卫生保健工作先后通过清远市和广东省审评，实现全面达标。计划生育工作重点是落实"三为主"（宣传教育为主、避孕为主、经常性工作为主），加大计划生育投入，加强计划生育专职队伍建设，并把计划生育工作重心下移到村，开展创建计划生育合格村工作，2002年全县创建计划生育合格村32个。2003—2012年，在医疗卫生方面，围绕"以人为本"主线推进医疗卫生工作，医疗预防保健网络设施不断完善。在此阶段，重点工作是复办农村新型合作医疗（简称"新农合"），参加新农合人数逐年增加。县中医院搬迁至原县政府大院，新建县疾病预防控制中心和县妇幼保健院大楼，县人民医院新建门诊楼、综合楼和住院大楼，全面对镇级卫生院、村级卫生站进行达标改造扩建，进一步健全城乡基层卫生服务体系。加拿大–中国儿童健康基金会在中国创建的第一百间爱幼中心——"谢真华爱幼中心"在县妇幼保健院建成。佛冈县巩固和发展"初保"成果，促进公共卫生服务均等化工作，提高城乡医疗卫生为人民群众健康服务的水平，成功抗击传染性非典型肺炎（简称"非典"），保证人民健康。至2012年，全县有各类医疗卫生机构228个，其中县级综合医疗保健机构6个，镇级医院（卫生院）机构11个，村级卫生站机构135个，其他（社区办、个体办）机构76个。在计划生育方面，建立上下联动责任制，落实计划生育重心下移措施，开展佛冈特色的计划生育宣传活动。在此阶段，通过开展"婚育新风进万家"系列活动，落实"关心到户、服务到人"的措施，开展计划生育奖励和优惠活动，并开展"两无"（无计划外多孩出生和无计划外生育村、居委会）评选活动，落实兑现奖励和优惠办法。佛冈特色的计生宣传活动——全县范围内创建人口文化休闲园，被省人口计生委评为全省"农村版"的示范典例和"十佳"宣教创新项目。2009年，佛冈县被国家人口计生委授予"全国计划生育优质服务先进单位"称号；2011年，佛冈县人口计生服务站、汤塘镇人口计生服务所分别被国家人口计生委授予"全国计划生育优质服务站""全国计划生育优质服务所"称号；2012年，佛冈县人口和计划生育局获"广东省人口和计划生育工作先进集体"称号。

在本时期，随着改革开放的逐步展开和推进，人民生活水平不断提高。总的来说，人民生活从改革开放初期的基本温饱逐步过渡到富足再过渡到初步小康。1979—2012年，全县农民人均纯收入从276元增加到8709元，在岗职工平均工资从658元增加到3.71万元，城乡居民储蓄存款从569万元增加到5.64亿元。此外，各项民生保障制度逐步建立，2012年全县社会保险基金滚存累计结余6.23亿元。

（四）党建工作持续加强

进入改革开放新时期后，全县党建工作持续加强，党的领导作用全面发挥。1979—2012年，先后召开佛冈县第四次至第十二次党代会。在党代会上，党委对全县经济和社会事业作出部署，并对每阶段党建工作的任务和目标提出明确要求。在此期间，县内先后开展整党、民主评议党员、"三讲"和"三个代表"重要思想教育以及学习实践科学发展观等党内活动，使全县党建工作得到持续加强。

四、中共十八大以来的建设发展

2012年11月至2017年，中共十八大以来的历史时期分为两个阶段，一是2012年11月至2015年12月，是实施"十二五"规划的后三年阶段；二是2016年1月至2017年12月，是实施"十三五"规划的前两年阶段。

2012年11月，中共十八大召开，制定坚持走中国特色社会主义道路的行动纲领，提出全面建成小康社会目标。2017年10月，中共十九大召开，主题是：不忘初心，牢记使命，高举中国特色社会主义伟大旗帜，决胜全面建成小康社会，夺取新时代中国特色社会主义伟大胜利，为实现中华民族伟大复兴的中国梦不懈奋斗。在本时期，佛冈县的重点工作是贯彻落实中共十八大、十九大精神，推动经济社会的建设发展。2013—2015年，佛冈县坚持以邓小平理论、"三个代表"重要思想和科学发展观为指导，以"共创富民强县、建设幸福佛冈"为目标，坚持工业主导、产业集聚、统筹城乡、和谐惠民发展思路，着力转变经济发展方式，不断加强经济社会建设，努力建设高端产业成长区、宜居养生示范区、和谐富民先行区和广州北卫星城。2016—2017年，佛冈县全面贯彻新发展理念，深化供给侧结构性改革，全面贯彻党的十九大和习近平总书记对广东工作的重要批示精神，紧紧围绕清远市"副中心"的发展定位，落实"建好南大门、挺进珠三角、努力在决胜全面小康征程上走在全市前列"的目标要求，积极稳增长、调结构、促转型，强基础增活力、办实事惠民生，实现全县经济社会持续健康发展。

按2013—2017年统计，全县地区生产总值从76.79亿元增加到126.38亿元，工农业总产值从157.49亿元增加到213.31亿元，地方一般公共财政收入从8.28亿元增加到9.03亿元（决算预计数），公共财政总收入从17.19亿元增加到32.58亿元（决算预计数），社会消费品零售总额从34.32亿元增加到44.43亿元。

（一）经济建设加快推进

1. 现代农业生机勃勃。

2013—2015年，按照全县"十二五"规划部署，以"农业增效、农民增收、农村改貌"为目标，着力打造"特色农业、观光农业、品牌农业、生态农业、产业化农业"。重点工作是：优化农业农村经济结构，加强农业科技与信息化服务，加快推进农业标准化，加快农业产业化经营。2016—2017年，按照全县"十三五"规划部署，加快农业现代化发展，在转变农业发展方式上实现新突破。重点工作是：大力推进农业产业化发展，大力发展农产品加工业，加大农业科技创新力度，进一步完善农产品交易市场，加大农业招商引资力度，加强农业基础设施建设。2013—2017年，全县第一产业增加值从8.95亿元增加到12.22亿元，农林牧渔总产值从13.25亿元增加到17.88亿元。

种植业在产业结构调整中发展。全县粮食生产以水稻为主，其他粮食作物有玉米、薯类等。通过贯彻落实国家粮食综合直补、良种补贴政策，保证粮食生产稳定发展。2013—2017年，粮食总产量从5.66万吨增加到6.08万吨，其中水稻总产量从5.18万吨增加到5.55万吨。经济作物主要有花生、甘蔗、蔬菜、水果等。其中砂糖橘因柑橘疫病，于2013年起种植面积和产量逐渐减少，农民改种鹰嘴桃、百香果等优质果树。2013—2017年，全县柑橘种植面积从1.09万公顷减少到5700公顷，总产量从11.3万吨减少到3.8万吨。在本时期，县内种植业产业结构调整步伐加快，现代农业项目建设取得新成效，创建一批有规模、有特色的农业项目基地，全县连片50亩以上的种植基地156个，其中农业特色基地16个，总面积400公顷。2017年，全县有县级重点农业龙头企业2家；市级以上重点农业龙头企业6家，其中省级重点农业龙头企业2家。全县农民专业合作社在工商管理局注册的有251家，其中2017年新增31家。有县级农民专业合作社示范社2家；市级以上农民专业合作社示范社14家，其中省级农民专业合作社示范社6家。全县有家庭农场98家。是年，全县农业（种植业）总产值12.45亿元，占全县农林牧渔总产值的69.6%。

林业生产效益提高。2013—2017年，佛冈县进一步强化森林资源保护和管理，深化集体林权制度改革，巩固林业生态县建设成果，全力推进重点林业生态建设。5年内，在重点林业生态工程建设方面，完成碳汇林工程造林1600公顷；在生态公益林管理与补偿方面，落实管护任务，开展生态公益林效益补偿资金管理工作。2017年，省、市合计下达生态公益林效益补偿资金753.74万元，已按规定发放。是年，全县林业用地面积8.88万公顷，有林地面积8.22万公顷，森林活立木总蓄积量472.5万立方米；全县林业总产值2.04亿元，占全县农林牧渔总产值的11.41%。

畜牧水产业稳定发展。2013—2017年，畜牧业以生猪养殖为主，重点工作是落实能繁母猪饲养补贴、生猪标准化养殖和生猪疫病防控工作。2017年，全县生猪存栏量10.79万头。是年，畜牧业的其他品种有牛、羊、鸡鹅鸭及禽蛋，其中牛存栏量0.46万头，羊存栏量0.74万头，鸡鹅鸭存栏量76.24万只。是年，全县肉类总产量9344吨，禽蛋总产量5896吨。渔业以"四大家鱼"、罗非鱼为主。2017年，全县水产养殖面积1065公顷，总产量8015吨。是年，全县畜牧业总产值2.86亿元，水产业总产值3619万元，分别占全县农林牧渔总产值的16%和2.02%。此外，当年全县农业服务业产值1660万元，占全县农林牧渔总产值的0.93%。

2. 工业实现跨越式发展。

2013—2017年，按照全县"十二五"和"十三五"规划的部署，工业发展的要求是：坚持走"工业园区化、产业集群化、新型工业化"道路，积极承接珠三角产业转移，打造"珠三角后车间"和"广州北绿色工业基地"，推动工业实现跨越式发展，把"工业强县"战略的实施推上一个新台阶。重点工作是：完善工业园区设施，推动产业结构优化，加强品牌建设，发展中小企业和民营经济。5年内，全县第二产业增加值从36.63亿元增加到58.74亿元，其中规模以上工业增加值从32.02亿元增加到54.13亿元，建筑业增加值仍为4.61亿元不变；规模以上工业总产值从144.24亿元增加到195.44亿元。

在完善工业园区设施方面，以省级工业园为依托建立佛冈产业集聚区，打造新的工业发展平台。佛冈产业集聚区范围包括石角镇、汤塘镇，与广清产业园佛冈拓展区相邻，用地总面积350公顷，主导产业是食品饮料、电子信息和通用设备制造。2016—2017年，集聚区引进工业项目8个，同时以集聚区为基础，向国家申报将佛冈工业园纳入国家开发区项目。

位于汤塘镇的广东吉多宝制罐有限公司（黄超贤2017年摄）

在推动产业结构优化方面，坚持依据国家经济调控政策，引导优势传统产业发展，淘汰落后产能，并严格执行行业准入门槛，避免高污染、高耗能和产能过剩行业入驻佛冈，推动全县产业转型升级。2017年，县内钢铁行业总产值比上年减少35亿元，重工业总产值有所下降，轻工业总产值有所上升。

在加强工业品牌建设方面，围绕"扩能增效、智能化改造、设备更新、公共服务平台建设和绿色发展"这个中心，抓好新一轮工业企业技术创新和技术改造工作，加快企业转型升级进程，加强企业品牌建设。2013—2017年，通过争取上级资金扶持、本级财政拨付和企业自筹等途径，投入资金共26.9亿元，在全县50多家高技术企业开展技术改造和技术创新工作。全县形成一批享誉国内外的知名品牌，有清远南玻节能新材料有限公司的电子玻璃、佛冈建滔实业有限公司的铜箔、清远加多宝饮料有限公司的饮料、约克广州空调冷冻设备有限公司的空调设备、广东雅迪机车有限公司的电动车等知名产品。

在发展中小企业和民营经济方面，认真贯彻落实国家关于发展中小企业、民营经济的各项政策，采取多项措施，激发中小企业、民营经济发展的生机与新动力，推动中小企业、民营经济持续健康发展，中小企业、民营经济在全县占有越来越重要的地位。2017年，全县民营企业增至1808家，注册资金50.34亿元；个体工商户1.22万户，注册资金5.77亿元；规模以上民营企业55家，占全县规模以上企业60.44%；实现产值77.63亿元，占全县规模以上工业总产值的39.72%，成为支撑全县经济高质量发展的生力军。

3. 第三产业强势发展。

全县第三产业包括商贸、旅游和现代服务业。在开发利用佛冈境内资源和已奠定的产业基础上，第三产业在本时期得到强势发展。全县"十二五"和"十三五"规划提出发展生产性服务业、生活性服务业和特色旅游业。重点工作是：发展房地产业，发展商贸流通业，发展对外贸易，发展特色旅游业。2013—2017年，全县第三产业增加值从38.73亿元增加到55.42亿元，对外贸易进出口总额从5.21亿美元增加到6.35亿美元（按44.46亿元人民币折算），社会消费品零售总额从29.81亿元增加到44.43亿元。

在发展房地产业方面，严格执行城镇建设总体规划和土地利用总体规划，合理规划房地产布局，促进房地产平稳健康发展，形成以县城为中心、汤塘龙山为副中心、其他镇为补充的城镇房地产格局。2013—2017年，全县房地产投资74.63亿元，年均14.93亿元；商品房销售额112.16亿元，年均22.43亿元；商品房销售面积206.98万平方米，年均41.4万平方米。本时期房地产开发的重点项目有：位于县城的云星·钱隆天下、碧翠华苑、骏业银座、江畔名城、金汇花园、湛江郦都大厦、佛冈华府、锦尚名

2017年5月13日，佛冈县组队参加清远市首届农特微商节（佛冈县电子商务产业园供稿）

都、篁胜新城、浥江壹号等；位于汤塘镇的佛冈勤天城、鹤鸣洲温泉度假村等。

在发展商贸流通业方面，以商务领域供给侧改革为主线，着重健全产品与服务市场、消费市场以及各类要素市场、专业市场，合理规划大型商贸设施建设和商业网点布局，提升佛冈的商贸流通业定位。2013—2017年，在全县社会消费品零售总额中，批发零售业从24.55亿元增加到36.55亿元；住宿餐饮业从5.27亿元增加到7.89亿元。2017年10月在县城兴建电子商务产业园，于12月经竣工验收后投入运作。佛冈县县级储备粮油用于调节全县粮油需求总量，2017年县级储备粮4540吨，食用植物油40吨。同时，加强供销合作经营管理和烟花爆竹、农业生产资料、烟草和食盐专卖管理，推动全县商贸流通业健康发展。

在发展对外贸易方面，着重做好招商引资、加强进出口贸易管理工作。2013—2017年，在继续做好招商引资优惠政策宣传的同时，全方位、多渠道开展项目引进工作，并协助企业办理相关事宜，促进企业落户佛冈。5年内，全县引进外来投资（包括外资、港澳台资及其他省市投资）项目23个，合同利用外来资金1.42亿美元，实际利用外来资金6766万美元；原引进外来资金项目增资扩产的有17个，增资额共5553万美元。在加强进出口贸易管理方面，支持企业开展进出口贸易，组织企业参加国内和国际经贸洽谈会和产品展销会，促进企业科技素质的增强。2017年，全县有16家支柱出口企业，出口额排在全市前5名。5年内，全县进出口贸易总额从5.21亿美元增加到6.35亿美元（按人民币44.46亿元折算）。

在发展特色旅游业方面，继续按照把旅游业提升为县域支柱产业的要求，加大提质创优力度。重点是发展生态旅游、温泉旅游及乡村旅游，强化县域旅游资源的对外宣传，提升佛冈县—珠三角的一站式休闲旅游目的地品牌形象。2017年，启动佛冈全域旅游规划，加强旅游业管理，增强旅游综合能力，佛冈县连续4年蝉联"广东省旅游创新发展十强县""全省县域旅游综合竞争力十强县"。2013—2017年，全县接待游客共2558万人次，年均512万人次；旅游总收入166.66亿元，年均33.33亿元。

（二）基础设施建设全面加强

全县基础设施建设按照"统筹城乡基础设施建设"的总体思路，重点工作是：建设快捷交通体系、构建现代信息网络体系、打造可靠的能源保障体系、完善综合水利工程体系，优化城镇空间布局，推进以"城乡统筹、城乡一体、产城互动、节约集约、生态宜居、和谐发展"为基本特征的新型城镇化进程。2013—2017年，全县固定资产投资总额179.08亿元，年均35.82亿元。在投资总额中，基础建设类680项，投资额56.1亿元。

在建设快捷交通体系方面，先后开展城乡公路建设、水毁公路修复和交通运输站（场）建设。国道106线佛冈段完成5项路面大修工程，即南段、北段、县城段、汤塘高速出口至龙山段、英德佛冈交界处至佛冈县英佛路口段，总投资5亿元，大修路面总长110.54千米；完成省道252线佛冈县城段路面大修，并完成县道5条线路的路面维修工程和乡村公路硬底化建设。2017年3月，汕湛高速公路佛冈段进入全面施工阶段，佛冈县积极配合，至是年底完成工程投资10亿元，占佛冈段工程总投资的30%。2013—

国道106线佛冈县城段扩建工程开工仪式（佛冈县新闻信息中心供稿，2015年摄）

2017年10月30日，汕湛高速公路佛冈龙山段与县道376线交汇处的高架桥首片T梁架吊装成功（佛冈县交通运输局供稿）

2017年，全县公路通车里程从1739千米增加到2160.1千米。2012年12月，清远市粤运汽车运输有限公司佛冈振兴汽车客运站建成，2013年12月由原佛冈汽车客运站与通达汽车客运站"二站合一"投入运作。2017年，全县有振兴客运站、安利通运输公司、永通公共汽车公司、顺万通出租小汽车公司4家客运企业，另有速递物流企业30多家。是年，全县客运量486.53万人次，客运周转量1.93亿人千米。

在构建现代信息网络体系方面，重点开展通信及信息化两项工作。通信业务分为邮政、电信、移动、联通4个部分，在完善设施、扩大业务范围中提高社会效益和经济效益。2017年，全县固定电话用户3.1万户，移动电话用户27.12万户，国际互联网用户5.38万户。在信息化建设方面，2017年，佛冈县信息化建设进入快速发展阶段，在信息基础设施、电子政务、社会信息化、企业信息化和电子商务、电子信息产业等方面取得明显成效。全县光纤接

2015年1月15日，佛冈举行阿里巴巴农村电子商务项目"农村淘宝——佛冈服务中心"的剪彩仪式（佛冈县经信局供稿）

2016年11月22日，汤塘镇石门村农网改造施工现场（黄灵辉摄）

入用户达到6万户以上，建成公众移动网络基站3920个，基站站址累计达到200个以上。公共区域政府免费WLAN接入点累计38个，AP累计达3000个。移动宽带普及率提高至68%，移动客户数量突破30万户。4G无线信号覆盖率达96%以上，各类互联网用户总数超过25万户，同类指标位于全市乃至全省前列。实现全县行政村委会、农业生产基地、农村电子商务集聚区等光纤全覆盖。

在打造可靠的能源保障方面，重点是完善电力设施，加强供电管理。先后完成110千伏环城（佛东）输变电工程、清远滃江站3号主变扩建工程、800千伏滇西北工程（佛冈段）等重大工程。2017年，全县有10千伏电网供电的高压公用变电站共7座，其中有220千伏变电站1座、110千伏变电站6座。10千伏线路93回，其中公用线路57回、专用线路36回。佛冈县有汤塘镇汤塘水电站、羊角山九曲水电站等上网小水电站67座，电源装机容量约2.67万千瓦。是年，全县供电量17.25亿千瓦时，售电量17.17亿千瓦时。全年全县用电户为15.4万户。

在完善综合水利工程体系方面，重点围绕"民生水利"开展水利资源管理、水行政执法，实施水利工程改造和农村饮水工程建设。在水利工程改造方面，佛冈县被列为2013年度省级"五小水利"农田工程建设重点县，开展全省农村易涝区整治试点工程（龙山镇荷田排站改造工程建设）。中小河流综合治理工程以"清障、清违、清淤、护岸固堤"为重点进行治理。2013—2017年，县规划治理洪灾频繁发生的河流共26条，分29宗治理工程项目，治理河长299.8千米，其中列入中央水利投资项目的有3宗，列入省中小河流治理项目的有4宗。在农村饮水安全工程建设中，做好31宗农村集中式供水工程的后续管理，新增供水能力315.84吨/日；新增工程项目41宗，受益村民10.49万人，农村自来水普及率、农村生活水质合格率均达90%以上。

位于石角镇的山田水库全貌（石角镇党政办供稿，2015年摄）

在城乡设施建设方面，按照石角镇为中心镇、汤塘镇和迳头镇为副中心镇、其他各镇为节点的规划分别编制总体规划，加强设施建设，打造宜居城乡，推进新型城镇化的形成。2013—2017年，县城石角镇先后开展市政基础设施及配套设施建设，主要是结合创建全国文明卫生城市，开展道路维修、市政绿化、城市供水、市政路灯以及市容环境卫生整治，其中更换LED路灯工作基本完成。其他镇区设施也同步建设，改善居住环境，提高生活质量。2017年，佛冈县计划投入近1亿元开展县城创文创卫工作，基本完成179个第一批项目库建设。同时结合农村综合改革，继续加强新农村试验区、美丽乡村、名镇名村示范村、人居环境整治、农村危房改造等系列项目建设。其中，全县完成人居环境综合整治的自然村435个，创建市级美丽乡村90个。

（三）各项社会事业加快发展

全县科、教、文、体、卫事业发展的总体要求是："社会事业全面进步，公共服务均衡发展"。重点工作是：坚持"科教兴县"战略，优先发展科技、教育事业；加强"大文化"建设，文化体育事业同步发展；深化医疗卫生体制改革，全面实现基本医疗卫生服务均等化发展，提高人民健康水平。

在科学技术和知识产权方面，强化科技计划项目对集聚创新资源、优化创新环境和落实创新政策的导向作用，加强科技宣传和科技培训，加强知识产权管理工作。2013—2017年，全县申报市级以上科技计划项目88项，其中国家级3项，省级14项，市级70项（其中申报清远市社会发展领域自筹经费类26项），组织参加全国科技创新大赛1项；全县申请专利540项，获得授权专利404项（发明专利54项，实用新型专利233项，外观设计专利117项）。在高新技术企业认定和培育方面，2017年，佛冈县科技部门加强高新技术企业认定工作，组织企业人员到省、市参加高新技术企业认定、研发经费归集、知识产权等培训班进行学习培训。是年，全县共计认定高新技术企业26家（其中公示的有10家，待正式批复），高新技术企业培育入库项目18家（公示中，待正式批复）。组织建滔（佛冈）积层纸板有限公司、广东博华陶瓷有限公司、广东国珠精密模具有限公司、广东雅迪机车有限公司等17家企业开展高新技术产品认定工作，获得高新技术产品认定65个。

在教育事业方面，重点是继续开展创强促优、基本公共教育均等化建设、落实教育民生实事等工作。在教育创强工作中，佛冈县及各类学校先后获得过全国性和省、市级的荣誉称号，其中获全国性荣誉称号的有：县四小被教育部关工委评为全国优秀家长学校实验基地（2013年），佛冈县被国务院教育督导委员会评为全国义务教育基本平衡县（2015年）；获全省各类荣誉称号的中小学和幼儿园有17所（次）。在基本公共教育服务均等化建设中，持续开展农村小学和教学点改造、增加公用经费、改善学生食堂和住宿条件、实施教育信息化工程。2017年，全县实际投入教育经费6.37亿元，占全县地区生产总值的5.08%。是年，全面完成各阶段招生任务和"普九""普高"任务；全县有中小学47所（其中中学14所）；学龄儿童入学率100%，初中升学率98.98%，高中升学率94.22%。

在文化体育事业方面，以文化强县建设为重点，以提升公共文化服务均等化水平为着力点，大力抓好文化惠民工程建设、公共文体活动服务供给、历史文化遗产传承保护、文化市场监管、文艺队伍建设和文艺创作等工作，公共文化服务水平得到质的提升。2017年，县文化馆、图书馆总分馆制建设取得成效，通过省验收。全县基础综合文化服务中心建设顺利开展，先在8个村建成，其他村的建设先后启动。广播电视节目安全播出，除维持原《佛冈新闻》《行风热线》等节目外，创新栏目有县纪检监察部门主办的《电视问政》。2015年广播电视台进行改革重组，重组后创新思路，提升节目质量，更好地发挥舆论导向作用和社会文化服务功能。体育活动蓬勃开展。先后举办"全民健身日"大展演、"篁胜新城杯"中国佛冈国际自行车赛公开赛、纪念佛冈建

2016年8月8日，佛冈县全民健身体育舞蹈大展演活动暨省第十七届"体育节"启动仪式在县人民中心广场举行（黄超贤摄）

置200周年百场篮球赛等群众性体育活动，每年春节期间组织开展迎春体育活动。2017年，举办以"创文创卫"为主题的系列体育活动，包括广场展演、篮球赛、羽毛球赛等。是年，全县有体育场地432处，其中400米塑胶标准田径场3个，400米沙土标准田径场5个，全民健身广场6个，小型运动场45个，篮球场348个，室内羽毛球场4个，网球场10个，游泳场10个，漂流运动场1处。体育协会7个，社会体育指导员460人，达到每万人配置14名社会体育指导员的标准。

在医疗卫生事业方面，把健全城乡基层医疗卫生服务体系、促进基本公共卫生服务均等化和提升基层医疗服务水平作为民生实事来抓，加快推进基本医疗保障制度建设，稳步推进公立医院改革工作，健全基层医疗卫生服务体系，扩大基本药物制度覆盖率，明显提高基本公共卫生服务均等化水平。重点工作是实施国家基本药物制度、开展县级公共医院综合改革、加强基本公共卫生服务、完善医疗卫生服务体系建设等。在实施国家基本药物制度中，根据《佛冈县实施国家基本药物制度实施方案》，全县11间基层医疗卫生机构全部实施基本药物制度，实行"六个统一"，即统一配备和使用基本药物、统一上网采购、统一药品集中加送、统一实行零差率销售、统一结算、统一实行基本医疗保险政策。在巩固基层医疗卫生机构实施基本药物制度的基础上，有序地推进村卫生站实施基本药物制度，药品由镇卫生院统一实行网上集中采购和零差率销售，切实减轻群众看病负担。2015年起，县级医院的基本药物使用率达50%以上，11间镇卫生院所用药品100%实行药物网上采购和零差率销售，78间村卫生站的大部分药品由当地卫生院进行采购。继续按照《佛冈县关于开展平价医疗服务试点工作实施方案》要求，扩大平价医疗服务。在开展县级医院综合改革中，确定县人民医院为试点单位，于2014年1

月组建成立县人民医院集团，委托市人民医院进行经营管理，并开展人事制度改革、医疗治疗和服务价格改革等系列改革。在加强基本公共卫生服务中，主要开展城乡居民健康档案规范化建档工作、城乡免费防疫和传染病预防疫苗接种的监测工作，规范健全健康教育内容，2015年起建立村级卫生站基本公共服务台账。2017年，建立全县基本公共服务项目资金分配管理和绩效考核办法，全县有12间预防接种门诊通过市级复审。在完善医疗卫生服务体系建设方面，加强县、镇、村三级医疗体系建设。县级医院中完成县人民医院配套工程项目，加快县妇幼保健院新综合大楼建设进度；镇级卫生院和村级卫生站设施继续完善。2016年起，结合"卫生强县"和"强基创优"部署，开展镇、村卫生机构标准化建设，2017年完成3个镇卫生院和4个行政村卫生站标准化建设项目主体工程，新建成4间中医馆，并完成全县基层卫生院和社区卫生服务机构网络线路改造，增强基层卫生服务功能。是年，全县有各类卫生机构215个，其中县、镇级卫生机构17个，共有床位806张，卫生技术人员1579人（其中执业医师543人）。

人民生活和社会保障水平持续提升。2013—2017年，全县在岗职工年平均工资从4.22万元增加到6.8万元，城镇常住居民人均可支配收入从1.89万元增加到2.58万元，农村常住居民人均可支配收入从9799元增加到1.37万元。2017年，全县参加基本养老职工9.66万人，参加基本医疗保险职工4.99万人，参加失业保险3.6万人，参加城乡居民医疗保险27.89万人。

（四）生态文明建设成效增强

2013年起，佛冈县按照中共十八大、十九大关于加强生态文明建设的部署，把生态文明建设列入全县"十二五"和"十三五"规划，并落实责任，加大措施力度，使全县生态文明建设成效明显增强。在建设生态文明中，以打造"绿色生态佛冈"为主题，落实六大举措。（1）划分主体功能区，坚持严把项目准入关，严守生态红线。（2）加大节能降耗力度，全面开展落后电机淘汰改造工作，有效降低单位地区生产总值能耗。（3）发展绿色能源，建设太阳能光伏发电项目，2017年建成22个。（4）开展林业生态工程建设，全县生态公益林保持在2万公顷以上，并建成3个镇级森林公园。（5）实行生态水资源保护工程，全面推行河长责任制，全县河道保持"河畅、水清、堤固、岸绿、景美"。（6）大力发展生态产业，以"品牌产业"为抓手开发利用资源，发展生态观光、历史文化和休闲度假旅游项目，做大做强"国际健康养生旅游示范基地"品牌。通过多年的努力，全县基本形成生态保护和经济发展良性互动的局面，生态文明建设的成效进一步显现。

（五）党建工作水平持续提高

2013年起，佛冈县按照中共十八大、十九大关于提高党的建设科学化水平、以新时代中国特色社会主义理论武装全党的总体要求，进一步加强全县党的思想政治建设、组织建设、作风建设和廉政建设，推进党的建设向正常化、制度化和规范化方向发展。2013—2017年，全县先后组织开展"六民六先锋"主题实践活动、党的群众路线教育实践活动，并坚持"五级联评联考"责任制度，同时建立健全党内学习和活动制度。通过开展活动和健全制度，推动全县党建工作水平的持续提高。2016年11月，佛冈县第十三次党代会召开。在县党代会上，根据新的形势发展，提出全县在"十三五"期间的任务目标是：立足"一心三城"（清远市副中心，新兴工业之城、宜居创业新城、健康养生旅游示范城）定位，加快融入珠三角，为全面建成小康社会而努力奋斗。

全县在学习贯彻中共十八大、十九大精神中，做到结合实际，深刻领会精神实质，党员领导干部和全体党员坚定理想信念，增强党性，提高履行党的宗旨的自觉性，在思想政治上与党中央保持高度一致。同时，认真学习习近平新时代中国特色社会主义理论，学习习近平总书记治国理政新理念，用以指导思想和行动。全县各级党组织和全体党员通过"不忘初心、牢记使命"主题教育，强化理论武装，树牢"四个意识"，坚定"四个自信"，做到"两个维护"，以求真务实作风坚决把党中央决策部署落到实处，为推动全县经济社会发展、全面实现小康社会提供坚强的组织保证和领导保证。

（六）佛冈县建设发展展望

佛冈县按照中共中央提出"两个一百年"的奋斗目标，确立今后建设发展的思路和目标是：坚持破解发展难题，厚植发展优势，牢固树立创新、协调、绿色、开放、共享的发展理念，统筹推进经济建设、政治建设、文化建设、社会建设、生态文明建设；构建现代产业体系、生产体系、经营体系，发展多种形式适度规模经营，培育新型经营主体，健全社会化服务体系，促进全县一、二、三产业融合发展。到建党一百年时建成经济更加发展、民主更加健全、科教更加进步、文化更加繁荣、社会更加和谐、人民生活更加殷实的小康社会。

1. 力促经济较快增长。

佛冈县要培育发展新动力，释放发展新需求，创造发展新供给，优化劳动、资本、土地、技术、管理等要素配置，推动经济增长由主要依靠投资、出口拉动向依靠消费、投资、出口（境外销售）、出埠（县外销售）协调拉动转变，力争经济增长率年均达到12%。计划到2020年，全县实现地区生产总值超182亿元。

加快发展农业，大力推进农业产业化发展。深入实施省级现代农业示范区总体规划，精心培养农业龙头企业，重点发展优质水稻种植产业、蔬菜种植产业、水果绿色食品种植产业。继续做好香蕉和粉蕉基地、蔬菜基地、莲藕基地、葡萄基地、火龙果基地、百香果基地、青枣基地、鹰嘴桃基地、坚果基地、英九红茶基地等的建设。同时，大力发展农产品加工业，加大农业科技创新力度，推动全县农业产业化发展，全面提高农业效益。计划到2020年，全县农作物总播种面积达到2.23万公顷以上，培育省、市重点农业龙头企业9家以上。

促进工业发展。重点打造以建滔实业为龙头的电子产业集群和以加多宝草本植物为龙头的食品饮料产业集群。要深化产业链延伸，加快技术先进企业、税源型企业发展壮大，支持雅迪电动车、顺意佳纺织、南玻新材料、加多宝饮料、华劲汽配以及相关配套企业规模化发展。计划到2020年，全县规模以上工业总产值实现350亿元，工业增加值实现80亿元，工业税收实现13亿元。

加快以旅游业为支柱的第三产业发展。充分发挥佛冈县生态环境和人文资源优势，突出温泉度假、康养旅游、历史文化、乡村田园等特色，优先优质开发汤塘温泉旅游区、观音山休闲旅游区、龙南新农村旅游区、迳头楼下旅游区等重点旅游项目，打造独具特色的优势旅游品牌，推进国际健康养生旅游基地建设，不断提升旅游知名度和美誉度，进一步提升旅游业在县域经济中的重要地位。计划到2020年，力争接待游客数年均增长5%，旅游总收入超过45亿元。通过加快旅游业发展，推动全县现代商业、现代服务业的加快发展，树立宜游、宜购、宜居、宜业的新佛冈形象。

2. 创新城乡统筹发展机制。

制定城乡协调发展规划，统筹城乡发展体制机制，合理安排小城镇建设、生态保护、农田保护、农村社区，优化城乡基础设施和公共设施的空间布局。协调推进城乡各项建设，逐步形成公共交通、供水供电、邮电通信、垃圾处理、污染治理、环境保护等领域城乡发展一体化新格局。统筹城乡基础设施、公共服务发展，促进基础设施向农村延伸、公共服务向农村拓展、社会保障向农村覆盖、现代文明向农村传播，提高城乡统筹和区域协调发展水平。统筹城乡产业发展，强化城乡产业联系，完善城乡产业布局，引导城乡工业集聚集约发展，产业链向农村延伸，构建产业联动、就业转移、人才交流新机制；统筹城乡路网结构，促进城乡交通衔接；统筹城乡供水设施建设，确保供水安全；统筹城乡环境综合治理，推进省农村垃圾清运处理试点县建设，加强污水集中处理和垃圾无害化处理等设施建设。

3．推动社会事业蓬勃发展。

认真落实科技扶持政策，积极培育创新主体，扶持科技型和成长性较好的中小微企业发展。落实高新技术企业培育计划，重点发展电子信息、生物技术、新材料等领域，扶持一批高成长性的高新技术企业。深化与珠三角、清远市以及周边地区的创新合作，融入区域创新网络，提高自主创新能力。计划到2020年，累计申请专利达到300件，授权专利225件以上。

深化教育领域综合改革，加大对教育资源的统筹调配力度，推动公共教育服务的整体性均衡发展。在进一步巩固"广东省教育强县""义务教育均衡县"的基础上，率先全面实现教育现代化。计划到2020年，基本完成县城和中心镇教育资源整合，确保满足适龄少年儿童入学需要；学前三年毛入园率达到90%以上，小学适龄儿童入学率100%，小学五年保留率100%，高中阶段教育毛入学率达到90%以上。

深化文化体制改革，完善文化管理体制，加快构建把社会效益放在首位、社会效益和经济效益相统一的体制机制。完善公共文化服务体系，深入实施文化惠民工程，丰富群众性文化活动。加强文物保护利用和文化遗产保护传承。健全现代文化产业体系和市场体系，创新生产经营机制，完善文化经济政策，培育新型文化业态。广泛开展全民健身活动，加快推进体育设施与配套设施的建设。计划到2020年，全县投资1.4亿元，新建成占地3.33公顷的佛冈县体育馆。

坚持以人为本、公平普惠、改革创新的导向，优化发展全县医疗卫生事业，着力提高城乡居民健康水平，加快构建与经济社会发展水平相适应、与居民健康需求相匹配的县域医疗卫生服务体系，创建国家卫生县城，打造健康佛冈。计划到2020年，每万人拥有全科医生（含助理全科医师）3名以上。

4. 提高人民生活和社会保障水平。

在提高人民生活水平方面，完善最低工资增长机制，适时提高最低工资标准，逐步提高基本养老金、最低生活保障等标准，增加居民转移性收入，多渠道增加居民财产性收入。转变农业发展方式，拓宽农村外部增收渠道和财产性收入渠道，促进农民转移就业和创业，实施农民收入倍增工程。计划到2020年，城乡居民人均可支配收入达到3.2万元，其中城镇居民人均可支配收入达到4万元，农村居民人均纯收入达到2.35万元。

在完善城乡社会养老保险体系方面，坚持社会统筹和个人账户相结合的基本养老保险制度，完善个人账户制度，健全多缴多得激励机制。建立基本养老金合理调整机制。实施国家出台的渐进式延迟退休年龄政策。发展职业年金、企业年金、商业养老保险。扩大社会保险覆盖面，完善社会保险关系转移接续政策，适当降低社会保险费率，提高社会保险筹资水平，稳步提高待遇标准。拓宽社会保险基金投资渠道，加强社会保险基金投资运营管理和监督，提高投资回报率。

在完善城乡医疗保险制度方面，贯彻落实省、市政策，启动实施医保城乡一体化，建立全面覆盖、制度统一的基本医疗保险制度。健全医疗保险稳定可持续筹资和报销比例调整机制，为研究实行职工退休医疗保险缴费政策提供基础数据。鼓励发展补充医疗保险和商业健康保险。全面开展重特大疾病医疗救助工作，健全临时救助制度，促进基本医疗保险与商业健康保险相互补充和衔接发展。全面实施统一的城乡居民医疗保险制度及大病保险制度，改革医保支付方式，扩大异地就医联网即时结算范围，发挥医疗保险的控费作用。

在完善城乡社会救助体系方面，创新城乡医疗救助制度，稳步提高困难群众医疗救助比例和封顶线，推动成立重大疾病关爱基金，成立专门的基金管理办公室，减少因病致贫、因病返贫的家庭。提高城乡居民最低生活保障、农村五保供养等底线民生保障水平，落实最低生活保障申请家庭经济状况核对机构，各镇统一设立救助受理服务窗口，完善救助管理服务体系。大力发展福利慈善事业，做好优抚安置工作，完成县社会福利院选址重建和县城居家养老服务中心项目建设，建成1间以上的社区居家养老服务机构，提高社会福利供给水平。加强保障性住房建设和管理，满足困难家庭基本住房需求。支持残疾人事业发展，健全扶残助残服务体系，保障和改善残疾人民生，加快推进残疾人小康进程。

附　录

附录一 革命遗（旧）址

一、革命史迹普查核定

革命史迹是指新民主主义革命时期与中共党史、革命斗争史相关的史迹、革命文物及各种纪念设施（含中华人民共和国成立后修建的以及两次国共合作时期相关的史迹和纪念设施），包括党、政、军、群机关驻地、活动旧址、遗址，战役和战争旧址遗址，革命文物、烈士陵园（包括坟、墓、冢），纪念碑、纪念像、纪念馆、纪念堂、纪念亭，党史人物和革命人物故居，以及其他革命史迹或纪念设施。在新民主主义革命时期，中共佛冈县地方组织开展党内活动和革命武装斗争中留下许多宝贵的革命史迹。这些革命史迹蕴含着中国共产党领导中国人民艰苦奋斗、不屈不挠、一往无前的革命精神，让人们感受中国共产党艰苦卓绝、波澜壮阔的奋斗历程。保护、开发和利用好这些革命史迹，对开展革命传统教育以及开发红色旅游、带动老区经济发展等方面都具有重要意义。

2011年全县进行革命史迹普查，经普查核定革命史迹55处。其中属重要党史事件和重要机构旧址23处，重要党史事件及人物活动纪念地8处，革命领导人故居4处，烈士纪念碑（墓）9处，纪念设施11处。按历史时期划分，抗日战争时期23处，解放战争时期12处，中华人民共和国成立后20处。经审定为镇级革命史迹保护单位42处，县级革命史迹保护单位13处（其中申报市级革命史迹保护单位5处）。按地域划分，高岗镇9处，迳头镇8处，水头镇7处，石角镇11处，汤塘镇19处，龙山镇1处。

佛冈县革命史迹统计表

单位：个

所在镇	数量	重要党史事件和重要机构旧址	重要党史事件及人物活动纪念地	革命领导人故居	烈士纪念碑（墓）	纪念设施	评定等级		
							镇级	县级	申报市级
合计	55	23	8	4	9	11	42	13	5
高岗	9	3	4	—	1	1	7	2	2
迳头	8	4	—		2	2	6	2	1
水头	7	3	1		1	2	6	1	—
石角	11	3	2	1	3	2	8	3	2
汤塘	19	10	1	3	2	3	12	5	—
龙山	1	—	—	—	—	1	1	—	—

注：（1）位于水头镇王田村的中共佛冈县委旧址同时又是邹华衍烈士故居，位于水头镇桂元村白麻园自然村的中共天西乡支部白麻园旧址同时又是廖鉴铭烈士故居，均为一个地点两种类别，只纳入重要党史事件和重要机构旧址统计。（2）本表录自《佛冈县革命史迹通览》，佛冈县革命史迹通览编委会编，2011年6月印刷，第146页。

二、革命遗（旧）址

（一）高岗镇

1. 东纵北江支队司令部旧址。

该旧址位于高岗镇宝山村宝结岭自然村钟氏宗祠。宝结岭

东纵北江支队司令部旧址——宝山钟氏宗祠（谢春江2017年摄）

村为佛冈县抗日老区。1945年春至1946年夏，东纵北江支队司令部常驻钟氏宗祠。钟氏宗祠为三进结构，建筑面积160平方米。2011年1月，该旧址由县委批准为县级革命史迹保护单位（点）。

宝结岭村位于佛冈县境北部，高岗镇境西北部，与英德市鱼湾镇仅两山之隔。因地处山区，既便于游击活动，又方便与外地联络。

1945年春，中共广东省临委委员梁广率领东纵北江支队（支队长邬强、政委李东明），北上英佛边建立抗日根据地。7月，北江支队到高岗地区开展抗日宣传活动，司令部设在宝结岭村钟氏宗祠。部队帮助宝结岭村组建民兵中队，有30多人枪，为佛冈县北部地区创办高镇、社坪等多个抗日根据地。1946年6月，东纵北江支队奉命北撤山东烟台，设在宝结岭村的司令部随同撤出。

2. 东纵北江支队革命活动据点旧址。

该旧址位于高岗镇宝山格田村张氏宗祠。格田村位于高岗镇境西北部，与英德市鱼湾镇接壤，是佛冈解放战争时期老区。张氏宗祠为宝山村张氏族人祠堂，二进结构，建筑面积120平方米。

1945年3月，由邬强率领的东纵北江支队到达英德东乡后，在英佛边开辟抗日根据地。1945年春至1946年夏，东纵北江支队司令部驻宝山村宝结岭钟氏宗祠，同时以张氏宗祠为革命活动据点。北江支队派出邱仕达等多名战士当教师，在张氏宗祠办起学

东纵北江支队革命活动据点旧址——宝山张氏宗祠（朱家佑2017年摄）

校。中共粤北特委黄松坚、何俊才等领导也曾到校讲课。张氏宗祠作为抗日宣传及革命活动的据点，在宣传动员当地群众参加抗日救亡运动中起到很好的作用。

3. 东纵北江支队独立第一大队革命活动据点旧址。

该旧址位于高岗镇北部的长江村礼溪塘背村朱氏宗祠。2005年，塘背村并入长江村。朱氏宗祠为三进结构，建筑面积141.7平方米。

1945年4月，东纵北江支队独立第一大队成立，蓝田任大队长，李先士任副大队长，涂夫（先）、谢德裕（后）任政委，朱继良任教导员。独立第一大队成立后，朱继良来到礼溪村，以塘背朱氏宗祠为据点开展文化教育，白天教群众学文化，晚上宣传党的团结抗日主张和革命道理，发展中共地下组织。1947年，建立以朱明貌为中队长的礼溪游击队，在佛冈人民义勇大队的领导下，一直战斗到佛冈全境解放。

东纵北江支队独立第一大队革命活动据点旧址——长江村礼溪塘背朱氏宗祠（李贤益2017年摄）

4. 高镇村育儿学校革命活动据点。

该据点位于高岗镇高镇村育儿学校。学校为砖瓦房，建筑面积377平方米，2013年改建为两层楼房的文化室。高镇村位于佛冈县境北部、高岗镇境南部，属观音山地域，是佛冈县抗日战争时期老区。1944年在观音山地域建立耕种会（农会），随后成立抗日保卫队，队长由李承荫担任，高镇村有多名青年参加抗日保卫队，开展武装保卫家乡的战斗。

1945年3月，中共北江路东工委派林西平到佛冈担任中共佛冈县工委书记。林西平夫妇选择高镇育儿学校任教，以教书为职业作掩护秘密开展党的工作，直到抗日战争胜利。在此期间，经常在高镇育儿学校召开党内领导人的秘密会议，研究党的工作，有关佛冈地区的重大决定也

高镇村育儿学校革命活动据点原址所在地今貌（朱家佑2017年摄）

在这里研究讨论，高镇育儿学校成为当时的革命活动据点。

5. 李理南烈士故居。

该故居位于高岗镇高镇村龙潭下自然村，建筑面积75平方米，原为砖瓦房，倒塌后改成粉蕉种植园。

李理南（1911—1948），出生于佛冈县高岗镇高镇村龙潭下自然村一个普通的农民家庭。1944年秋，他加入观音山耕种会（农会）和保卫队（民兵组织）后，挨家串户发动进步青年入会入队。1947年，华山中队成立后，在李理南家设立交通联络站。同年秋，李理南加入该村刚成立的贫雇农团。

1948年3月21日，李理南在与国民党英德交警队的战斗中不幸被捕。被捕后坚贞不屈，后在英德大镇被杀害，时年仅37岁。

6. 击毙范烈光战斗遗址。

该遗址位于高岗镇三江村黄竹坜地段，击毙范烈光战斗发生在1949年5月20日上午。范烈光是国民党佛冈二区联防大队队长，后升为佛冈县保安营营长、英新佛三县联防主任，多次组织联防队"进剿"青洞、宝结岭等革命根据地。北一支四团得到地下党的情报，在黄竹坜伏击范烈光联防队，伏击战在21日上午9时打响。当时，敌尖兵3人在前面搜索前进，不久范烈光与国民党佛冈县政府军事科科长范秀中各骑一匹马，在卫兵的簇拥下，往北堤方向走来。待范烈光进入最佳射击位置时，指挥员一声令下，顿时机枪、冲锋枪和步枪齐发，从两面向范烈光、范秀中射击。两人被击伤，从马背上掉下来，向河边爬去。从北边石灰窑

击毙范烈光战斗遗址（佛冈县史志办公室供稿，2017年摄）

冲出来的战士，立即冲上前去将他们击毙。激战后残敌向烟岭圩逃窜，战斗胜利结束。

（二）迳头镇

1. 粤赣湘边纵队北江第一支队司令部旧址。

该旧址位于迳头镇青洞地区，有高排、荆竹园两处，属今青竹村。青竹村位于迳头镇境东部，与新丰县遥田镇相邻，处于佛冈、新丰、从化三地交界地带。

1949年5月，中国人民解放军粤赣湘边纵队北江第一支队从新丰遥田移驻青洞地区，司令部先设在高排村，后迁往荆竹园村，先后指挥击毙范烈光、挂牌径大捷等重要战斗。高排和荆竹园都是现佛冈县迳头镇青竹村下辖的自然村，均为佛冈县抗日战争时期老区。两地旧址均为灰沙墙瓦平房，面积共255平方米。2011年1月，粤赣湘边纵队北江第一支队司令部高排、荆竹园旧址，由县委批准为县级革命史迹保护单位（点）。

2. 白石乡抗日动员委员会旧址。

该旧址位于迳头镇北部的课田村（原属白石乡，今属迳头镇社坪村），旧址为平房，建筑面积266平方米。课田村是佛冈县抗日战争时期老区。该旧址是中共二区白石乡课田支部书记李先

粤赣湘边纵队北江第一支队司令部旧址——迳头荆竹园（佛冈县史志办公室供稿，摄于2017年）

士故居。

1939年初，课田村先后有多人参加中共佛冈二区组织。1939年9月，建立中共二区白石乡课田支部，书记李先士。在中共二区区委的倡导和发动下，成立二区白石乡民众抗日自卫大队，下设课田村自卫中队，由李先士任中队长。12月，日军进犯粤北，至翁源县新江地区受到阻击后败退，退至英德白沙牛栏头地段时，受到课田村抗日自卫中队会同大队及英德军民的伏击，随即抗日军队又在大风坳顶对日军进行袭击。1939年冬至1940年春夏，中共北江特委派金阳为特派员，两次进驻课田村，领导党组织工作，在村中举办过多期全县性的党员培训班。1945年春，东纵北江支队进驻英佛边开辟抗日根据地时，课田村民兵积极参加邬强部队，被编入独立大队。4月，课田村民兵配合独立大队，先后参加抗击国民党军队向英佛边区的"扫荡"、攻打迳头湖洋国民党团部留守处等多次战斗。5月，东纵北江支队帮助当地成立佛冈二区白石乡抗日动员委员会，主任范嵩龄，副主任李松开，会同农会开展减租减息、生产互助等工作。同时，在抗日战争和解放战争时期，课田村都是中共地下交通线的中间联络点，负责英德李屋角—佛冈课田—新丰遥田以及迳头青洞—课田—井冈的交通联络。1945年，东纵北江支队还在课田村建立地下粮站，成为部队给养的后方基地。

3. 青洞乡农民协会、青潭乡人民政府旧址。

该旧址位于迳头镇青竹村上青洞自然村，是朱德思故居。旧址为砖瓦平房，建筑面积56平方米。

1943年11月，建立青洞人民抗日义勇中队，有33人，朱德思、朱宝泉分别为正、副队长，并有长、短枪18支和弹药一批。在抗日战争及解放战争时期，青洞人民抗日义勇中队曾先后称为抗日自卫队、抗日义勇中队、佛冈人民抗征救命大队，1947年底改称为佛冈人民义勇大队。

1948年，青洞各村召开农会和民兵大会，成立青洞乡农民协会（会址设在朱德思家）和青洞基干民兵中队，并选举钟福田为农会主任，朱兆熊为副主任，

青洞乡农民协会、青潭乡人民政府旧址、朱德思故居
（李贤益2017年摄）

朱永展为基干民兵中队长，钟宝猛、朱圣练为副中队长。基干民兵中队有队员70多人，另有普通民兵300多人。

同年7月，经上级批准成立青潭联村总农会。参加总农会的除青竹地区的3个自然村外，还有水头镇的上潭洞、独王山、龟咀、石鼓坳、长坑等自然村。总农会选举钟国院为主任，朱德思为政治指导员，会址设在朱德思家。同年6月，青潭联村总农会召开会员大会，成立青潭乡人民政府，推选朱德思为乡长，钟国院为副乡长，乡政府设在朱德思家中。青潭乡人民政府是佛冈县第一个基层红色政权。1949年3月，青潭乡人民政府改为青竹乡人民政府，领导人员及驻地不变。

4. 佛冈军事管制委员会旧址。

该旧址位于迳头镇大陂村神功山麓原大陂觉民学校（现大陂中学）。佛冈军事管制委员会成立于1949年6月。2011年1月，大陂中学作为佛冈军事管制委员会旧址，由县委批准为县级革命史迹保护单位（点）。

1949年5月，粤赣湘边纵队北江第一支队主力部队在佛冈游击武装和人民群众的配合下，取得击毙国民党英新佛三县联防主任范烈光的战斗胜利，并取得挂牌径大捷，佛冈二区反动势力土

佛冈军事管制委员会旧址今貌（现改建为大陂中学）（朱家佑2017年摄）

崩瓦解，绝大部分乡村获得解放。同年6月，成立佛冈军事管制委员会，会址设在大陂觉民学校，即现在的大陂中学。

大陂中学在中华人民共和国成立后经多次改建扩建，原建筑物已改建成崭新的校园校舍。

（三）水头镇

1. 中共佛冈特支、中共佛冈区委、中共佛冈县委旧址（邹华衍烈士故居）。

中共佛冈特支、中共佛冈区委、中共佛冈县委旧址（邹华衍烈士故居）位于水头镇王田村。王田村位于水头镇境西部，与石角镇二七村相邻。1939年初，成立

中共佛冈特支、中共佛冈区委、中共佛冈县委旧址（邹华衍烈士故居）（李贤益2017年摄）

中共佛冈特别支部，同年5月成立中共佛冈区委，9月成立中共佛冈县委，邹华衍担任县委书记。中共佛冈特支、区委、县委均先后在邹华衍家中成立，并以此为革命活动据点。邹华衍烈士故居为简易平房，建筑面积40平方米。2011年1月，该旧址由县委批准为县级革命史迹保护单位（点）。

2. 中共天西乡支部旧址。

该旧址位于水头镇石潭村廖氏宗祠。水头镇石潭村一带原称天西乡，石潭村为佛冈县抗日战争时期老区。廖氏宗祠为一正两侧的三进结构，建筑占地面积1125平方米。

中共天西乡支部建于1938年11月，是佛冈县内建立的第一个中共支部，支部书记廖鉴铭。中共天西乡支部建立后，活动地点有两处，一处是廖氏宗祠，另一处是位于桂元村白麻园自然村的廖鉴铭烈士故居。

1938年11月，中共天西乡支部在廖氏宗祠成立。廖氏宗祠当时是培基小学。早在全面抗战爆发前夕，邹华衍、廖鉴铭等中共党员就以廖氏宗祠为据点，组织闹钟剧社，到全县各地宣传抗日。中共天西乡支部成立后，廖氏宗祠成为中共佛冈一区地方组织进行抗日救亡活动的重要基地。

中共天西乡支部旧址——石潭廖氏宗祠（李贤益2017年摄）

3. 中共天西乡支部白麻园旧址（廖鉴铭烈士故居）。

中共天西乡支部白麻园旧址，同时又是廖鉴铭烈士故居，位于水头镇桂元村白麻园自然村，建筑面积15平方米，为灰沙墙瓦房，距石潭廖氏宗祠约3千米。白麻园村为佛冈解放战争时期老区。

中共天西乡支部白麻园旧址（廖鉴铭烈士故居）（李贤益2017年摄）

1938年11月，佛冈县第一个党支部——中共天西乡支部成立，担任中共天西乡支部书记的廖鉴铭工作十分繁忙。他除了在廖氏宗祠组织党内活动和抗日救亡活动外，还经常在他位于水头桂元白麻园自然村的家中办公，审阅和起草文件，组织发动群众。他的家成为中共天西乡支部活动的第二个据点。

4. 潭洞革命活动据点。

该据点位于水头镇潭洞村下洞小学（当时称培元小学），现建筑面积1200平方米。潭洞村（包括上潭洞、下潭洞）位于佛冈县境和水头镇境东部，其中有7个自然村是佛冈县抗日战争时期老区。

潭洞革命活动据点——原培元小学今貌，现改为下洞小学（朱家佑2017年摄）

1938年，潭洞就成立抗日自卫队，后编为天西乡民众抗日自卫团下潭洞中队。1943年，中共佛冈地下组织派陈镜文在培元小学任教，并担任抗日自卫团潭洞中队副中队长。在此期间，中共水头地方组织领导崔清廉、黄超然等常到培元小学研究工作，并发展中共组织，成立中共潭洞党小组。此后，中共水头地方组织以培元小学为活动据点，宣传发动群众，先后开展反"三征"（征兵、征税、征粮）、破仓分粮、打击地方反动武装等工作，并有25名青年民兵被编入抗日先锋队。

1947年，潭洞村成立民兵队、农会、妇女会等群众组织，并坚持与国民党军队和地方反动武装开展斗争，部分党员和进步青年参加中共水头地方组织领导的武装起义，并参加清从佛人民义勇大队水头中队。

中华人民共和国成立后，培元小学改为下洞小学，根据教育事业发展的需要，对潭洞小学进行彻底的更新改造，校舍焕然一新。

（四）石角镇

1. 中共佛冈区委活动据点旧址。

中共佛冈区委活动据点旧址——原山湖圆山小学（朱家佑2017年摄）

该旧址位于石角镇西部的龙南山湖村圆山自然村的原圆山小学，建筑面积166平方米，为厅房结构的泥砖瓦房。

1939年5月，中共广东省委派谢永宽到佛冈，成立中共佛冈区委。区委领导人谢永宽、周锦照以圆山小学为据点，经常到学校与刘健芸一起研究工作。几个月内在该校联络、培训一批进步青年，并在附近的科旺、小坑、龙塘等村庄培养和发展一批中共党员。

1939年9月撤销中共佛冈区委，建立中共佛冈县委，同时成立中共一区龙岗支部。此后一个时期，圆山小学仍然是中共地方组织的活动据点。

2. 古溪革命活动据点。

该据点位于石角镇观山村东壁自然村的古溪钟公祠，建筑面积228平方米。观山村位于石角镇境北部。观山村的东壁自然村是佛冈县解放战争时期老区。

1947年7月，中共佛冈一区中心支部书记廖诗淦与中共党员宋振到东壁村发展中共地方组织，并在古溪钟公祠成立中共佛冈一区石角支部，由宋振任书记。支部先后发展钟文光、钟国新等5人入党，以古溪钟公祠为活动据点，宣传发动群众，并在公祠秘密修理枪支，为武装起义做准备。1948年3月，东壁村7名青年集中到公祠，由钟文光带领，连夜赶赴诚迳村参加中共佛冈组织

古溪革命活动据点——古溪钟公祠（朱家佑2017年摄）

领导的武装起义，编为清从花佛人民义勇大队第九中队，钟文光任中队长。8月，配合石角武工队，攻打驻龙南龙蟠的地方反动武装。

1948—1949年，钟文光带领游击队回东壁村活动，以石溪钟公祠为据点，到象龙大岭、英德上下砵、龙南龙蟠等一带活动和开展筹粮支前工作。

3. 解放佛冈县城战场遗址。

该遗址范围为佛冈县城区北面的石角镇龙溪村的龙溪山至小梅村的大芒斜山一带，包括莲花岗、柯木迳以及龙南小坑等近10个小高地，总面积4万平方米。2011年1月，该遗址由县委批准为县级革命史迹保护单位（点）。

解放佛冈县城战斗是中国人民解放军第四十三军一二七师全歼国民党部队第三十九军一〇三师三〇七团和1个地方保安营的战斗。战斗于1949年10月10日晚开始，11日早上三八〇团七连攻下莲花岗东南小高地，歼敌1个排。三七九团二营也攻下柯木迳西北158高地，歼敌1个连。11日午后，解放军炮兵营赶到，立即部署炮阵。下午5时，师部命令发起总攻，以猛烈的炮火向敌人阵地轰击。在炮火的掩护下，全体指战员发起冲锋，抢占敌人阵

解放佛冈县城
战场遗址

地。傍晚7时许，县城的战斗胜利结束。

在歼灭驻县城之敌三〇七团主力以后，解放军三七九团一营、三营于下午6时许快速向小坑挺进。12日拂晓发起攻击，在解放军强大火力攻击下，经过一小时的激战，将敌二营歼灭。解放军一二七师取得解放佛冈县城战斗全面胜利。

10月12日，佛冈全境宣告解放。这场战斗被称为解放广州第一仗，为解放广州扫除了障碍。1949年10月12日被定为佛冈解放纪念日。

4. 宋华烈士故居。

该故居位于石角镇诚迳村高寨围，建筑面积35平方米，为砖瓦平房，经重修。诚迳村位于石角镇境东北部，是佛冈县抗日战争时期老区村。

宋华烈士故居（宋抗壹2015年摄）

宋华（1902—1928），又名宋华兴，佛冈县石角镇诚迳村高寨围人。他是早期的中共党员，是第一次国共合作时期北江地区农民运动的领导者。他作为国民党中央农民部特派员，为指导各地农民运动，足迹踏遍粤北大地。他曾率领北江部分农军，参加震惊中外的南昌起义和广州起义，后因被叛徒出卖而英勇就义，时年26岁。

5. 东三支四团、北一支六团团部旧址。

中国人民解放军粤赣湘边纵队东江第三支队第四团团部、粤赣湘边纵队北江第一支队第六团团部均设在石角镇黄花村存久洞自然村及该村培智小学。培智小学为泥墙瓦房，建筑面积33平方米。存久洞既是中国人民解放军地方部队的领导机关所在地，又是青年干部训练班旧址，还是滃江地区重要革命活动中心。黄花

黄花村存久洞培智小学旧
址今貌（佛冈县史志办公
室供稿，2015年摄）

东三支四团、北一支六团
团部旧址（钟榕斌2017年
摄）

的存久洞（存星村）自然村位于石角镇境东南部，与广州市从化
区毗邻，是佛冈县解放战争时期老区。2011年1月，该旧址由县
委批准为县级革命史迹保护单位（点）。

　　1947年8月，清从佛人民义勇大队（后改为清从花佛人民义
勇大队）成立后挺进黄花，建立革命武装斗争据点，大队部设在
存久洞。义勇大队在黄花村休整、训练，并开展革命宣传活动。
1948年初，黄花村建立人民地方武装——飞鹰中队，并组织群众
成立"穷佬会"。随后，黄花村群众组织和武装组织迅速发展，
先后成立农会、妇女会、儿童团、红军小组。红军小组后发展
为民兵中队，下设4个民兵分队。江北支队第四团以黄花村为据

点，先后组织四九江坳、汤塘古竹迳茶亭、黄花独松脑和老人松山、从化跌死马山等多次战斗。

1949年2月，广东人民解放军江北支队第四团改编为中国人民解放军粤赣湘边纵队东江第三支队第四团（简称"东三支四团"），7月，又将东三支四团改编为粤赣湘纵队北江第一支队第六团（简称"北一支六团"）。以上东三支四团和北一支六团领导仍按江北支队第四团的建制不变，团部设在存久洞。东三支四团和北一支六团在黄花成立后，组织干部培训，在存久洞村培智小学举办过两期清佛干部培训班。原北江第一支队政委邓楚白（离休前为海军政治部主任）曾到培训班授课。此后，部队不断发展壮大，先后组织保卫四九解放区、配合水头武工队攻打驻水头鹅厂联防队等战斗并取得胜利。

6. 清从佛人民义勇大队、东三支四团、北一支六团秘密活动据点旧址。

该旧址位于石角镇黄花村存久洞自然村麻蕉岽，建筑面积228平方米，是麻蕉岽两户贫苦人家的四五间泥舂墙瓦房，是佛冈县解放战争时期是游击队的秘密活动据点。

（五）汤塘镇

1. 中共潖江区工委、中共潖从区工委旧址。

该旧址位于汤塘镇汤塘小学（周氏宗祠）。2011年1月，该旧址由县委批准为县级革命史迹保护单位（汤塘小学后改为汤塘第一小学，现修复为濂溪书院）。

1938年10月，广州、花县、从化相继沦陷，潖江成为抗日前线。1939年春，中共组织派徐青、余萍、刘渭章来潖，在汤塘小学建立中共潖江特别支部。为加强对潖领导，同年4月中共广东省委又派王磊、王强、梁尚立、陈赞、梁荘仪等一批党员骨干到潖江，在汤塘小学建立起中共潖江区工委。6月，从化北部地区地下组织转属潖江组织领导，改设中共潖从区工委，机关仍设在汤塘小学。抗战期间，潖江人民在中共地方组织的帮助指导下取得多次抗击日军战斗的胜利。

2. 中共潖从区工委活动中心旧址。

该旧址位于汤塘镇四九黄氏宗祠（原四九中心小学）。四九黄氏宗祠，为一正二侧的三进结构，建筑面积1342平方米。

中共潖从区工委（1939年4月至1940年5月活动）驻地设在汤塘小学，以四九黄氏宗祠为活动中心，并把宗祠办成四九中心小学。中共党员教师雷元清、郭汉和思想进步的黄劲秋校长以学校为据点，组织战时服务团，于1939年春改称四九抗先队。中共潖从区工委在1939年学校放暑假期间，以广东青年抗日先锋队潖江支队的名义在此举办两期青年干训班。干训班结束后吸收一批先进分子加入中国共产党。同年12月，上四九抗日自卫团配合国民党抗日部队，在从化良口袭击日军。1940年1月，在汤塘古竹迳村设伏阻击日军。4月下旬，四九自卫队配合国民党抗日部队，在从化良口等地围困日军。

1940年5月，中共北江特委派谢永宽到潖江（驻四九官山村文昌学校），任中共潖从区委书记，撤销中共潖从区工委，四九

中共潖从区工委活动中心旧址——四九黄氏宗祠（朱家佑2017年摄）

黄氏宗祠仍然是中共滃江地方组织活动据点。

3. 滃江三乡抗日自卫委员会旧址。

该旧址为汤塘镇黎安村的良
安圩东华街口的两间店铺，建筑面
积160平方米，为青砖瓦房。黎安
村位于汤塘镇境中部，由上黎片和
良安片合并组成。其中良安片建有
简易的农村集市商铺。

滃江三乡抗日自卫委员会旧址——良安圩
东华街店铺（佛冈县史志办公室供稿，
2012年摄）

1944年秋，根据中共北江特
委指示，为确保北江支队北上安全
过境，建立中共滃江县工委，由中
共北江特委委员陈枫兼任书记，黄
渠成（中共党员）、黄信明（中共
党员）任委员。中共滃江县工委掌
握有利时机，依靠四九、汤塘地区
的进步人士，争取开明人士黄开山的支持，以"团结起来，抗日
自卫保家乡"为口号，建立三乡（联升、联卫、兴礼）抗日自卫
委员会，机关设在良安圩，黄开山为主任，邓冠芳、冯位铃为副
主任。委员会内设武装指挥部，统一领导和指挥三乡民众抗日自
卫武装，由黄渠成任大队长。还设立组织和宣传机构，黄信明主
管宣传情报工作，油印出版《三日新闻》，宣传全国抗日斗争形
势和共产党的团结抗日方针。

1945年春，东纵北江支队再次北上途经滃江地区时，由于中
共地方组织掌握滃江三乡的抗日武装，做好迎接部队过境准备，
使东纵北江支队顺利过境。1945年秋，根据抗日战争胜利后斗争
形势的变化，撤销滃江三乡抗日自卫委员会。

4. 四九地下交通站旧址。

该旧址位于汤塘镇四九圩原邮政代办所（现已改建成四九村委会）。现汤塘镇四九片原为四九镇，是佛冈县革命老区镇，2004年并入汤塘镇。

四九地下交通站旧址（朱家佑2017年摄）

抗日战争时期，四九圩设有一间邮政代办所。为保证地下交通情报传递和人员往来的畅通，中共地方组织争取到这个邮政代办所的主办权，使之成为中共地下交通站。1944年底，鱼湾地区党组织派钟恩树到观音山恢复地下交通站。主要任务是沟通鱼湾至潖江四九的交通线，迎接东纵北江支队北上，并送4000多发子弹到四九地下交通站转交北上部队。由于四九地下交通站及时传递情报，在抗日战争时期，中共潖江地方组织的活动未出现过挫折或受到过破坏。抗日战争胜利后，按照国共重庆谈判协定精神，东纵北撤山东烟台，南方各地中共组织暂时停止活动，地方党的领导人撤出潖江，才放弃邮政代办所的主办权，撤销四九地下交通站。

四九地下交通站旧址在中华人民共和国成立后经多次改建，曾为四九村委会所在地。

5. 中共潖从区委交通联络站旧址。

该旧址位于汤塘镇四九菱塘村莫大光家居屋（名为兴庐），为青砖两层瓦房，建筑占地面积97.4平方米。菱塘村位于汤塘镇境东部，是佛冈县有抗日战争时期老区的行政村。

中共潖从区委交通联络站旧址——菱塘村兴庐（佛冈县史志办公室供稿，2012年摄）

中共潖从区委于1940年5月迁驻四九官山村，并以官山村为据点，加强党对潖江地区抗日活动的领导。区委选定在菱塘村建立交通联络站，站址设在菱塘村莫大光的居屋——兴庐。

1975年6月由中共广东省委书记王首道题写的牌匾（佛冈县史志办公室供稿，2012年摄）

当时，莫大光行医、卖药，经常到潖江、从化、清远等各圩场巡回卖药，便于联络和传递中共地下组织的情报、信息。自兴庐成为区委的联络站后，莫大光为秘密传递地下党的情报和联络工作来回奔走，他家的墙壁、衣柜都特制夹层，把地下党的情报密件置放在夹层中，保证情报密件的安全。

莫大光为中共地下组织的交通联络工作作出的特殊贡献，得到组织的充分肯定。1975年6月，中共广东省委书记王首道视察时，亲笔题写"广东革命文物堡垒户"的横幅相赠。

6. 中共围镇支部旧址。

该旧址位于汤塘镇围镇村刘氏宗祠。刘氏宗祠为三进结构，建筑面积419.1平方米。

围镇村位于汤塘镇境中部，是佛冈县有抗日战争时期老区的行政村。1939年下半年起，围镇村群众在中共滃江区工委、中共滃从区工委的领导下，逐步建立起农会等群众组织开展抗日宣传活动。1941年秋，建立中共围镇支部，书记刘有常，是滃江地区最早建立4个党支部（围镇、汤塘、田心、四九中心小学）之一。

中共围镇支部建立后，当地的抗日宣传和武装斗争迅速开展。1944年春夏期间，党支部发动群众，为筹建三乡抗日自卫委员会、掩护东纵北江支队和西北支队过境北上做了大量工作。成立围镇抗日自卫小分队，由中共党员刘朴煊任队长，归属乡抗日自卫团领导。围镇抗日自卫小分队先后配合乡抗日自卫团，参加古竹迳和鳌头阻击日军过境的战斗。

中共围镇支部旧址——围镇刘氏宗祠（朱家佑2017年摄）

在解放战争时期，中共围镇支部动员进步青年参加游击武装斗争，在村中建立清从花佛人民义勇大队雄狮中队，刘美荣任中队长，刘有常兼指导员。雄狮中队曾先后配合大部队，参加攻打国民党联升乡自卫队、解放汤塘圩等许多重要的战斗。1949年9月20日，在围镇村召开军民大会，宣布成立中共滃江县委、滃江县人民政府。此后，中共围镇支部发动群众做好筹粮支前工作，一直到滃江地区解放。

7. 中共滃江县委、滃江县人民政府旧址。

该旧址位于汤塘镇围镇村，是村中几间砖瓦平房，建筑面积128.8平方米。2011年1月，该旧址由县委批准为县级革命史迹保护单位（点）。

1949年9月20日，中共滃江地方组织在围镇村召开军民大会，宣布经中共瀚江地委批准，成立中共滃江县委，书记黄信明，委员方觉魂、廖诗淦、刘健芸、黄

中共滃江县委、滃江县人民政府旧址（朱家佑2017年摄）

积年、陈镜文。同时，宣布成立滃江县人民政府，黄信明兼任县长，方觉魂任副县长兼民政科科长，黄积年任军事科科长兼公安局局长，刘健芸任司法科科长，陈镜文任田粮处主任，黄渡江任财经科科长。

8. 中共滃从区委、中共滃江县工委旧址。

该旧址位于汤塘镇官山小学（原称文昌学校，现称人民之声官山希望小学）。官山村位于汤塘镇境东部，为佛冈县有解放战

中共潖从区委、中共潖江县工委旧址——官山小学原貌（佛冈县史志办公室供稿，录自历史照片）

争时期老区的行政村。官山小学建筑面积5013平方米。2011年1月，该旧址由县委批准为县级革命史迹保护单位（点）。

1940年5月，中共北江特委派谢永宽、廖宣到潖江地区，中共潖从区工委改称中共潖从区委，谢永宽任书记，驻地在官山村官山小学。1941年1月，中共北江特委将县（区）委制改为特派员制，中共潖从区委因而撤销。1944年秋，中共北江特委派陈枫到潖江地区恢复中共潖江县工委，驻地仍在官山村官山小学。1945年2月下旬，中共潖江县工委改为中共潖江县委，驻地撤离官山小学。

官山小学在中华人民共和国成立后经多次改建扩建。21世纪初，由广东省人大常委会《人民之声》杂志社组织捐资改建成新校园、新校舍，改称为人民之声官山希望小学。

9. 潖江人民抗日义勇大队起义旧址。

该旧址位于汤塘镇江坳村显沥自然村益贤邓公祠。祠堂为三进结构，建筑面积160平方米。江坳村位于汤塘镇境东部，是佛冈县有解放战争时期老区的行政村。

1945年，中共潖江县委在四九益贤邓公祠集合队伍，公开宣布潖江人民抗日义勇大队成立，全大队100余人，编为两个中队。潖江人民抗日义勇大队成立后，以四九棋盘山为根据地开展游击武装斗争。副大队长冯开平带领第一中队到新丰、从化边境

潖江人民抗日义勇大队起义旧址——四九益贤邓公祠（朱家佑2017年摄）

活动。同年10月，奔袭从化温泉国民党乡公所，继而又镇压四九反动头子黄康平的胞兄黄振卿、敌特分子黄步联等。

1946年秋，根据抗日战争胜利后的新形势，在中共从潖花分委的领导下，筹备建立从潖花支队，潖江人民抗日义勇大队因准备归入从潖花支队而撤销。

10. 田心交通联络站旧址。

该旧址位于汤塘镇田心村黄化民故居，为泥砖瓦房，建筑面积156平方米。田心村位于汤塘镇境东南部，是佛冈县有抗日战争时期老区的行政村。

黄化民是汤塘镇田心村人。抗战初期接触地下党员后，思想进步，积极协助中共地下组织开展抗日救亡宣传活动。1939年春，黄化民加入中国共产党，成为潖江农村社会青年较早入党的中共党员。1939年冬，又发

田心交通联络站旧址——黄化民故居（朱家佑2017年摄）

展该村多名青年入党，建立滃江地区第一个地下党支部——中共田心支部，黄化民任支部书记。中共地方组织的领导徐青、梁尚立、陈枫等经常到黄化民家传达上级指示，研究、部署组织发展工作，传递情报信息等。

1941年，为适应斗争形势需要，中共田心支部由黄礼通、罗智任两个忠厚老实的农民党员在山上密林深处开炭窑烧木炭，利用地处偏僻、行人少至的便利条件设立秘密交通点，并在村中建立联络站，方便情报传递。还筹集资金，由黄化民、罗趋明等党员在四九圩开设一间杂货店兼客栈"祥利号"，并取得四九圩的邮政代办所代理权。1941年和1942年间，通过田心交通联络站转送一批文艺界人士李门、马孟本等赴东纵。1944年冬，英东中学一批革命师生也是经过这里转去东纵。抗日战争期间，先后经田心交通联络站转到东纵的有200余人。黄化民故居在抗日战争期间成为中共滃江地区的重要交通联络站和堡垒户。

11. 黄渠成烈士故居。

该故居位于汤塘镇菱塘村，建筑面积27.6平方米，为青砖瓦房。2011年1月，该故居经县委批准为县级革命史迹保护单位（点）。

菱塘村是佛冈县有抗日战争时期老区的行政村。抗日战争爆发后，在外地读书的进步青年回到家乡，宣传党的抗日主张，传播马列主义，该村黄信明、黄渠成等先后加入中国

黄渠成烈士故居（朱家佑2017年摄）

共产党，后成为中共滠江区组织、滠江地区武装部队的领导人。菱塘村人民群众在中共地方组织的领导下，积极投身革命运动和武装斗争，为民族独立、人民解放事业作出重要的贡献，黄渠成是其中一员。1948年5月4日，黄渠成在从化县北部坪地村指挥部队突围战斗中壮烈牺牲，时年31岁。

12.邓大猷烈士故居。

该故居位于汤塘镇黎安村下黎自然村，建筑面积120.4平方米，为青砖瓦房。

1945年8月，邓大猷参加新成立的滠江人民抗日义勇大队。1947年清从佛人民义勇大队成立后，邓大猷被编入义勇大队外围中队，任中队长，随后参加攻打国民党四九乡公所的战斗。此后，他专为游击队搜集情报以及负责筹集游击队给养。

1948年秋，由于叛徒告密，邓大猷被敌人杀害于从化街口，时年27岁。

邓大猷烈士故居（朱家佑2017年摄）

13.黄开山故居。

该故居位于汤塘镇田心村，建筑面积108平方米，为日式砖瓦平房。黄开山是爱国民主人士、共产党的忠实朋友。

黄开山（1893—1966），出生于清远县滠江区联升乡田心村（现属佛冈县汤塘镇）一个商人家庭，父亲在清远县城经商，家境富裕。他于1915年考取官费留学日本，在东京早稻田大学攻

爱国民主人士黄开山故居（佛冈县史志办公室供稿，2012年摄）

读政治经济专业，1918年取得学士学位。回国后，曾先后担任过《广州新民报》专栏主笔、《黎明通讯社》社长、国民党广东省议会候补议员、国民革命军总政治部秘书、广州国民政府政治训练所副所长、汕头市政厅厅长、省行政效率促进会秘书、新会县县长、连县县长、清远县县长、湛江三乡抗日动员委员会主任。

中华人民共和国成立后，中共地方组织请黄开山参政议政，黄开山曾出任清远县副县长、广东省人民政府参事室参事。1966年黄开山去世，时年73岁。

14. 周奋故居。

该故居位于汤塘镇新塘村陂角自然村，建筑面积13.5平方米，为青砖瓦房。

周奋（1919—2009），曾用名周泰翔，佛冈县汤塘镇新塘村陂角人。他于1935年3月在广州广雅中学读书，积极参加抗日救亡运动，1937年11月奔赴延安，1938年8月加入中国共产党。周奋先任延安文艺协会秘书室干事，后在解放军政治部、晋察冀军区、中南海军政治部等部门任职。离休前任解放军总参谋部第三部政治部副主任，解放军外国语学院副政委。1955年9月，周奋被授予上校军衔。1983年9月经中央军委批准离职休养，为副军职离休干部。1988年7月，他被中央军委授予二级红星勋章。2009年12月12日，周奋在北京因病逝世，享年90岁。

周奋故居（朱家佑2017年摄）

附录二 纪念场馆

一、革命烈士陵园、纪念碑

1. 佛冈县革命烈士陵园。

该陵园位于石角镇莲溪村沙㘭山（原农科所旁）。莲溪村位于石角镇境中部，紧靠县城区，是英佛公路、省道252线交会处。

1952年，在县城石角镇县总工会右侧，建成佛冈县革命烈士纪念碑。1957年12月，在府城（石角圩东南面）建成佛冈县革命烈士陵园，将原革命烈士纪念碑迁至此处。1988年5月，在县城北郊新建革命烈士陵园，占地面积4.3公顷。2002年4月，因建设佛冈县人民中心，佛冈县革命烈士陵园迁至现址。

佛冈县革命烈士陵园新址总面积8.5公顷，建成3层平台，有大理石台阶拾级而上。陵园正面建有一座3门牌坊，中间牌坊上有"烈士陵园"4个大字。革命烈士纪念碑和烈士墓均坐西北向东南，建筑面积2184平方米。纪念碑为方尖碑，花岗岩饰面，底座镶汉白玉

佛冈县革命烈士纪念碑（钟榕斌2017年摄）

2017年3月31日，佛冈县举办"清明——我们的节日"祭扫烈士墓活动（程浩摄）

石，碑高19.5米，正面刻有"革命烈士纪念碑"的字样。碑座正面刻有中共佛冈县委、佛冈县人民政府署名的碑文，碑座左侧石碑刻中国人民解放军第四十三军第一二七师56位烈士的芳名，碑座右侧石碑刻外县籍在佛冈县牺牲的29位烈士的芳名，碑座北面石碑刻各时期牺牲的202位佛冈籍烈士的芳名。纪念碑后面为革命烈士墓。整座革命烈士陵园庄严肃穆，2004年2月被评定为清远市爱国主义教育基地，2011年1月由县委批准为县级革命史迹保护单位（点）。

2. 挂牌径大捷纪念碑。

该碑位于高岗镇高镇村南面。挂牌径大捷纪念碑竖立在山径的东北端，占地面积182.2平方米，碑座高80厘米，碑身高1.5米，正面刻有"革命烈士永垂不朽"8个大字。碑座背面镌有北一支司令员何俊才所撰的碑文："一九四九年五月三十日，中国人民解放军粤赣湘边纵队第一支队主力团在佛冈革命武装部队的

1984年11月，挂牌径大捷纪念碑落成，当年参加战斗的指战员在纪念碑前留影

配合和人民群众的帮助下歼灭国民党九十一师二七二团一个营，地方的反动武装纷纷投降，佛冈二区宣告解放。"落款是"佛冈县人民政府，一九八四年四月十一日"两行文字。为纪念这次战斗胜利，1984年11月，由中共佛冈县委、佛冈县人民政府在挂牌径地段建成纪念碑。纪念碑北面有京港澳高速公路和省道252线，南面有国道106线。

挂牌径战斗是佛冈县游击队粉碎国民党反动武装的光辉战例，挂牌径大捷遗址及纪念碑不但是佛冈县的重要历史文物，而且是革命传统教育的基地。2011年1月，由县委批准为县级革命史迹保护单位（点）。

3. 高岗革命烈士纪念碑。

该碑位于高岗镇圩场西侧山边，建筑占地面积36平方米。高岗镇是佛冈县革命老区镇，镇辖区内有抗日战争、解放战争时期老区的行政村（评划时）共11个，抗日战争、解放战争时期老区自然村共58个。高岗镇人民群众在中共佛冈地方组织的领导下，发展壮大中共地方组织，建立地方武装队伍，为争取民族独立和

高岗革命烈士纪念碑（高岗镇供稿，2015年摄）

人民解放事业而顽强战斗。其中观音山革命根据地和华山游击中队的建立，对击毙范烈光、挂牌径大捷起到重要作用。高岗镇自抗日战争以来有50位（其中中华人民共和国成立后有14位）为革命事业壮烈牺牲的烈士。为纪念革命烈士，教育后人，中共高岗镇委、高岗镇人民政府于1988年8月兴建高岗革命烈士纪念碑。

高岗革命烈士纪念碑由基围、基座和碑身三部分组成。基围呈八边形围墙，正面设一个出入口。基座位于基围中央，为六边形，正面用大理石镶嵌，上刻烈士芳名。碑身为四柱形，分别书有"革命烈士纪念碑""人民英雄永垂不朽"字样。整个纪念碑线条清晰，结构明朗，庄严肃穆。

4. 迳头革命烈士纪念碑。

该碑位于迳头镇迳头圩东侧的山坡，建筑面积49平方米。迳头镇是佛冈县革命老区镇，镇辖区内有抗日战争、解放战争时期老区的行政村（不含烟岭地区，评划时）共7个，抗日战争、解放战争时期老区自然村共22个。迳头镇人民在中共佛冈地方组织的领导下，发展壮大中共地方组织，建立地方武装队伍，1943年在青竹地区建立佛冈人民抗日义勇队，为争取民族独立和人民解放事业而顽强战斗。迳头镇自抗日战争以来有22位（其中中华人民共和国成立后有4位）为革命事业壮烈牺牲的烈士。为纪念革

迳头革命烈士纪念碑
（迳头镇供稿，2015
年摄）

命烈士，教育后人，中共迳头镇委、迳头镇人民政府于1995年兴建迳头革命烈士纪念碑。

迳头革命烈士纪念碑由烈士墓、基座和碑身三部分组成。基座正面用大理石镶嵌，上刻烈士芳名。碑身正面镌刻有"人民英雄纪念碑"7个大字。

5. 烟岭革命烈士纪念碑。

该碑位于今迳头镇烟岭片大坪燕岭希望小学旁边的山麓，建筑面积167平方米。原烟岭镇是佛冈县革命老区镇，镇辖区内有抗日战争、解放战争时期老区的行政村（评划时）共7个，抗日战争、解放战争时期老区自然村共42个。原烟岭镇人民在中共佛冈地方组织的领导下，发展壮大中共地方组织，建立地方武装队伍，为争取民族独立和人民解放事业而顽强战斗，抗日战争以来

烟岭革命烈士纪念碑（迳头镇供稿，2015年摄）

有16位（其中中华人民共和国成立后有3位）为革命事业壮烈牺牲的烈士。为纪念革命烈士，教育后人，原中共烟岭镇委、烟岭镇人民政府于2004年初兴建烟岭革命烈士纪念碑。

烟岭革命烈士纪念碑由烈士墓、基座和碑身三部分组成。周围为四边形围墙，设有出入口。基座用大理石镶嵌，上刻烈士芳名。碑身正面刻有"革命烈士纪念碑"7个大字。

6. 水头革命烈士纪念碑。

该碑位于水头镇新联村凤山背，建筑面积29平方米。水头镇是佛冈县革命老区镇，镇辖区内有抗日战争、解放战争时期老

区的行政村（评划时）共10个，抗日战争、解放战争时期老区自然村共82个。水头镇人民群众在中共佛冈地方组织的领导下，发展壮大中共地方组织，建立地方武装队伍，为争取民族独立和人民解放事业而顽强战斗。抗日战争以来水头镇有28位（其中中华人民共和国成立后有7位）为革命事业壮烈牺牲的烈士。为纪念革命烈士，教育后人，中共水头区委、水头区公所于1985年2月兴建水头革命烈士纪念碑，2004年3月将纪念碑从原址迁建于现址，同时把原葬于下潭洞的吴清烈士墓迁移到水头革命烈士纪念碑侧，以供缅怀。

　　水头革命烈士纪念碑由烈士墓、碑座和碑身三部分组成。烈士墓墓前碑文为"革命烈士之墓"；两边的墓联为"但愿人民出火海　敢将热血染山河"。碑座为四边形，正面镶嵌大理石，上刻烈士芳名。碑身正面书有"革命烈士永垂不朽"8个大字。整个纪念碑线条清晰，庄严肃穆，是水头镇中小学德育基地。

水头革命烈士纪念碑（水头镇供稿，2015年摄）

7．东二革命烈士纪念碑。

该碑位于石角镇观山村围山仔，建筑面积60平方米。东二村位于石角镇境中部偏北，原为石角镇的行政村，辖区内的4个自然村被评划为佛冈县解放战争时期老区。2005年5月，东二与象龙合并为观山村。

1947年7月，东壁村钟文光、钟国新、钟国良、钟文池等进步青年相继加入中共地方组织，后有5人参加佛冈人民义勇大队。1948年8月起，建立村农会、民兵组织。该村中共党员、民兵及革命群众先后参加攻打龙蟠（今龙南）国民党区公所等战斗，坚持反"三征"（征粮、征税、征兵）以及减租减息等斗争。1949年，该村有13人参加江北支队第四团第九中队。在坚持武装斗争的同时，全村人民群众在中共地方组织的领导下，积极参加筹粮捐款支援中国人民解放军和党领导的地方革命武装。

自解放战争以来东二村有3位烈士，东二革命烈士纪念碑是为纪念钟国新、钟国良、廖玉绸3位革命烈士而兴建的。

东二革命烈士纪念碑由烈士墓、碑座和碑身三部分组成。基围为四边形围墙，设有出入口。碑座位于基围中央，上刻烈士芳名。碑身为四边形锥柱体，上刻"革命烈士纪念碑"7个大字。

东二革命烈士纪念碑
（石角镇供稿，2015年摄）

8. 龙南革命烈士纪念碑。

该碑位于今石角镇龙南片龙塘村花果山麓，建筑面积48平方米。龙南原为镇建制，2004年5月并入石角镇。龙南革命烈士纪念碑是为纪念蓝凤金烈士而兴建的，为当地进行革命传统教育的场所。

龙南革命烈士纪念碑（石角镇供稿，2015年摄）

龙南革命烈士纪念碑建于1950年，1974年迁建到现址。由烈士墓、纪念碑两部分组成。烈士墓宽1.5米，长2米，墓碑碑座上刻"蓝凤金烈士墓"字样。纪念碑为方尖碑，砖砌水泥饰面，高4.8米，碑座长、宽均为1.7米，碑身刻"革命烈士纪念碑"7个大字。

蓝凤金烈士，女，佛冈县高岗镇人。1950年3月15日参加县政府征粮工作队。在象龙石坑村（今属石角镇观山村）开展征粮工作时遭土匪袭击，4名男队员在战斗中牺牲，4名女队员被抓走。3月29日，3名女队员被剿匪部队营救，蓝凤金因有孕在身，行走不便而被土匪杀害。其遗体被龙南群众发现，葬于龙南龙塘花果山。县人民政府为其建墓立碑。

9. 汤塘革命烈士纪念碑。

该碑位于汤塘镇圩咀村，建筑面积60.84平方米。汤塘镇辖区内有抗日战争、解放战争时期老区的行政村（不含四九片，评划时）共3个，抗日战争、解放战争时期老区自然村共13个。

1939年春，在汤塘建立中共滃江特别支部，5月成立中共滃江区工委，6月从化县的中共支部划归滃江，改称中共滃从区工委，并先后建立汤塘、围镇、古洞3个基层支部。汤塘人民在中

共组织的领导下，组织起
来，开展轰轰烈烈的抗日救
亡活动，给日本侵略者以有
力的打击。

解放战争年代，汤塘革
命群众积极支持革命武装斗
争，直至1949年9月解放汤
塘圩。同月，在围镇村召开
大会成立滃江县人民政府，
为迎接解放军南下，推翻国

汤塘革命烈士纪念碑（汤塘镇供稿，2015年摄）

民党反动统治、建立中华人民共和国作出贡献。

自抗日战争以来，汤塘有27位（其中中华人民共和国成立后
有8位）烈士为革命事业献身。为缅怀烈士，激励后人，1992年
由中共汤塘镇委、汤塘镇人民政府建立汤塘革命烈士纪念碑。

汤塘革命烈士纪念碑由烈士墓、碑座和碑身三部分组成。烈
士墓建有护栏。纪念碑基座为圆形，有五级台阶。碑身立于基座
中央，碑身正文的大理石上刻有烈士芳名。碑身为四边形，正面
刻有"革命烈士纪念碑"7个大字。整个纪念碑线条清晰，庄严
肃穆。

10. 滃江地区革命烈士纪念碑。

该碑位于汤塘镇四九圩后背山，建筑面积720平方米。2011
年1月，由县委批准为县级革命史迹保护单位（点）。

四九镇于2004年5月并入汤塘镇。原四九镇是佛冈县革命老
区镇，镇辖区内有抗日战争、解放战争时期老区的行政村（评划
时）共8个，抗日战争老区、解放战争时期老区自然村共48个。
原四九镇、汤塘镇都属滃江地区，在中共地方组织的领导下建
立地方革命武装，在滃江地区建立的武装部队先后有滃江人民

抗日义勇大队、清从花佛人民义勇大队、东三支四团、北一支六团等，为争取民族独立和人民解放事业而顽强战斗。潖江四九地区自抗日战争以来有36位（其中中华人民共和国成立后有7位）为革命事业壮烈牺牲的烈士。为纪念革命烈士，教育后人，1957年兴建四九革命烈士纪念碑。1986年12月，对四九革命烈士纪念碑进行重修，更名为潖江地区革命烈士

潖江地区革命烈士纪念碑（汤塘镇供稿，2015年摄）

纪念碑，纪念在潖江地区牺牲的100多名革命烈士。

　　潖江地区革命烈士纪念碑由烈士墓、碑座和碑身三部分组成。基座为四边形，有五级台阶始至碑身。碑身正面的基座镶嵌石板刻有碑文和烈士芳名。碑身为四边柱形，正面刻有"革命烈士纪念碑"7个大字。碑身后面是烈士墓。整座纪念碑线条清晰，结构明朗，庄严肃穆。

二、思源室、思源亭

　　1. 高岗镇中心小学思源室。

　　该思源室创办于2006年，建筑面积60平方米。高岗镇是佛冈县革命老区镇，思源室根据高岗的革命历史资料，以文字说明、图片展示的形式对师生进行革命传统教育，有图片93幅。该思源室被定为县、镇、村的爱国主义教育、德育教育、党史教育基地。

　　思源室栏目内容分为四大部分。第一部分：了解革命历史，

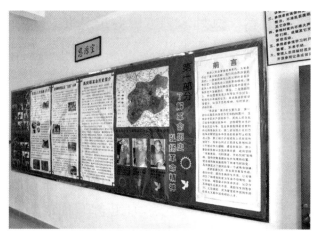

高岗镇中心小学思源室（高
岗镇供稿，2015年摄）

弘扬革命精神。分为高岗镇革命历史简介、宝结岭村民众反"扫
荡"斗争、智歼范烈光、挂牌径大捷、观音山人民英勇斗争史等
专题。第二部分：继承革命传统，铭记先辈事迹。分为革命烈士
永垂不朽、我们永远不会忘记他们、民兵英雄李里南等专题。第
三部分：继承革命遗志，建设美好家园。分为"高岗——佛冈第
一个省教育强镇"、山区旧貌换新颜等专题。第四部分：珍惜今
天，开创明天。分为领导关怀、茁壮成长、硕果累累等专题。思
源室内摆放有桌椅，陈列书刊，供阅读学习。

高岗镇中心小学思源室作为革命传统教育的场所，以当地的
史实教育人们特别是青少年饮水思源，对继承和发扬革命传统作
风，凝聚社会主义建设的强大合力，具有重要的意义和作用。

2. 迳头镇中心小学思源室。

该思源室创办于2006年，建筑面积63平方米。迳头镇（含
烟岭）是佛冈县革命老区镇，思源室根据当地的革命历史资料，
以文字说明、图片展示的形式对师生进行革命传统教育，有图片
115幅。该思源室被定为迳头镇中小学德育基地。

思源室栏目内容分为三大部分。第一部分：迳头革命老区。
主要介绍迳头老区、青竹老区、挂牌径歼灭战、智歼范烈光等老

区和革命斗争的情况。
第二部分：继承遗志，
铭记先烈事迹。主要介
绍迳头镇在革命战争年
代涌现的革命先烈和革
命前辈，并重点介绍朱
彰弟等烈士的事迹。第
三部分：饮水思源，致
富不忘过去。主要介绍

迳头镇中心小学思源室（迳头镇供稿，2015年摄）

昔日的迳头、今天的辉煌，并重点介绍迳头镇经济社会发展的情况和迳头镇中心小学的教学成果。思源室内摆放有桌椅，陈列书刊，供阅读学习。

迳头镇中心小学思源室作为革命传统教育的场所，以当地的史实教育人们特别是青少年饮水思源，对继承和发扬革命传统作风，凝聚社会主义建设的强大合力，具有重要的意义和作用。

3. 青竹思源亭。

该思源亭位于迳头镇青竹上青洞村，在迳头公路和遥迳公路交会处，建成于2004年。思源亭为六角亭开放式建筑，建筑面积18平方米。

青洞村是佛冈县抗日战争时期老区村，抗日战争期间建立青洞人民抗日义勇中队。1947年在此建立佛冈人民义勇大队，1948年建立佛冈县第一个红色政权——青潭乡人民政府。1949年北一支司令部移至此地，领导和指挥击毙范烈光、挂牌径大捷等重要战斗。青竹思源亭由省、市、县老区建设促进会资助兴建。

思源亭正面上方有原北一支政委邓楚白题写的"思源亭"匾额，两边柱上有原北一支司令员何俊才撰写的对联，上联为：烈士英勇献身，志在推翻旧世界；下联为：干群团结奋斗，努力振兴新中华。亭内两侧设有座位和护栏，背面为墙体上镶嵌大理石，镌刻青洞村革命事迹简介，教育人们饮水思源，继承和发扬革命传统作风，建设社会主义新农村。

4. 水头镇中心小学思源室。

该思源室创办于2006年，建筑面积39平方米。水头镇是佛冈县革命老区镇，思源室根据当地的革命历史资料，以文字说明、图片展示的形式对师生进行革命传统教育，有图片33幅及书籍一批。该思源室被定为水头镇中小学德育基地。

思源室栏目内容分为三大部分。第一部分：烈士英灵永垂不朽，前辈功勋彪炳乡邦。主要介绍水头镇邹华衍、廖鉴铭等革命烈士以及革命前辈在水头镇发动的武装斗争史实。包括"村里来了宣传队，'闹钟'奏响抗日歌""挂牌伏下飞行军，歼敌整营传捷报""威震敌胆武工队，声东击西巧夺粮"等专题。第二部分：改革开放化甘露，老区今昔两重天。主要介绍改革开放后革命老区的发展变化。第三部分：谨记思源求奉献，桃李芬芳春满园。主要介绍水头镇中心小学的素质教育及取得的丰硕成果。思源室栏目上方写有"阅读世上万卷书，抒写胸中百样情"的横幅。思源室内摆放有桌椅，陈列书刊，供阅读学习。

水头镇中心小学思源室（水头镇供稿，2015年摄）

水头镇中心小学思源室作为革命传统教育的场所，以当地的史实教育人们特别是青少年饮水思源，对继承和发扬革命传统作风，凝聚社会主义建设的强大合力，具有重要的意义和作用。

5．华衍亭。

该亭位于水头镇王田村，建于2007年，建筑面积6平方米。华衍亭建在王田村小公园内，为六柱六角尖顶的、前后敞开、开放式凉亭。华衍亭由王田村党员、干部、群众为纪念邹华衍烈士而集资兴建。亭前面上方嵌有时任中共佛冈县委书记温镜潮题写的"华衍亭"匾额，两边建有座椅栏杆。亭后竖石碑一通，上刻"邹华衍生平简介"，下方刻"教育基地"4个字。

邹华衍是水头镇王田村人，佛冈县较早的中共党员，也是中共佛冈地方组织的创始人。1938—1939年先后成立的中共佛冈特支、中共佛冈区委、中共佛冈县委的地点均在邹华衍家中，邹华衍曾先后担任中共佛冈特支书记和中共佛冈区委委员、中共佛冈县委书记。邹华衍为党和人民的事业作出了重要的贡献，1941年10月被国民党反动派逮捕，1942年5月英勇牺牲，年仅26岁。

水头镇王田村华衍亭（水头镇供稿，2015年摄）

邹华衍生平简介石碑（水头镇供稿，2015年摄）

6. 诚迳小学思源室。

该思源室创办于2005年，建筑面积30平方米。诚迳（原称神迳）村原属三八镇，2004年5月三八镇并入石角镇。石角镇诚迳村是佛冈县有革命老区的行政村。思源室根据当地的革命历史资料，以文字说明、图片展示的形式对师生进行革命传统教育，有图片68幅。

思源室栏目内容分为三大部分。第一部分：三八人民在第一次国内革命战争各历史时期涌现出的英雄人物和革命烈士。思源室对原三八镇宋华、宋业安、高大彪、何义灿、宋学中、宋振等同志作重点介绍。第二部分：三八人民在中国共产党领导下开展武装斗争的历史。对当地建立中共清佛特别支部、在诚迳学堂前袭击侵扰的日军、配合挂牌径战斗等革命历史事件作了重点介绍。第三部分：今日三八。介绍三八人民建设新家园、合力奔小康的情况，并介绍诚迳小学在教育教学上取得突出成绩的教师和优秀学生。思源室内摆放有桌椅，陈列书刊，供阅读学习。

诚迳小学思源室（石角镇供稿，2015年摄）

　　诚迳小学思源室作为关心下一代革命传统教育的场地，以当地的史实教育人们特别是青少年饮水思源，对继承和发扬革命传统作风，凝聚社会主义建设的强大合力，具有重要的意义和作用。

　　7．黄花小学思源室。

　　该思源室现称华润万家宝洁希望小学思源室，创办于2005年，建筑面积40平方米。石角镇黄花村是佛冈县革命老区村，思源室根据当地的革命历史资料，以文字说明、图片展示的形式对师生进行革命传统教育，有图片33幅。该思源室被定为黄花小学德育教育基地。

　　思源室栏目内容分为三大部分。第一部分：学习黄花革命历史。分为黄花老区的革命故事、建立革命组织开展革命斗争两个内容，并重点介绍黄花革命老区以及坪地村事件等史实。第二部分：永记前辈革命事迹。主要介绍中共地方组织和武装部队领导人何俊才、黄渠成、黄信明等革命前辈在黄花从事革命活动的事迹，并对黄渠成等革命烈士作重点介绍。第三部分：走进黄花。主要介绍中华人民共和国成立后，黄花经济社会发展的丰硕成果。其中，"硕果累累"专题介绍黄花小学教育教学取得的成绩。思源室内摆放有桌椅，陈列书刊，供阅读学习。

黄花小学思源室（石角镇供稿，2015年摄）

黄花小学思源室作为革命传统教育的场所，以当地的史实教育人们特别是青少年饮水思源，对继承和发扬革命传统作风，凝聚社会主义建设的强大合力，具有重要的意义和作用。

8. 黄渠成纪念小学思源室。

该思源室原名四九菱塘小学思源室，创办于2005年，建筑面积61平方米。原四九镇是佛冈县革命老区镇，思源室根据当地的革命历史资料，以文字说明、图片展示的形式对师生进行革命传统教育，有图片139幅。该思源室被评定为佛冈县革命传统教育基地、汤塘镇德育教育基地。

思源室栏目内容分为四大部分。第一部分：战斗的潖江。分为革命活动的老领导、革命据点和四九的变化三个内容。重点介绍中共潖江地区组织和武装部队的建立和活动情况，着重介绍解放汤塘圩等重要战斗情况。第二部分：继承先烈遗志。主要介绍黄渠成、冯光、林科等烈士的革命事迹，列举菱塘村14位革命烈士芳名，并对中共地下组织和武装部队领导人黄信明、戴敏等作了介绍。第三部分：家乡巨变。分为汤塘概况、前进中的汤塘两个内容，主要介绍汤塘镇及四九地区、菱塘村等革命老区在中华人民共和国成立后经济社会发展及家乡面貌的巨大变化。第四部分：好好学习，天天向上。分为领导关怀、学而有志和硕果累累三个内容，重点展示黄渠成纪念小学命名后各方面取得的成绩。思源室张贴有

黄渠成纪念小学思源室（汤塘镇供稿，2015年摄）

"忘记过去，就意味着背叛"的警句，室内摆放有桌椅，陈列书刊，供阅读学习。

黄渠成纪念小学思源室作为革命传统教育的场所，以当地的史实教育人们特别是青少年饮水思源，对继承和发扬革命传统作风，凝聚社会主义建设的强大合力，具有重要的意义和作用。

9. 汤塘镇围镇小学思源室。

该思源室创办于2005年，建筑面积47平方米。汤塘镇围镇村是佛冈县有革命老区的行政村，思源室根据革命历史资料，以文字说明、图片展示的形式对师生进行革命传统教育，有图片125幅。该思源室被评定为革命传统教育基地和镇、村的爱国主义教育、德育教育、党史教育基地。

思源室栏目内容分为三大部分。第一部分：光辉的岁月，光荣的汤塘。主要介绍汤塘地区和围镇村的革命斗争历史。第二部分：汤塘儿女多壮志。分为汤塘三个革命老区、围镇红旗、红色土壤、学习前辈革命精神、见证老区、建设老区等专题。第三部分：继承遗志，再谱新篇。分为汤塘教育在前进、亲切关怀、桃李芬芳等专题。

汤塘镇围镇小学思源室（汤塘镇供稿，2015年摄）

汤塘镇围镇小学思源室作为革命传统教育的场所，以当地的史实教育人们特别是青少年饮水思源，对继承和发扬革命传统作风，凝聚社会主义建设的强大合力，具有重要的意义和作用。

10. 人民之声官山希望小学思源室。

该思源室现称人民之声官山希望小学思源室，创办于2005年，建筑面积36平方米。原四九镇是佛冈县革命老区镇，该思源室根据当地的革命历史资料，以文字说明、图片展示的形式对师生进行革命传统教育，有图片141幅。该思源室被定为县、镇、村的爱国主义教育、德育教育、党史教育基地。

思源室栏目内容分为四大部分。第一部分：放眼老区，继承革命传统。主要介绍四九革命老区，重点介绍田心、官山、浬塱等革命老区和黄渠成等革命烈士，同时展出革命战争年代曾担任该地区中共地方组织和地方武装领导人的题词。第二部分：继承遗志，铭记先烈事迹。主要介绍黄礼昂、吴新强等一批革命先烈的事迹。第三部分：硕果累累。主要介绍官山小学在教育教学中取得的成绩及获得的荣誉。第四部分：饮水思源，致富不忘过去。主要介绍四九地区和官山小学的新风尚、新面貌。思源室内墙上写有"理想的书籍是智慧的钥匙"大幅标语。室内摆放有桌椅，陈列书刊，供阅读学习。

人民之声官山希望小学由省"人民之声"等新闻媒体援建，设施齐备，交通便利，加上四九地区是革命老区，红色资源丰富。因此，佛冈县关工委、县老促会、县民政局在官山希望小学新建"传

人民之声官山希望小学思源室（汤塘镇供稿，2015年摄）

承红色基因、争当时代新人"的佛冈县少年儿童教育基地，人民之声官山希望小学思源室作为革命传统教育的场所，以当地的史实教育人们特别是青少年饮水思源，继承和发扬革命传统作风，凝聚社会主义建设的强大合力。

11. 滃江中学思源室。

该思源室创办于2007年，建筑面积60平方米。龙山镇原属滃江地区，思源室根据佛冈县（含滃江地区）的革命历史资料，以文字说明、图片展示的形式对师生进行革命传统教育，有图片33幅。该思源室被定为龙山镇学生德育实践基地。

滃江中学思源室（龙山镇供稿，2015年摄）

思源室栏目内容分为三大部分。第一部分：滃江地区三个革命老区简介。主要介绍洛洞、上黎、围镇革命老区建立中共滃江地方组织及开展武装斗争的情况。第二部分：抗战时期的滃江地区简介。主要介绍滃江的地理特点和滃江人民的抗日事迹。第三部分：介绍革命战争年代中共滃江地方组织和武装部队的领导人，以及滃江中学的优秀校友的事迹。思源室内摆放有桌椅，陈列书刊，供阅读学习。

滃江中学思源室作为革命传统教育的场所，以滃江地区的史实教育人们特别是青少年饮水思源，对继承和发扬革命传统作风，凝聚社会主义建设的强大合力，具有重要的意义和作用。

12. 佛冈县"初心讲堂"。

佛冈县"初心讲堂"位于高岗镇宝山村，2017年下半年起筹建，2018年6月27日建成揭牌。高岗镇宝山村（原称宝结岭村）

是佛冈县具有代表性的革命老区。1927年，革命的火种就在这里点燃，钟伯灵、钟灵云等36位进步青年加入英德鱼湾"犁头会"，积极宣传农民革命的道理，发动农民运动。1931年，钟伯灵、钟定双等人在村成立"耕种会"，开展革命斗争。1945年7月，东纵北江支队司令部驻于该村钟氏宗祠，组建了宝结岭民兵中队，中队长钟拔才，副中队长钟灵云。宝结岭民兵中队和宝结岭人民在抗日战争和解放战争时期发挥了重要作用。

"初心讲堂"以思源室为基础，建立党史展览区、宣誓区、电教区3个功能区。思源室有宝结岭人民革命斗争的简介，墙上有介绍"英雄不屈的宝结岭人民"的大理石铭文，陈列有"犁头会"会旗、会员帽徽、会员袖章和奖牌等革命文物史迹的图片，集中展示宝结岭人民光荣的革命斗争历史。党史展览区突出"学党史、明初心"主题，由20幅图板组成，图板上展示中国共产党从一大到十九大的时代背景、会议过程、会议成果、历史意义等方面党史知识，以及每次中国共产党全国代表大会的场景及其重

佛冈县"初心讲堂"（佛冈县史志办公室供稿，2017年摄）

要作用，直观反映中国共产党从小到大、由弱到强，不断发扬成绩、纠正错误，永葆生机和活力的光辉历程。宣誓区可重温入党誓词、诵读党章，配置有党旗、党徽、党章和入党誓词，新党员到"初心讲堂"进行入党宣誓，党员到"初心讲堂"参加活动重温入党誓词，面向党旗诵读党章。电教区可看影片、听党课、唱红歌，配置有多媒体设备、专题教育片、红色歌曲、书架桌椅、学习书籍、留言簿等。参观者可以在此集中开展"七个一"活动：重温一次誓词、诵读一段党章、合唱一首红歌、学习一次党史、观看一段影片、聆听一节党课、留下一段感言。

　　"初心讲堂"生动展示宝山的革命老区的光辉历史和革命精神，成为佛冈特色的党建品牌，让宝山革命精神同"红船精神""井冈山精神""延安精神"一样，在党员干部和人民群众中传播、弘扬、光大。

　　"初心讲堂"是佛冈县红色革命教育基地，是新时期党员干部思想政治工作新平台、新阵地，引导教育广大党员干部不忘初心、牢记使命、永跟党走，为实现中华民族伟大复兴的中国梦而不懈奋斗。

佛冈县红色革命教育基地——"初心讲堂"（佛冈县史志办公室供稿，2017年摄）

佛冈县"初心讲堂"党史展览区（李贤益2017年摄）

附录三 革命人物选录

宋华烈士

宋华（1902—1928），又名宋华兴，佛冈县三八神迳（今石角镇诚迳村）水口村人。他是早期的中共党员，第一次国共合作时期北江地区农民运动的积极活动者、领导者，中央农民部特派员，为指导各地农民运动，足迹踏遍粤北大地。他曾率领北江部分农军参加震惊中外的南昌起义和广州起义。

1922年，宋华经人介绍转到广州河南东如泰油厂做榨油工人。他积极投身到工人运动中去，不久便被推选为广州油业工会的领导成员。

1924年，宋华被广州油业工会选送到广州农民运动讲习所学习，成为农讲所第二届学员，同年加入中国共产党。9月12日孙中山督师北上韶关，广州工团军和农团军赴韶训练。宋华与同届学员一起赴韶，接受孙中山的检阅和训话。宋华毕业后按照中共组织的安排，以共产党员身份加入国民党，并担任国民党中央农民部特派员，到粤北各地指导武装斗争和农民运动。11月，宋华与赖彦芳到清远县石板乡，组织建立清远县第一个农会——石板乡农民协会。接着到清远县多地发动农民建立农会。此后，宋华受国民党中央农民部的派遣，先后到乐昌、英德、南雄、三水、仁化、清远等县指导农民运动。

1925年，宋华被派到乐昌组建国民党县党部，任该党部执行委员，并在乐昌的河南、附城、坪石、板塘等村发动农民建立农会，有会员3000多人。

1926年6月，三水县出现民团破坏农会和抢掠农民财产事件。国民党中央农民部派宋华前去处理，惩办了首恶分子唐金全。同年秋，宋华被派往仁化县，加强对该县农民运动的领导，并与蔡卓文一起建立仁化县工农自卫军。1927年6月，宋、蔡两人率领这支工农自卫军北上，到达郴州后，编入友军参与整训。7月底到达南昌，参加八一南昌起义。起义后，宋华随起义军南下，后奉命回到粤北，继续从事革命活动。

1927年11月，宋华奉命到清远。12月初，各区乡的农军集中在葫芦岭，宣布成立清远工农革命军独立团，宋华任参谋长。独立团发起武装暴动，在花县农军的配合下，一举攻克清远县城。清远武装暴动后，宋华又奉命回到广州组织工人武装，准备配合广州起义，组建了一支工人武装敢死队。12月11日，广州起义爆发，宋华率敢死队配合教导团攻下国民党最顽固的堡垒——广州市公安局。起义军撤出广州后，宋华奉命赴香港接受新的任务。

1928年1月，宋华受中共广东省委的派遣到南雄指导工作。他与当地中共组织一同指挥攻打坪田坳、大塘圩两次战斗并取得胜利。战斗结束后，宋华前往香港向广东省委汇报工作，途经广州时被叛徒钟就出卖而被捕，在广州东校场英勇就义，时年26岁。

廖鉴铭烈士

廖鉴铭（1907—1943），又名廖犀铭，佛冈县水头镇白麻园村人。1925年秋，他以优异成绩考入广州执信中学，1927年9月转学仲恺农工学校就读。同年冬，廖鉴铭与佛冈同学刘健芸参加

廖鉴铭烈士

广州起义。广州起义失败后，廖鉴铭与党组织失去联系，潜回家乡，在汤塘围镇小学和水头培基小学任教。1937年七七事变后，中共党员邹华衍回到佛冈进行革命活动，创办闹钟剧社，从社员中培养党员发展对象，廖鉴铭于1938年4月入党。1938年冬至1939年5月，廖鉴铭任中共佛冈县一区天西乡（今水头镇）支部书记、天西乡乡长，9月任中共佛冈县委宣传委员。

1940年，他奉命调往三水县芦苞工作，与邹华衍自筹资金开设"汇江盐行"作为地下交通联络点。1941年夏，由于水头塘口籍特务李宗泽向日本宪兵告密，廖鉴铭在广州被捕。他在狱中坚贞不屈，受尽种种酷刑折磨。1943年廖鉴铭牺牲，时36岁。

邹华衍烈士

邹华衍（1916—1942），又名邹北珍，佛冈县水头镇王田村人。他随父母到广州谋生，少时一直在广州读书，1936年在广东勷勤大学附属高中部毕业。1936年冬，邹华衍成为共产党员。邹华衍受党组织的派遣，从广州回到佛冈开展抗日救亡活动，并着手在佛冈建立党组织。他利用佛冈中学教师邹世敏的关系，到佛冈中学讲课，宣传抗日救亡的道理，发动进步教师和社会上文艺爱好者创办闹钟剧社，用文艺演出的形式宣传抗日。1938年，邹华衍吸收廖鉴铭和刘健芸两人参加共产党，1939年初中共佛冈特别支部成立，邹华衍任支部书记。此时，佛冈县内中共党员已发展到30

邹华衍烈士

多人。

1939年5月，中共广东省委派谢永宽来佛冈，9月成立中共佛冈县委员会，邹华衍任县委书记。他发动群众，号召全体党员带头参加抗日民众自卫队，阻击日军。

1940年秋，中共前北特委派邹华衍到三水芦苞开展工作，他与廖鉴铭筹集一笔资金在芦苞开设"汇江盐行"作为共产党组织的交通联络站。1941年10月，中共前北特委派邹华衍、叶启藻到南海黄洞、小榄等地去改造国民党广州市区游击第七支队黄侠生部。当时，邹华衍身上带有共产党的秘密文件，被敌人觉察，在国民党军暂八师的检查站被扣押。1941年冬，他被转解到韶关七战区军法总监狱。1942年5月，邹华衍在韶关芙蓉山监狱遇害，年仅26岁。

黄渠成烈士

黄渠成（1917—1948），佛冈县四九（今汤塘镇）菱塘村人。1935年9月，他考入广雅中学读高中。1938年，黄渠成高中毕业后参加国民党第四战区政治部政治大队。1940年冬，黄渠成调到国民党第十二集团军政工总队一科任科员，与冯纯（冯绍诚）被政治部主任李照襄以思想左倾为理由，饬令离队。他返回家乡后，找到共产党员宋业安，汇报自己的思想，提出加入共产党的要求。1941年秋，黄渠成由宋业安和许明介绍加入中国共产党。1943年下半年，黄渠成与宋业安一起考入中山大学文学院哲学系。1944年秋，湛江地区的党组织恢复活动，黄渠成放弃中山大学

黄渠成烈士

学籍回到滃江，参加中共滃江工委（后为县委），任统战委员。中共滃江县委任命黄渠成为三乡民众抗日自卫武装大队队长。1945年3月，东纵北江支队路过滃江，黄渠成领导的自卫总队担任警备工作，对外封锁消息，使东纵北江支队安全通过滃江地区。8月5日，中共滃江县委发动群众武装起义，建立滃江人民抗日义勇大队，黄渠成任大队长。

抗日战争胜利后至1946年底，黄渠成根据党的指示，转入隐蔽斗争，先后在澳门、中山等地隐蔽。

1947年6月，黄渠成执行中共江北地委大搞武装斗争的指示回到滃江四九，先后组建7个中队，共800多人的武装队伍，江北地区的武装统一整编为广东人民解放军江北支队，清从花佛地区的武装整编为第四团，黄渠成为团长。

1948年5月4日，四团在从化县坪地村休整开会，突遭从化县警队何作禧部包围。黄渠成指挥部队分头突围，机要员陈为因收拾文件未能及时撤出。黄渠成冒着弹雨，在奋力掩护陈为突围中不幸中弹牺牲，年仅31岁。

冯光烈士

冯光（1920—1949），又名冯沥祺、冯义理、冯石生、何达生，清远县汤塘复兴村（今属佛冈县）人。他作战英勇，屡立战功，从战士升任班长、小队长、中队长、大队长、区队长、中共粤桂湘边工委委员兼连江支队司令员等职，是中国人民解放军优秀指挥员。从1939年冯光在家乡参加滃江青年抗日先锋队起，至1949年1月壮烈牺牲止，他

冯光烈士

参军九年，曾转战番禺、顺德、南海、三水、四会、广宁、怀集、清远、阳山、英德、连县以及湘南等地，身经百战，负伤十多次，被群众称之为"打仔"。他入虎穴、破敌巢，胆略过人，多谋善断，克敌制胜，有"军胆"之赞誉。他平易近人，爱护战士，战友都亲切地称他为"冯老大"。游击区的群众流传着"想当兵就跟共产党，想打仗就跟冯光"的说法。

1939年，冯光在家乡参加共产党领导的滘江青年抗日先锋队，积极参与抗日救亡活动，并于同年秋加入中国共产党。

1940年夏，冯光被调到中共领导的广州市区游击第二支队，活动于珠江三角洲。翌年，在西海根据地保卫战中，他和战友坚守路尾围炮楼。冯光在战斗中表现出色，被提升为小队长。

1941年10月，冯光奉命带领一个小分队去龙湾接受国民党军一个中队的起义。岂料情况有变，遭敌突袭，冯光两腿中弹负伤。他忍受着剧痛，以超人的毅力爬回司令部驻地。他坚韧不拔的精神受到司令部的通报表彰。冯光伤愈后，留在支队司令部任手枪队队长。1944年4月，他带领手枪队惩治了禺南沥滘卫金允、卫金润等"十老虎"和专事奸淫掳掠的土匪流氓"五豺狼"。6月，他处决国民党番禺新造区区长，又智歼七乡联防大队队长黎贯。一系列的战斗锻炼，冯光增长了军事指挥才干，被任命为中队长。

1944年7月24日，冯光率领7个战士在番禺植地庄坚守阵地，与包围该村的500多名日军展开战斗。这就是抗日战争时期闻名珠江三角洲的"植地庄八勇士"。植地庄战斗结束后，冯光被调到广东民众抗日游击队珠江纵队独立第三大队任大队长。1945年5月，他任广（宁）四（会）清（远）武装区队区队长，开辟广四清边抗日游击根据地。1946年，根据国共两党签订的双十协定，华南游击队部分北撤山东烟台，而冯光留在粤西坚持游击斗争。

1947年9月，冯光任连江支队司令员，率领连江支队活动于连江两岸及湘南地区，发动多个地区人民武装起义，组建阳山人民抗征自救队、英（德）乳（源）阳（山）曲（江）抗征大队、东陂人民抗征队和连（县）宜（章）临（县）人民抗征大队，革命烈火燃遍连江两岸和湘南地区。

1949年1月22日，国民党阳山县县长李谨彪亲自率领阳山县警队、连县保安营及地方反动武装400多人，分两路对游击队驻地罗汉塘发动突然袭击，妄图将连江支队主力一举消灭。冯光亲自指挥反击。战士在冯光的带领下越战越勇，从天亮一直战斗到下午4时，打退李谨彪的多次进攻。正处于敌疲我打的情况下，冯光抓住时机端起机枪向敌群猛烈扫射，毙敌营长以下十多人。在反击战即将取得胜利的时候，冯光不幸中弹壮烈牺牲，时年29岁。

邓大猷烈士

邓大猷（1921—1948），字军悠，佛冈县汤塘镇下黎村人。1945年8月，邓大猷参加湛江人民抗日义勇大队。1947年夏，邓大猷参加收缴四九自卫队武装的活动，同年参加清从佛人民义勇大队并任外围中队中队长。

1948年夏，下黎村打醮演戏，邓大猷借机回村活动。由于叛徒告密，演戏前夕的早上，国民党军队百余人突然包围下黎村，邓大猷闻讯后立即爬上屋檐下藏起来。国民党军队闯入村内，大肆抓捕无辜群众40多人，开枪打死同村邓灼广等3人，并扬言要火烧下黎村，胁迫村民交出邓大猷。邓大猷怕连累乡亲群众，便毅然从屋顶下来，挺身而出，面对国民党军队，义正词严地说："我就是游击队中队长邓大猷，要抓就抓我！与其他群众无关，你们要立即释放他们，并让他们安全回去。"在场的群众听到他洪亮有力的声音，都为他大义凛然、不怕牺牲的精神所感动。邓大猷被敌人抓走后，40多名无辜群众也同时被抓走。同年，邓大猷在从化街口被国民党当局杀害，年仅27岁。

黄开山

黄开山（1893—1966），佛冈县四九（今汤塘镇）田心村人。1913年被选送到日本早稻田大学攻读政治经济，1918年7月毕业。1919年，任广东省议会第二届议员，担任黎明通讯社社长。1921年，任广东省国民革命军总政治部秘书、广州国民政府政治训练所副所长。1929年，任汕头市政厅厅长、新会县县长。1931年后，任连县县长、清远县县长、滃江三乡抗日动员委员会主任、广东省国民政府第八政务处处长等职。黄开山是一位爱国民主人士，是共产党忠实的朋友。

1942年，黄开山出任清远县县长。在任内，他接受中共地下组织的建议，安排黄信明、黄化明等一批地下党员担任政府各机关重要职务，使共产党员能掌握国民党军政动态，为党提供可靠的情报，开展党的活动。

1943年，黄开山受到反动势力的注意和排挤，愤然辞去县长职务，回到滃江田心村老家过隐居生活，但他仍然关心中共地方组织领导人的安危。中共北江特委委员陈枫、滃江县委委员黄渠成等曾是他家的常客。他通过与国民党从化县县长的关系，把中共滃江县工委书记陈枫介绍到从化县良口中学教书，以教师身份作掩护；又把中共滃江县工委委员黄信明等人推荐到联升乡中心小学任教师、校长。

1944年，东纵北江支队和西北江支队到粤北开辟抗日根据地。上级党委指示中共滃江县委"要做好对两个支队北上安全通过滃江地区的工作"。中共滃江县委接到指示后，派代表和黄开山商量，得到黄开山的鼎力支持，成立三乡抗日动员委员会，由黄开山任委员会主任，由黄渠成任三乡抗日自卫大队大队长，黄信明任宣传委员，黄积年任驻会常备队长。于是三乡抗日动员委员会的实权掌握在共产党手中。1945年春，北江、西北江两个支队北上途中经滃江，四九地区设有物资供应站和茶水站，晚上还在联升乡中心小学举行军民联欢晚会，充分体现军民的鱼水情谊。两支部队安全过境后，黄开山得到东纵司令员曾生的致谢和表扬。

1945年夏，四九地区共产党人在黄开山家开会，商量武装起义的事务，他赞成党领导武装起义。国民党当局得知此事后，指令国民党一五二师派兵围捕黄开山未果，不久国民党地方上层人物联合县参议员及各乡乡长，联名向广东省国民政府控告黄开山"通匪"。黄开山与夫人谭素真、长子黄达成一同被抓进监狱。后经中共党组织及友好人士营救，1947年出狱。

中华人民共和国成立后，黄开山先后担任过清远县副县长、广东省参事室参事、中国人民政治协商会议广东省第三届委员会委员等职。在"文化大革命"初期的1966年，黄开山受迫害致死，时年73岁。1997年1月，中共广东省委、广东省人民政府为其平反昭雪，恢复名誉。

胡占丰

胡占丰（1912—1995），佛冈县烟岭（今属迳头镇）下文岭村人。1938年6月，他考入广州大学，10月回到家乡从事抗日救亡工作，11月加入中国共产党，成为佛冈北部地区最早的共产党员。1939年5月，根据中共北江特委指示，成立中共佛冈县二区总支，胡占丰任总支书记。

1946年1月，胡占丰在李拔才部队任指导员、宣传股股长。同年12月，任英德县三山手枪队指导员。1948年5月，任英佛区先锋大队指导员。1949年5月30日佛冈挂牌径大捷后，佛冈二区基本解放，在大陂成立佛冈军事管制委员会，胡占丰任军管会组织股股长。同年8月，英佛边县委在佛冈军管会召开县委会议，胡占丰增补为县委委员。10月12日佛冈全境解放，

胡占丰

14日中共佛冈县委员会和佛冈县人民政府成立，胡占丰为县委委员。1951年1月，他调南雄县委任宣传部部长，同时任南雄县人民法院院长，1955年3月在粤北人民法院任科长，1956年在粤北行署林业森工局任副局长。在反地方主义和反右派中，胡占丰受到不公正待遇和处分。1979年4月19日，中共韶关地委组织部撤销1958年8月对他的处分，恢复原行政级别和党籍。1982年7月9日胡占丰离休，1995年去世，享年83岁。

黄信明

黄信明（1918—2014），佛冈县汤塘镇四九菱塘村人。他青年时入读广州市文德中学，1938年为八路军驻粤办事处工作队队员，1939年任南雄县抗日先锋队中队长，同年8月加入中国共产党。1944年冬，浛江三乡抗日自卫委员会成立，黄信明主管宣传情报工作，油印出版《三日新闻》，宣传全国抗日斗争形势和党的"团结抗日"方针。同年，黄信明任中共

黄信明

滃江县工委委员。1945年2月中共滃江县委成立，黄信明任宣传委员。在此期间，由省临委委员梁广率领的北江支队和西北江支队北上英佛边开辟抗日根据地，黄信明配合当地中共组织做好部队经过滃江地区的接送工作，掩护部队安全过境。8月起，黄信明任滃江人民抗日义勇大队政训室主任、特派员。他随同大队先后在从化温泉、四九圩、汤塘圩打击国民党反共武装。1947年8月后，先后任中共清从佛边县工委负责人、书记。1948年6月，任广东人民解放军江北支队第四团团长。1949年2月，任中国人民解放军粤赣湘边纵队东江第三支队第四团团长，6月起任中共清从花佛边县委书记，7月任中国人民解放军粤赣湘边纵队北江第一支队第六团团长。北一支六团队伍不断壮大，先后取得解放四九圩、汤塘圩的重大胜利，宣布滃江地区全面解放。1949年9月，任中共滃江县委书记和滃江县人民政府县长，10月6日任滃江支前司令部司令员，组织支前工作，为中国人民解放军解放佛冈、进军广州筹备物资。

中华人民共和国成立后，黄信明任清远县副县长。1950年起，先后在广东省北江专署、中共中央华南分局、国家物资总局等单位任职。1972年，任广东省建筑设计院室主任、副院长。1981年，任深圳特区规划局副局长（主持全面工作，正局长级），主持制定《深圳经济特区发展规划大纲》。1986年离休后居深圳市，2005年获中共中央、国务院、中央军委颁发的"抗日战争胜利60周年纪念章"。2014年黄信明在深圳病逝，享年96岁。

朱继良

朱继良（1919—2006），佛冈县迳头镇甲名村（原名鸭嬷坑村）人。1939年春，胡占丰介绍朱继良、李先士参加中国共产党。随即建立中共佛冈二区支部，书记胡占丰，组织委员朱继良。1941年初，朱继良调清远县，同年9月中共北江特委派他任中共清远县委特派员。1943年春，被聘任迳头中心小学教导主任，同年11月在上青洞村组织青洞人民抗日义勇中队。1944年，恢复中共佛冈二区委员会，任书记。

朱继良

1945年4月，被批准参加东纵北江支队任独一大队教导员。1946年初，任中共佛冈县特派员，负责全县党组织的整顿工作。1947年冬，任中共佛冈县委委员，并任佛冈人民义勇大队政训室主任。1949年，任佛冈军管会副主任。1949年8月，调任北江第一支前司令部秘书科科长。同年10月19日，跟随南下解放军解放韶关市，任北江军官训练所代教育科科长，同年冬调乐昌县人民政府任办公室主任兼民政科科长。1950年春，任中共乐昌县委干部训练班教育长。1950年6月，中共韶关地委选派朱继良入读中共中央马列学院（1955年改称中共中央党校）。

1952年起，朱继良在历次政治运动中受审查、批斗。1972年初，调任广州中医学院革委会主任兼党总支书记。1979年1月18日，在广州中医学院落实政策大会上院党委书记王永祥宣布为朱继良平反。1980年，任中共广东省委党校科学社会主义教研室主任（副教授，享受厅级待遇）。他离休后撰写自传体文集《风雨征程》。1996年3月，被选为广东省老区建设研究促进会常务理事。2004年7月1日在建党83周年之际，85岁的朱继良亲自把1万元作为特别党费交给党组织。2006年朱继良在广州病逝，享年87岁。

李适存

李适存（1920—2014），佛冈县迳
头镇前所村人。1945年3月，中共佛冈县
工作委员会成立，李适存任组织委员。8
月，日本宣布无条件投降后，李适存由组
织安排回广州复学。1947年冬，成立中共
佛冈县委，李适存任委员。10月，任佛冈
人民抗征救命大队特派员。11月，转任佛
冈人民义勇大队大队长，大队下辖1个中
队和3个武工队。1949年1月，成立中共英佛边区县委，李适存
先任候补委员，后任委员。6月，任北江第一支队独立第五大队
政委，大队下辖金星、火星两个连。10月初，成立佛冈支前司令
部，李适存任副司令员，动员群众成立支前民工大队，迎接大军
南下。10月12日，佛冈全境解放。14日，中共佛冈县委成立，
李适存任县委委员兼县委宣传部部长。1952年1月，李适存调到
清远县任职。后调任南雄中学校长、清远中学校长、清远县教育
局局长、清远县人大常委会副主任、清远市人大常委会副主任。
2014年李适存在从化病逝，享年94岁。

李适存

郑江萍

郑江萍（1923—1993），又名郑日恒，笔名江萍，佛冈县水
头镇冚尾村人。郑江萍青年时代就追求进步。抗日战争爆发后，
他在家乡读书时便积极投身抗日救亡运动，参加党领导的地方
进步团体——闹钟剧社。该剧社以文艺演出形式宣传抗日救亡。
因缺乏女演员，他自告奋勇男扮女装担任角色，把戏演得严肃认
真而好看，深受群众的喜爱。1938年，郑江萍第一批加入佛冈

青年抗日先锋队，同年10月加入中国共产党。1939年至1940年夏，他在佛冈中学读书时，任中共佛冈县委宣传干事和中共佛冈中学支部书记。1940年秋，他先后在清远、连县、广州等地从事学生运动及党的地下活动。1944年后，在东江纵

郑江萍

队担任政工队队长，北江支队独立一大队指导员。解放战争期间，任连县星子区党支部书记、连山县特派员、连江支队政治指导员。中华人民共和国成立后，历任中共连县县委宣传部部长、广东省委宣传部文艺处副处长、中共清远县委副书记、中国作家协会广东分会党组书记，广东省第四、五、六届政协委员。

郑江萍长期从事党的文化工作，发表和出版了一批有影响的小说、戏剧和文学评论。中共十一届三中全会后，先后创作了《高山红叶》等四个大型剧本和《长路》等中、长篇小说以及部分诗歌、散文和短论。20世纪90年代，出版《郑江萍作品选萃》和《郑江萍文集》。郑江萍对母校佛冈中学怀有深厚感情，曾多次回校作报告，关心教学工作和学校建设。1993年，郑江萍病逝，享年70岁。他逝世后，其夫人及子女向佛冈中学捐款1万元，赠送郑江萍著作270多册。

附录四 革命历史资料

一、革命书信

告佛冈各界人士书 ①

佛冈各界人士钧鉴：

我北江人民武装反蒋自卫斗争，速历两载。两年来，由于我人民子弟兵不屈不挠，艰苦奋斗，非仅不断粉碎宋叶匪帮疯狂的"清剿"计划，而且队伍日益坚强扩大。值此我解放大军云集江滨，速将南渡，蒋匪系统，土崩瓦解，蒋朝政府，四分五裂，人民胜利在望之时，回顾过去斗争曲折，展望目前胜利前途，正无限感奋！

犹忆佛冈地区，由于人民反压迫情绪之热烈，早年已树起武装自卫斗争旗帜，因零星举义，缺乏统一领导，未能掌握明确之方针政策，一度曾引起社会人士不安。自去年春佛冈人民义勇大队宣告成立，本反"三征"、反迫害、爱民、卫民宗旨，统一佛冈人民武装，正期加紧努力团结人民，为解放佛冈而斗争。适值宋叶匪帮疯狂"扫荡"之开始，到处镇压民众，部分地方人士，怯于压力或昧于大势，组织伪武装，加强伪政权，有意无意为宋

---

① 录自佛冈县地方志编纂委员会编：《佛冈县志》，中华书局，2003年1月第一版，2003年1月第一次印刷，第1013—1015页。

叶匪帮服役，残害地方。而若干顽固反动分子，与国民党特务分子，挑拨过去姓氏之矛盾，利用氏族自保之枪支，作为反动资本，由此造成民众间氏族裂痕愈深，及与我部队之对立，不知不觉陷入宋叶匪帮染黑政策之深渊，以致误会丛生，隔阂重重，难以谅解，豆萁相煎，至堪痛惜。至去年春夏间，各地分浮财余粮分田地运动，一时引起一般地主富农之反感，加上个别地方，杀人打反动不够慎重之影响，更引起部分人士之疑虑，致佛冈人民之团结反蒋抗征斗争，无从顺利展开。此种过火政策，我方深切检讨，业经宣布纠正，然而或由于宣传未够普遍深入，或由于个别人士仍囿于成见，致与我方嫌隙，尚未能一时冰释。

兹为使各界人士对我方态度更为明了，特重申如下各项：

一、本队为执行我党之宽大政策，并检讨过去本区政策过火，故今后对于一切被迫组成之伪组织，一律予以原谅并愿秘密与之合作。而过去因昧于大势，甘与本队为敌压迫人民的伪武装，只要其能停止反人民行为，实行中立秘密助我，即过去罪恶重之者，亦可视其今后立功之大小，而减轻或免除罪过，如过去被压迫犯过多少错误者，一律给予宽大原谅，如起义倒戈者，一律给予重奖并重用。

二、本军今后军事打击对象是蒋匪之县警省警与正规军，对地方性伪武装只要其不侵犯我队即或被迫应付而予为通知者，一律采取友好态度不予打击，平时则互相原谅共策应付以等待变化。

三、如地方性伪武装被迫与敌人共同行动时，若遭遇本队伏击，为避免自相流血，各伪武装须即卧下，停止抵抗，或枪口朝天放，本队当一律优待释放，如私人武器可秘密发还，即族中武器须发还者，亦可秘密商量。

四、当省警县警有行动时，各地伪武装如能密告本队，因而击溃敌人，当予重奖。

五、今后各地方伪武装负责人，如再通匪杀人捉人勒财，将要受到战犯论罪，即因奉令捕杀，亦须先通知我队，或通知被捕者，以期敷衍应付。

六、本队今后当继续反对征兵征粮，以减轻农民负担，改善人民生活，因此各伪组织对"三征"政策，只能敷衍应付敌人，尽量减少人民负担，不能利用与我们友好关系，进行贪污剥削。

七、要求各伪队秘密派代表与地方工作人员联络，及早共策应付为反蒋而斗争。

以上七项，乃我方为广泛团结反蒋所持之真诚态度，今后佛冈人民队伍在统一领导下，必然能付诸实施。望我各界人士，体察大势，广为传播，免再贻豆其相煎，糜烂地方，致为敌人窃笑。

当此蒋介石大势既去，各地人民已日益团结，为彻底打垮蒋介石而斗争。然为巩固与扩大今后佛冈人民之团结，我们认为必须指出者佛冈姓氏矛盾尖锐，党派复杂，过去曾因某些分子利用地方氏族斗争之狭隘观点，挑拨乡情，离间民心，既损害地方人民友好团结，复直接间接有助于反动派加害人民之统治。因此，我们竭诚希望各氏族间消除成见，撤去武装壁垒，以免为蒋党特务或其残余匪军所利用。须知蒋匪面临崩溃，必加紧其"三征"压迫，肆意搜刮掳掠，各阶层人士各姓氏民众，只有一致团结起来，为抗征而斗争，始能保障生存与自由。假如氏族间有任何纠纷，可双方捐弃前嫌，推出公正人士坦诚商讨调处之，共维地方人之密切团结，毋予反动者有挑拨中伤可乘之隙；至某些曾误入蒋党特务圈套者，要知今日蒋介石之军事政治均走到末路，必须迅速回头，革面洗心，改变行动。若仍迷于功利做一个政治贩子，破坏人民团结，侵犯人民利益，其结果必然和蒋介石一样，为人民所唾弃，贻误前途也。年来佛冈，由于地方反动分子与蒋党特务互相勾结，利用着佛冈氏族斗争之弱点，加害人民，破坏人民事业，致佛冈"三征"压迫特甚，至可痛惜者。切望我各界绅士，有志青年，动员起来，坚持民众武装来保卫民众利益之立场，共谋佛冈人民之解放，尤盼平素赞助民主或若干中间党派人士，进一步认识。两年多民主爱国自卫战争，由于我党坚决领导，团结人民，与解放军（日益）强大，（不断取得）胜利，民主解放将在全国范围内实现。各地民主人士，莫不欢欣鼓舞，急速奋起，直接参加人民武装反蒋斗争，与我党我队携手前进。我北江人民子弟兵，面临此人民胜利高潮，正加紧整齐步伐坚决为解放全北江人民而斗争。为使此任务之早日实现，我们谨向佛冈各界人士致以无限热望并高呼：

佛冈人民团结起来，为解放佛冈而斗争！

解除一切姓氏成见！

反对姓氏武装给蒋匪利用打自己人！

反对征兵征粮及一切苛捐杂税！

欢迎各界人士参加民主事业！

欢迎有志青年参加人民队伍！

何俊才　李拔才　李汉华
黄桐华　朱继良　钟文光
林名勋　李适存　朱镇均
梁泗源　李先史　范嵩龄
陈培兴　胡占丰　郑公侠
同启

为滠江县人民政府成立告同胞书 ①

亲爱的各界同胞们：

我强大无比的南下解放大军，自从七月中旬发动攻势即进行有中国以来所未有的进军后，横扫蜀粤赣残敌，旗开得胜，继长沙、赣州、解放即攻抵□□，挺进粤北粤东，早与我广东人民解放军胜利会师，现正以雷霆万钧之势直捣广州肃清残匪解放全广东。

几年来我滠江人民饱受国民党反动派的腐败统治，压迫敲诈，奸淫掳掠，现在索还血债日子已经到来了，我滠江县人民政府适于此时奉命成立。信明、觉魂奉命负责县政工作，并于九月二十日举行成立就职大礼。我们决本一贯服从上级领导全心全意为人民服务而斗争到底，今后施政方针于此昭告数点：

一、目前南下大军很快就会到来我区，这就是彻底肃清残余解放全滠江解放全广东的日子很快到来了，旧时我们透不过气来的，今天我们可以翻一个大身，这样的日子于我们自然很欢迎的。但是转战千里为国为民劳苦功高的解放大军，我们应以最热烈来欢迎慰劳大军，组织好民工队，随大军运输担架，搞好交通情报网为大军带路，送情报，踊跃缴交公粮，让大军吃得饱追歼残敌，支援大军求得早日解放广东区是今天我们重要的工作。

二、我们为了确定革命秩序维持社会治安，巩固人民利益，对于罪大恶极的首要反动恶坝[霸]特务份[分]子即坚决镇压，逃亡在外者即查封其家产，能将功赎罪或非首要份[分]子准予献出武器有事实行动表现证明他是诚心诚意的悔过自新。一切窝藏反动特务企图捣乱治安，破坏社会秩序者，我们希望各界人士与我

---

① 原载滠江县人民政府筹备委员会：《滠江县人民政府成立特刊》第一版，1949年9月12日编印。

们密切合作务求将其全部扑灭。

三、为了改善农民生活，我们应彻底执行和普遍发动减租减息，全县的农民们团结一致组织起来，今天是我们农民大翻身的时候□□□□□□。

四、人民政府是代表人民，保护全体人民利益□□□□□□，并根据代表人民利益的中国共产党的政纲政策，□□□□□□保护人民生命财产，改善群众生活没收官僚资本。

今后我湛江的建设正靠我们全体同志们与全湛江人民结合一起共同负起这个艰巨的任务，全体同志们今后更要虚心诚意更加注重本着过去为党为人民服务的□□以英勇无比的斗志来完成这个□□的新任务，更望各界同胞密切合作积极提出意见，批评□□□我各界人士为建设新民主主义的新湛江、新中国而共同努力到底。

黄信明
方觉魂　告

何俊才、林名勋给陈培兴的信 [①]

山东兄:

（1）你对佛冈情况的分析，及暂时不设区政府，由你领衔组织军管会的意见，我们同意。可由你兼主任，李适存、朱继良、郑国庚为副主任，希大胆放手去进行工作。关于解决佛冈干部的问题，我觉得还是应用积极教育改造的方法，用他们在实际负责中去求得进步。希你耐心一点去和他们的坏思想作斗争，因为这个斗争的胜利，对整个佛冈工作的推进来说，是极为重要的。当然另一方面来说，也应积极培养新的干部，才能担当起当前的重任。不过在录用新干部时，又须注意他们未有过困难的考验，在有利形势下一时的积极表现不能作为评判一个干部好坏的完全标准。因此对新干部的录用，非有特殊的客观原因非重用不可时，应适当分配其工作。至各乡长人选，及分乡与不分乡的问题，希多和当地干部商量，慎重决定。

（2）关于佛冈今后的工作，是巩固老区和发展新区的问题。关于巩固老区，我认为须握紧几种中心工作：（a）组织民兵农会，进行减租减息，并在开展这种斗争中，健全乡村政权。（b）兴办文化教育工作，可召集当地文教人员会议，筹设暑期师资训练班，有计划地培养和分配下期教育人材[才]，最好能恢复二区中学及各乡中心学校保校。如你处训练班筹办不起，可发动自携伙食，来沙田中学训练。（c）有计划地准备征收公粮，你们须物色一二区田赋主任，和税捐处主任来太岳 [②]，统

---

① 摘自中共广东省委党史研究室、中共韶关市委党史研究室、中共清远市委党史研究室、北江第一支队老战士联谊会合编：《战斗在北江——中国人民解放军粤赣湘边纵队北江第一支队史》，中共广东省委党史研究室出版，广东省人大常委会办公厅印刷厂2001年11月印刷，第482—483页。

② 太岳为北一支司令部代号。

一进行。

关于发展新区问题，方向应指向一区发展，在部队未开到新区前，最好利用各种关系，在新区建立起短小精干的地方武装，作为立足和配合工作之基础。郑国庚队应在（农历）六月底扩充到一个足营的兵力，才能巩固老区与发展新区。

（3）夏收前，应即扣留三管仓员，清算其贪污存粮，对从中破坏我法令及工作之土豪恶霸，应进行镇压，不可因争取社会人士而陷于过右倾向。

（4）太岳已迁沙田，铁流①已推出新丰城，解放梅坑，现正包围伪县府，进行围困迫降。整个新丰除县城一点外，已全部解放。连平我火箭队已推出，陂头已解放，翁源伪武装纷纷瓦解。

（5）兹有数事希办妥：（a）派专人去诗淦处，将车好的衣服、草鞋面，及落香港买的物资，全部取到，派专人送来我处。放在大陂迳头做的东西，亦希交上来。（b）希托人到广州买白报纸送来太岳。（c）急信派专人送黄（桐华）兄。（d）白马派专人送返我处。

（6）如铮想返家料理一下家事，希督促其再返来学习。

（7）希即派出朱求峰为二区税捐处主任，即刻进行税收工作。

（8）佛冈一二区今后必然由我区接收，希精神上作解放整个佛冈打算，并作种种准备。

（9）你现在虽集中精神搞佛冈工作，但对英东工作情形，还须经常注意并提供意见，因将来你还可能调返作英东副县长之职，预先有所准备，届时不致思想无准备也。

（10）朱继良对人选问题朝令夕改，有些意见，希以后多反

---

① 铁流为北一支第四团的代号。

映他们意见。

（11）以后希经常写信来。

（12）望远镜交还公侠兄。

须抽忠实可靠干部搞好交通站，宁愿放弃部分工作也需要，兹派林宽出来商量。

握手！

辰月①弟

一九四九年六月十三日

---

① 辰为林名勋的代号，月为何俊才的代号。

黄信明给何俊才、黄桐华、林名勋、刘少中的信 ①

何、黄、林、刘诸兄：

九月三日来示敬悉，刘兄来示亦悉。

一、敌情方面：近十余天来无败退残兵经滘。从化敌军调动频繁，九月八日原驻良口约一星期左右之一五四师又调去增城东江一带，现驻街口至良口之K军为刘安琪兵团，约一个军，据说是属五十军。又闻刘安琪司令部可能移设街口，滘江方面自我军解放汤塘后，谭砥纯则将其百余人分驻黄塱、白沙塘、龙山市三地，其余各乡均无大变化。近日逃跑很多，谭匪近日戒备很严，佛冈方面仍只得伪保安营三个连，一连黄镜六十七人，粤造机二挺；二连黄夏清四五十人，机一挺、水龙（重机）一挺；三连黄如九，三十余人，白郎林机一挺，手提机一挺，另有近组织的特务连驻石角三十余人，无机，伪县长黄祥光近率伪保安队百余人在文头封围拉人勒索。据说禺北一带K军调动甚忙，伪省府已部分迁肇庆。近驻各地K军广东系与中央系之矛盾极深，军纪以广东系较为与我做法相同，中央系军纪比前更坏。源潭、滘江口、横石一带驻K军不多，仍是护路队伍。滘江口铁桥仍未炸。据广州K报载东江河之观音阁、古竹等已为我解放。

二、我们自解放汤塘后，则集中力量来搞这个地区的工作。最先我们是收缴反动派贮下及反动地主之枪支。直至现在为止，已缴步枪共一百二十余支，短枪十五支，子弹九千余发，军用电线百余斤，及其他物资一大批，清算汤塘反动头子冯逸民（八佬）之租谷四十余担。汤塘乡政府已建立起来了，九月八日汤塘各乡热烈慰劳猪肉熟烟及献旗给我队，我队亦于是日在汤塘开祝

---

① 录自佛冈县史志办公室编：《中国共产党佛冈县地方史资料汇编》，2004年8月印刷，第221—224页。

捷庆功大会，民众参加者六七百人，汤塘空前热闹。但这里的民众还相当害怕K来抢劫及对谭砥纯的乱杀乱捉非常恐慌，所以人心仍不很安定，经过三四天的工作后较为好了。昨天汤塘圩的人数之多，为数年来之空前纪录，此为解放后最好之象征。这个点的解放对我们各方面工作帮助很大，只可惜我们干部太少了，目前要做的工作又一天天地在增加，汤塘工作现算是过一段落，队伍现决推过浬二，展开那边工作。

这次解放汤塘最遗憾的就是烧了五间铺。烧这五间铺的原因，是由于伪保安连长在铺内打牌被我队突入街口而包围（当时我同志完全未有发觉）。他企图从后面来威胁我同志，驳壳手榴弹连向我同志发放，且又指挥其下属由瓦顶前进企图包围。因此，我们不得不从地下抛上纸炮以阻敌前进，但纸炮已抛了十余个因此而起火，其他是牵连的。善后工作我们很重视，所以现在一般商人对这件事的责任问题都已了解，不应由我们负责，不过汤塘圩受到了破坏，商人受到了损失，我们仍感到很不安。另方面反动派可能借口来一套反宣传，我们这种不得已的做法，希你们指示！

根据你们的指示及给予我们任务现在转告如下：

1. 人民政府成立布告已收到分发张贴了，现定于九月二十日举行成立典礼。我们现先成立一个县政府筹备委员会，筹备一切成立大会的事宜，聘各地人士为筹备委员，我为主任委员，方（觉魂）为副主任，共有委员二十三人，这是为了便于工作及扩大号召，我们打算以不影响"迎大"工作为原则来发动各地民众热烈庆祝和慰劳。至于县府人选经县委会议决定如下：民政科长方兼，黄积年同志为军事科长兼公安局长，黄杜光同志（现任军需室负责人）为财务科长，刘健芸为司法科长，陈镜文为田粮处主任，文教科则未有人负责，邓有基为秘书，其余各方人选及各单位人选尚未定，已决定的在县委决议已有指示。你们有什么意见希早日指示，以便到时一齐公布进行工作。

2．我们的妇女工作和青年工作现在开始，尚未找得很适当的人负责，暂由政治处的干部兼妇女工作，为目前最热潮的工作。全滘正组织起二十四个妇女会，会员共一千三百余人，洗缝队运输队等都已组织起来，各种慰劳品也已征集及筹备了，她们并准备组织慰劳队，学会几支简单的歌仔来迎接大军，妇女工作现由游同志负责。

3．要将队伍拖到铁路边截击残敌困难颇多，因为这是大平原，无什么山地可靠，且那边的群众关系又无，反动武装颇多。现在我们拟推过去滘二那边来完成你们所给予我们的任务，未知你们以为如何，希指示！

4．关于支前工作，在八月二十日左右，我们便成立了全县性的支前委员会并开始办公了。现在我们依你们的意见改为迎军动委会，方觉魂为主任，陈泽和为副主任，郭若芝为秘书，工作进行以来颇为顺利，成效也很好。现在组织起来的担架队、运输队、带路队等有三千余人，现尚在继续进行中。各乡村组织起来的运输队业已列有表册，不过未检阅，我们打算日间即进行这件工作。至于茶水站、蛋、猪肉等都不成大问题，粮食方面我们已有准备了，四千名的民夫也是没有大问题。不过这一切的工作因为没有经验，加上干部缺乏，所以到时能否尽如人意，这是很难预料，极望你们能多给指示与多给些经验教训的材料。

5．关于修路造桥问题。我们当如命通知各乡村迅即进行，惟我区范围内无公路，故只修小路小桥而已。

6．敌人奸特活动本区最近已有发现，据民众证实谭匪最近利用些流氓坏仔之流，组织暗杀队破坏队之类，我们对这件事都很为重视，务求破获。要我们派专人来布置保卫工作，本来是很重要而又必须坚决执行你们的意见，但是我们因为干部已是这么缺乏，无作用的派去也无用，有作用的又实在确无法在这个紧锣密鼓的时候抓一强有力的干部来，这种违背你们的意见的做法应该怎样处理呢？

7. 关于佛一区的划割问题，我们极希望你们能再向区××请示划为滃江县范围内，从地理环境、风土人情、言语习惯、工作历史、民众意见及同志们要求都适应划为滃江县，不知你们以为如何？

8. 现在我们全区吃饭的人数共四百人左右，七个武工队，已正式建立起来的乡政府有五个，连队有八个足数班，机五挺，政治处集中三十余人办公，群工队也有十五六人，迎军动委会及县政府筹委会也与政治处一起工作。现在我们的党员人数共四十八人，农会会员共二千二百余人，民兵二百余人，常备队五六十人，这次解放汤塘有枪无枪的都一齐动员来帮助。

9. 关于抗征队的名义，是在东三支领导时由东三支领导决定的。决定这个名义及已用这个名义来印发传单后我才回到。名义虽是抗征队，但他们已和连队一起生活，同连队并无多大分别，连队的八个足数班，已将抗征队合计一起，而陈泽和现在专负责迎军动委会，陈建宁则负责泰安乡政，谭仲通则带武工队在官庄一带活动。现在陈泽和起义过来的同志表现很好，情绪高涨，无逃跑现象，殊堪告慰。

10. 从我们这里送去的八个由广州上来的知识分子，据我们所了解的确很有问题。陈鹏是一个颇为纯洁的人，希望你们经教育后派回来我们这里工作，未与那班人上去的陈凌云女同志也一齐送上来，我们还得不到什么可靠的材料。

11. 黄祥光三儿子据多方反映，政治问题可能性少，黄祥光的本质是投机取巧的人，因此对将来投降的可能性亦较大。不过佛一区的民众对他非常愤怒，而他的所作所为又确对民众太可恶之极了。

12．我们的物资供应问题，实感到万二分惭愧，未能完成你们给予的任务的百分之五，现在即使如何困难，我们也要想办法来解决这个问题。目前最头痛的就是筹现款，谷子颇不成问题。现将从广州最近买回来的一批交林楚同志送上，现又叫人下广州继续去买，请即叫专人来运输，送来的物资我另叫我团军需详列给司令部军需处，希查查。关于布匹问题目前颇难如命在短期内送来，现已积极进行。

13．林楚同志来我区帮助很大，表现不错，这里的情形她颇了解，对各方情况如须更详细明确，请问她也会知道。

以上报告及工作布置是否适当，请详细指示。

致

布礼！

信明

一九四九年九月十一日

何俊才、黄桐华给黄信明、方觉魂等同志的信 [①]

信明、觉魂及各县委同志：

华南分局派来南下干部一批，现有李海涛、江伯良、罗秀廷、川芳、祁秀阳、单德成等六同志，都是党的同志，分配到浛江你们的地区协助迎军支前的工作，李海涛、江伯良同志参加县委。你们应成立北一支浛江支前司令部，以信明同志兼司令，觉魂同志兼副司令，江伯良同志为副司令，其余由李海涛、江伯良同志面达。

握手！

何俊才（印章）

黄桐华（印章）

九月廿七日

一、又付来华南分局给梁嘉同志并转清远负责同志的信，希你们立即派党员干部，专送给清远负责同志由他们转送给梁嘉同志，写回正式收据。

二、李同志等的生活，希予照顾，他们的安全，更须注意。他们的自卫枪，如不十分好用，则应暂时换好用的给他们。

---

① 录自佛冈县史志办公室编：《中国共产党佛冈县地方史资料汇编》（第一辑）第231页，2004年8月印刷，第231页。原件由黄信明同志提供，存佛冈县档案馆。标题为编者所加。

二、红色歌谣

快把世界来改造

这年头，怎么得了，五块钱的钞票满地抛，为什么？只因为钞票印得多，物价涨得高啊，钞票越印越多没人要，柴、米、油、盐价天天涨啊！涨得比天还要高啊高。穷人吃不饱，富人笑呵呵，这样的日子怎么过哟，快把世界来改造，来改造。

注：1947年9月，此歌流传于高岗长冈中学，很快传遍佛冈各地，成为当时群众爱唱的一首流行歌曲。

犁头歌

犁头起来革命，犁钩救国先锋。

犁头多么犀利，犁向敌人进攻。

犁头战线巩固，犁尽一切奸雄。

犁头努力奋斗，犁掉社会歹风。

犁头斗争标准，犁友同类莫冲。

犁头认真步骤，犁向世界大同。

注：1927年佛冈高岗青年参加英德鱼湾"犁头会"，回来后此歌谣在佛冈县各地农民协会中传唱。

请你莫思念

母亲回头见，男儿从军去，请你莫思念。

男儿上前线，是为祖国战。

祖国被侵略，御侮要争先。

枪林弹雨中，杀敌要向前。

母亲回头见，男儿从军去，请你莫思念。

注：抗日战争时期此歌谣在培基小学（闹钟剧社活动地点，今水头镇石潭廖氏宗祠）学生中传唱。

潖江颂

潖 江 颂

C调2/4雄壮、豪迈　　　　　　　　　　　　　宋业安词 洪文亮曲

注：此歌曲创作于抗日战争时期，曾流行于省内一些地区。

三、革命文物

1. 叶挺手令（广州起义给宋华的命令）。

此件为纸质，长21厘米，宽12厘米。1927年12月11日，广州起义暴动后，宋华率领工人赤卫队一个联队赴南线作战，守卫从大沙头到天字码头的珠江北岸。此件是广州起义领导人之一叶挺给宋华的手令，现存于县博物馆。

2. 广东英德县农民协会会员徽章。

徽章为铁质，直径1.5厘米。第二次国内革命时期，英德农民运动蓬勃发展，组织英德县农民协会，领导"鸡麻湖暴动"，建立鱼湾苏维埃政权。佛冈县高岗、烟岭等地有农民参加这次暴动。这枚徽章由烟岭课田村农民捐献，现存于县博物馆。

叶挺手令

广东英德县农民协会会员徽章

3. 佛冈县闹钟剧社社员徽章、道具箱。

徽章为铁质，直径1.6厘米。道具箱为木质，长58厘米，宽

佛冈县闹钟剧社社员徽章

佛冈县闹钟剧社道具箱

44厘米，高48厘米。1937年全面抗战后，为动员群众，支持抗日，邹华衍、廖鉴铭等20多人成立业余文艺团体——闹钟剧社，由廖鉴铭任社长。1938年冬，剧社发展到80多人，社员佩戴闹钟剧社证章，到全县各地演出话剧、活报剧及演讲，宣传抗日。1939年，闹钟剧社被国民党佛冈县当局改组，剧社内的中共党员和骨干纷纷退出，剧社遂告解散。徽章及道具箱现存于县博物馆。

4. 佛冈人民义勇中队印章。

印章为木制。1943年冬，迳头青竹地区青年农民秘密组织抗日武装——佛冈人民义勇中队，有队员33人，枪支18支。这枚印章现存于县博物馆。

佛冈人民义勇中队印章

5. 青潭联村总农会钤记。

印章为木制，高7.8厘米。1948年6月建立青潭乡人民政府，朱德思任乡长，钟国院、叶宗石任副乡长。7月成立青潭联村总农会，钟国院任总农会主任，朱德思任政治指导员。这枚印章现存于县博物馆。

青潭联村总农会钤记

6. 中共佛冈县地方组织收集和阅读过的文件和刊物资料。

文件和刊物资料包括《怎样改造起义部队》《北江文丛》《人民解放军解放大上海的经过》《目前形势及革命工作总结与今后方针政策》《目前革命形势和我们今后任务方向》等。以上文件资料现存于县博物馆。

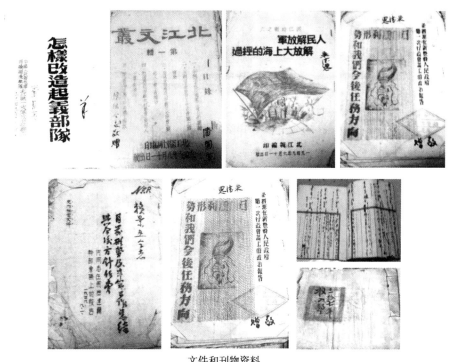

文件和刊物资料

7. 刊物《救亡情报》。

本书为纸质，长38.5厘米，宽26.5厘米，厚1.5厘米，由红旗出版社出版。《救亡情报》一书收录1936—1937年发行的《救亡情报》《学生报道》《国难教育》《上海文化界救国会会刊》《上海职业界救国会会刊》5种报纸。《救亡情报》是抗战初期上海乃至全国各界抗日救亡运动的重要喉舌和宣传阵地，对研究中国近现代革命史、新闻史有重要意义，也提醒着今人不忘历史。

《救亡情报》是抗战前期全国各界救国联合会的机关报，1936年5月6日创刊。该报设有《救亡言论》《救国消息》《时事批判》等栏目。同年12月25日，《救亡情报》休刊，共计出刊30期。

《救亡情报》

《学生报道》是中国抗日战争初期，由中国学生救国联合会（简称"全国学联"）编辑及发行的一份宣传学生抗日救国运动的报纸。1937年1月1日创刊，共3期，第三期为终刊号。

《国难教育》由上海国难教育社编辑发行，是全国各界救国联合会的机关报。首期于1936年7月11日发行，第二期于1936年7月18日发行。

《上海文化界救国会会刊》由上海文化界救国会编辑发行。于1936年3月28日创刊，至1936年4月30日共发行5期。

《上海职业界救国会会刊》由上海职业界救国会编辑发行。于1936年7月8日创刊，共发行3期。

以上刊物现存于县博物馆。

8. 文件箱。

文件箱为铁质，长44厘米，宽19.5厘米，高9厘米，是原中共佛冈县工委书记林西平用过的文件箱。此文件箱现存于县博物馆。

原中共佛冈县工委书记林西平用过的文件箱

9. "劳苦功高"锦旗。

锦旗为布质，长98厘米，宽46厘米。中华人民共和国成立后，中共佛冈县委第一任书记周辉为表彰独凰山村革命老区人民对中国、对佛冈解放事业所作出的贡献，将亲手书写了"劳苦功高"4个大字的锦旗亲自赠送给独凰山村人民。由水头二区人民政府民兵大队队长何道松代表全村人民接受这面具有纪念意义的锦旗。

独凰山村，位于佛冈县水头镇东部，是解放战争时期的革命老区。在抗日战争时期，独凰山村的子弟高昌秉、何道松等10多人参加东纵北江支队。在解放战争时期，独凰山村的子弟何道来、谢谷朝等20多人参加革命武装队伍，在解放战争前期隶属东江第三支队领导，自1949年3月后转属北江第一支队第六团领导。在独凰山村开展革命武装活动的部队领导人有周辉、戴敏、陈镜文、黄超然、廖诗淦等。

1948—1949年，独凰山村武装力量和老区人民为支持部队解

决粮食和食盐困难，在全村每年筹措稻谷上百石（约2500千克）交给部队，派人到水头圩购买食盐，积少成多送到部队，使兄弟部队和战友们深受感动。1949年初，北江第一支队在新丰遥田成立司令部，独凰山村派出游击队一个班前往祝贺，并带上粮食、食盐等军需品一批献给司令部，以表独凰山村民的心意。

在佛冈解放前夕，独凰山村民接到上级的任务，派出一队武装力量前往迳头迎接南下解放大军，由武装大队队长何道松带队，为南下大军带路，护送军粮及枪支

独凰山村"劳苦功高"锦旗

弹药等军用品，直到佛冈解放。

这面写着"劳苦功高"的锦旗，是独凰山村革命老区人民踊跃投身革命，支持和加入革命武装队伍，为中国人民解放事业作出不懈的努力而取得的，是独凰山革命老区及人民的光荣标志，是党和政府对革命老区的关怀。此锦旗现存于独凰山村。

革命时期党政军群组织

表一　中共佛冈地方组织情况表

组织名称	活动时间
中共一区天西乡支部	1938年11月至1942年冬
中共一区龙岗乡支部	1938年11月至1942年冬
中共佛冈特别支部	1939年初至5月
中共佛冈二区支部	1939年3月建立，5月改为中共佛冈特支，后发展为总支
中共佛冈中学支部	1939年春至1940年
中共佛冈区委员会	1939年5—9月
中共佛冈县委员会	1939年9月至1940年10月；1947年冬至1948年12月复设
中共佛冈二区委员会	1939年9月至1945年9月
中共二区白石乡（课田）支部	1939年9月至1945年9月
中共佛冈县特派员	1940年10月至1942年冬
中共佛冈一区组织	1940年夏至1941年冬
中共水头（佛冈简易师范）支部	1941年春建立，后改为中共一区水头乡支部，延续至1945年9月
中共清（远）佛（冈）特别支部	1941年冬至1944年秋
中共佛冈县特派员（负责人）	1944年秋至1945年5月

（续表）

组织名称	活动时间
中共佛冈一区委员会	1944年8月建立
中共佛冈二区委员会	1944年8月至1945年9月
中共佛冈县工作委员会	1945年3—9月
中共一区总支部	1945年3—9月
中共观石乡支部	1945年初至9月
中共二区迳头乡支部	1945年初至9月
中共佛冈县特派员	1946年3月至1947年11月
中共长冈中学党支部	1947年初至9月
中共一区临时委员会	1947年夏至1948年
中共新（丰）翁（源）佛（冈）边区县委员会	1949年1—7月
中共英（德）佛（冈）边区县委员会	1949年1—9月
中共一区特派员	1949年6—10月
中共佛冈二区中心支部	1949年夏至10月

表二　中共潖江地方组织

组织名称	活动时间
中共潖江特别支部	1939年3—5月
中共潖江区工作委员会	1939年4—6月
中共潖（江）从（化）区工作委员会	1939年6月至1940年夏
中共汤塘支部	1939年冬至1940年夏，1945年春复设
中共官山小组	1939年冬至1942年冬
中共田心支部	1939年冬建立

（续表）

组织名称	活动时间
中共四九中心小学支部	1939年冬至1940年秋。1944年秋至1945年7月复设
中共滖从区委员会	1940年5月至1941年1月
中共潖江区特派员	1941年4月至1942年11月
中共围镇支部	1941年秋建立
中共潖江县工作委员会	1944年秋至1945年2月
中共古洞支部	1944年秋建立，1945年春改设中共古洞特别支部
中共菱（塘）江（坳）支部	1944年秋至1945年7月
中共潖江县委员会	1945年2月建立，1949年9—10月复设
中共潖江中学特别支部	1945年4—8月
中共潖二区委员会	1945年4—8月
中共江北地委从（化）潖（江）花（都）分委	1946年1—9月
中共清（远）从（化）佛（冈）边县工委	1947年8月至1948年3月
中共清（远）从（化）花（县）佛（冈）边县委	1948年3月至1949年6月

表三　佛冈地区革命政权组织

组织名称	活动时间
白石乡抗日动员委员会	1945年5—9月
青潭乡人民政府	1948年6月至1949年6月
佛冈军事管制委员会	1949年6—9月
迳头乡人民政府	1949年6—7月
大陂乡人民政府	1949年6—7月

（续表）

组织名称	活动时间
白石乡人民政府	1949年6—10月
观石乡人民政府	1949年6—10月
青竹乡人民政府	1949年6—8月
台山乡人民政府	1949年9—10月

表四　潖江地区革命政权组织

组织名称	活动时间
黄花乡人民政府	1948年冬至1949年10月
四九乡人民政府	1949年4—10月
潖江县人民政府	1949年9—10月

表五　佛冈地区革命军事组织

组织名称	活动时间	备注
佛冈民众抗日义勇中队	1943—1944年	
东纵北江支队独立第一大队	1945年4月至1946年夏	大队下辖1个中队
英佛民主先锋大队	1946年6月至1947年秋	大队下辖天山中队、华山中队、中岳中队
佛冈人民抗征救命大队	1947年10—11月	大队下辖1个中队
佛冈人民义勇大队	1947年11月至1949年5月	大队下辖泰山中队、武工队（设3个小队）
北一支独立第五大队	1949年6—10月	大队下辖金星连、火星连

表六　滠江地区革命军事组织

组织名称	活动时间	备注
滠江民众抗日大队	1944年冬建立	
滠江人民抗日义勇大队	1945年8月至1946年秋	大队下辖第一中队、第二中队
从滠花支队	1946年1—9月	
清（远）从（化）佛（冈）人民义勇大队	1947年8月至1948年5月（后期改为清从花佛人民义勇大队）	大队下辖10个中队：大鹏中队、飞虎中队、飞龙中队、飞凤中队、川山中队、雄狮中队、飞鹰中队、外围中队、第九中队、水头中队
广东人民解放军江北支队第四团	1948年3月至1949年1月。	下辖水头武工队、南山武工队、清花武工队
中国人民解放军粤赣湘边纵队东江第三支队第四团	1949年2—6月	团下辖中队
中国人民解放军粤赣湘边纵队北江第一支队第六团	1949年7—10月	团下辖2个大队，分设中队：飞虎中队、川山中队、雄狮中队、飞鹰中队、飞龙中队、狮子中队（设连）
中国人民解放军粤赣湘边纵队北一支六团滠江人民抗征大队	1949年7—10月	

表七　佛冈地区革命群团组织

组织名称	活动时间
闹钟剧社	1937—1939年
佛冈一区青年抗日先锋队	1939年建立
佛冈二区青年抗日先锋队	1939年建立

表八　潖江地区革命群团组织

组织名称	活动时间
联升乡青年战时服务团	1938年冬至1939年夏
汤塘青年抗日先锋队	1939年春至夏
广东青年抗日先锋队潖江支队	1939年夏至1940年夏
三乡抗日自卫委员会［三乡为兴礼乡、联卫乡、联升乡（四九）］	1944年冬至1945年夏

佛冈县革命战争时期烈士名录

佛冈县革命烈士姓名录自《佛冈县志》（2003年版），录入革命战争时期佛冈革命烈士（含外县籍烈士）242人。在此只录烈士姓名，烈士详细情况参见《佛冈县志》（2003年版）。

一、大革命和土地革命时期烈士名录（3人）

龙南小坑村：刘特平（刘达荣）；三八诚迳村：宋华；高岗高镇村：李宗剩。

二、抗日战争时期烈士名录（9人）

水头　王田永兴村：邹华衍（邹北珍）；桂园村：廖鉴铭（廖犀铭）。

汤塘　汤塘脉塘村：黄演鳌。

烟岭　上文岭村：李司植；龙冈坑尾村：王祖祥、王列国；邓光头野猪湾村：王太俾；课田村：李发村。

四九　田心村：黄斐然。

三、解放战争时期佛冈籍烈士名录（137人）

高岗　逆水流村：刘祥森、刘祥标；高镇村：李承贵、李继成、李宗相、李理南、李理云、李启恭、李功树、李理浓；长冈上陈村：陈子勤；宝结岭：钟伯灵、钟利、钟良千、钟卜虎、钟定炉、钟拔才、钟良完；龙潭下村：李宗洪；礼溪：朱光常；墩下村：何贯、朱占初；路下村：罗耀谋、罗昌如、罗先蔚、蓝应周；刘屋村：刘纯名；廖排村：何城（何富新）；东坑村：李功铁、李宗可；新联村：张廷才、张观聚、林华九；高岗村：李功源；高岗圩：李昌九。

烟岭　前所下文岭村：胡占泉；五洞坑村：王昌坛；深坑村：谢夕文；大村：谢德华（谢太安）；大村下排村：谢夕祥、谢万淡；社坪莲塘村：李步蛮（李蛮）；井冈柯木岗村：李洁民（李昌彩）。

迳头　甲名村：朱玉碗、朱永居；荆竹园村：陈生编；迳头圩：朱如后；仓前官仓背村：郑国奇、郑清（郑中兆）；仓前瑶府口村：朱沛河；上青洞村：朱德阁、朱玉横（朱彰横）、朱宝慈、朱宝航、朱宝森、朱德欣；下青洞村：朱永图、陈荣蕃、朱彰弟；湖洋村：郑国相、郑超群。

水头　石潭村：廖诗标、叶世祥、曾繁廷（曾榕生）；上潭洞村：朱生财、叶世九、陈永柱（陈佰钟）、黄成福、陈必生、陈必灶、叶龙章；下潭洞村：徐庙全；坐下村：黄超玲（黄西玲）、黄光明；新田村：黎国强；铜溪村：陈义（陈石义）；莲瑶村：黄树容；水头圩：崔平章；西田村：徐志权、徐能业。

三八　诚迳石龙村：陈祥图。

石角　东二九石围：钟国新。

龙南　小潭村：黄谷招；龙塘村：邝作根。

民安　下岳村：朱炯如。

黄花　黄花村：巢国辉（杨喜）；存星村：陈炳焕（龙文）、叶庙扬；滴水岩村：陈老均（陈善桓）；车头村：黄东洲。

四九　菱塘村：黄永妙、黄丰联、莫松燊、黄鳌、黄道明、黄渠成、黄占基、黄庄荣、何云洲、何国、黄世钊；田心村：黄礼昂；高围村：卢铭珍（卢永川）、黄谷基、黄德元、黄杏川（黄德川）、黄石权、龚岳生；江坳村：黄锦球、黄锦鳌、张兴广、黄志锋、黄积明、黄庙、黄炽；官山村：吴新强、吴华宝；四九围：黄巨鳌。

汤塘 围镇村：刘霭然、刘朴煊、刘贞培、刘焕基（萝杞）；脉塘村：肖金谷；下黎村：邓大猷；汤塘圩：冯延廷、冯延光；联和村：谭岐球；上黎村：邓忠湖、杨日升、谭镜波；复兴村：冯光；洛洞村：林定木、张社利、范炳扬；岑坑村：冯社莲。

龙山 良塘村：李镜；关前村：张铁（张铁汉）。

四、解放战争时期在佛冈从事革命活动牺牲的外县籍烈士名录（28 人）

海南文昌县：吴凤珠。中山县：刘苗、林科。英德县鱼湾坝子：廖英雄；桥头：朱金英；桥头板铺村：陈美、陈细苟；黄陂陈山谢村：谢铭；大镇区东水：余源；鱼湾：陈灼；青塘：杨佩珍；白围：张友。顺德县：黄志炜。广宁县：郑东。龙门县：罗基。增城县：王镜清、秋仔。从化：陈绍香、巢石子；从化三甲：黄本正。阳山县阳城镇：江枫。连县：邬成初、陈锋。花县花东上古岭：侯东。肇庆：石绍。云浮石坳村：苏新民。香港派来：麦志坚。四川省：苏明。

五、在解放佛冈县城战斗中牺牲的烈士名录（56 人）

1949年10月10日下午，中国人民解放军第四野战军四十三军一二七师三七九团、三八〇团、三八一团包围踞守县城的国民党军一〇三师三〇七团和1个地方保安营，共2000余人。10月11

日上午，中国人民解放军发起总攻，至12日黎明，全歼国民党驻军1个团和1个地方保安营。在战斗中，人民解放军牺牲56名指战员，他们的英名如下：于景轩、刘振仁、曲文生、邵福山、王林、刘殿忠、罗金生、侯兴超、王川章、阎风山、陈少春、羿风林、王永坤、江德荣、陈孝峰、徐光、王忠贵、孙宋荣、传永泉、高永祥、王建奎、李仲廷、犹洪成、袁振德、王福臣、李洪山、犹国臣、董义始、马永奎、李会海、郑品好、郭廷禄、马彩贵、李华、张勇、董宝昌、史事林、李继山、张玉江、蔡玉和、田德明、冯明、杨学森、曹德荣、刘俊、苏占恩、胡韶泉、蓝希林、刘化民、林祈兴、赵先福、黄介英、刘成国、何怀仁、孟庆贺、黄甫文。

大事记

1920年

清远县滘江乡下岳村（今属佛冈县）进步青年朱祺为追寻救国救民真理，远渡重洋到法国勤工俭学，与周恩来、邓希贤（邓小平）等共事，1923年参加中国社会主义青年团旅欧支部，后转为中共党员，是清远籍人士中最早入党的中共党员。

1921—1924年

在广州读书及务工的佛冈籍人士组织佛冈留省同学会，其中不少人参加中国共产党，一些人被选送到广州农讲所学习。

1925—1926年

在广州农讲所学习的佛冈籍人宋华、刘精农等分赴省内各地开展农运工作。

1927年

佛冈籍在广州的100多人（大部分是榨油工人）参加广州起义。

1928—1931年

佛冈县高岗、迳头等地区青年参加英德鱼湾"鸡麻湖暴动"，回家乡后组织农民协会（耕种会），逐步开展农民运动。

佛冈县农会组织不断发展壮大，开展帮耕帮种、互助互救等活动。

1938年

春，邹华衍受中共上级组织委派回佛冈，在一区发展党员，吸收廖鉴铭和刘健芸入党。

春夏间，在中国共产党团结抗日的号召影响下，佛冈中学学生自治会领导成员朱继良、罗培才、廖诗标等，响应《救亡日报》关于捐款给八路军购买防毒面具的号召，发动群众募捐，把募捐款和一批慰问信汇寄救亡日报社转给八路军。

秋，潖江上四九联升乡抗日自卫委员会、联升乡战时服务团相继成立。战时服务团开展多种形式、生动活泼的抗日宣传，激发群众抗日斗志。

10月31日，第四战区广东民众抗日动员委员会战时工作队——八队到佛冈，帮助开展抗日救亡宣传工作，该队建有中共支部指导地方组织发展。副队长邹华衍参加佛冈县战时动员委员会，任该会秘书。

12月，潖江民众抗日自卫武装部队与国民党抗日部队配合，阻击入侵的日军，取得潭源阻击战的胜利。

冬，中共英东特支领导人廖宣介绍佛冈二区胡占丰入党，胡占丰为佛冈二区最早的中共党员。同期，中共佛冈县一区天西乡支部成立，为佛冈地方组织的第一个党支部，支部书记廖鉴铭。稍后，又成立中共佛冈县一区龙岗乡支部，支部书记刘健芸。

1939年

2月20日，胡占丰等介绍朱继良加入中国共产党。朱继良入党后，随即成立中共佛冈二区支部。

2月下旬，中共广东省委派苏曼到佛冈组建中共佛冈特别支部，特支领导一一八队支部和地方支部。

春，中共组织派徐青、余萍、刘渭章到滘江，成立滘江特别支部，建立抗先组织。

4月，中共广东省委派王磊、王强、梁尚立等来滘江，5月建立中共滘江区工委，书记王磊。

5月，中共广东省委派苏曼带领谢永宽、周锦照、吴清来佛冈，成立中共佛冈区委，统一领导佛冈地下党的工作。

6月，建立中共滘（江）从（化）区工委。

8—9月，中共滘从区工委以抗先队名义，在四九中心小学举办两期青年培训班。

9月，撤销中共佛冈区委，成立中共佛冈县委，邹华衍任书记。同时成立中共佛冈二区委员会。

冬，佛冈抗先队已发展到200多人，筹备成立青年抗日先锋队佛冈县总队部。

12月，日军向粤北进犯。在中共滘从区工委的推动下，上四九民众抗日自卫团主动配合国民党抗日部队，在从化良口、石岭、米埗一带袭击日军。

1940年

1月初，迳头、水头和汤塘等地民众在中共组织带领下参加第一次粤北保卫战。

5月，日军再次进犯粤北。中共滘从区工委派出唐凌鹰等10

多名党员参与领导潖江四九地区民众抗日自卫大队，在从化良口、石榴花山等地配合国民党抗日部队抗击日军。

5月，中共北江特委派谢永宽到潖江（驻上四九官山学校），任中共潖从区委书记，廖宣任组织委员，杨和任宣传委员。

10月，中共前北特委把已暴露身份的中共佛冈县委书记邹华衍、县委委员廖鉴铭调到三水芦苞，继续开展党的工作。

是年，潖江区中共组织在四九、围镇、汤塘等地发展一批农村女党员。

1941年

春，中共潖从区委书记谢永宽调离潖江，由谢裕德负责潖从区委工作。

4月，中共前北特委派李云任中共潖江区特派员。稍后，前北特委派陈枫任中共潖江区特派员，李云任副特派员。

10月，邹华衍在三水芦苞被国民党暂八师逮捕（1942年5月牺牲于韶关监狱）。廖鉴铭由芦苞转到广州活动时，不幸被日军拘捕（1943年牺牲）。

冬，中共粤北省委交通员洪韵与地下党员宋业安和许明取得联系后，建立中共清（远）佛（冈）特支。

1942年

3月，中共前北特委派李福海任中共佛冈县特派员，程琪（国民党军驻佛冈水头军民合作站副站长，中共党员）任副特派员，并派涂锡鹏协助李福海整顿中共佛冈地方组织。

5月26日，粤北省委事件发生。8月，李福海得知中共中央南方局和周恩来发出广东党组织暂时停止活动的指示。李福海及已暴露身份的同志迅速撤离。

11月，中共滃从区特派员陈枫接到党组织停止活动的紧急通知，布置党员疏散隐蔽后离开滃江地区。

1943年

冬，朱继良回到佛冈，在迳头青竹地区发动青年农民、学生秘密组织人民武装——青竹人民抗日义勇中队。

1944年

8月下旬，东纵北江支队在邬强率领下北上，于9月初到达滃二鳌头地区。因事前没有与中共滃江地方组织取得联系，被国民党顽固派阻击，失散的13名指战员被俘，押解至韶关被杀害。

8月，中共北江特委派谢裕德到佛冈负责恢复党的组织工作。任命廖诗标为中共佛冈一区区委书记；朱继良为中共佛冈二区区委书记，罗圣伦为副书记。

秋，中共北江特委指示陈枫回到滃江地区恢复党组织活动，建立中共滃江县工作委员会。

冬，日军向韶关进犯，中共滃江县工委以抗日自卫保家乡为号召，依靠上四九、汤塘的群众，争取开明人士黄开山的支持，建立三乡（联升、联卫、兴礼）抗日自卫委员会，还设武装指挥部和组织宣传机构。

年底，谢裕德在烟岭被敌人逮捕，经中共佛冈二区组织营救获释，调离佛冈。同期，中共鱼湾地区组织派钟恩树到观音山恢复地下交通站。

1945年

2月下旬，中共北江特委决定将中共滃江县工作委员会改为中共滃江县委。同期，中共北江特委派林西平任佛冈特派员。东纵北江支队和东纵西北支队，在浛江地区党组织的配合下，顺利通过浛江地区到达英德，建立英佛边抗日游击根据地。

3月17日，中共组织决定陈枫负责浛从地区工作，任中共浛江县委书记，李云任副书记。

3月，朱继良、李先士带领二区一批中共党员和青年参加东纵北江支队。中共路东工委决定成立中共佛冈县工作委员会。一区成立党总支（相当区级），设立中共二区委员会。

4月，英德、佛冈两地游击队被编为北江支队独立第一大队。并展开围攻湖洋村国民党兵站等多次战斗。

5月，成立二区白石乡抗日动员委员会。

7月1日，中共浛江县委在上四九菱塘村黄信明家里召开县委会议，学习中共七大文件。

7月5日，浛江区区长植镜棠和浛江地区反动头子黄康平率领国民党军警200多人，突袭中共浛江地区组织活动中心——四九中心小学。

7月，北江支队支队长邬强率领队伍到宝结岭活动，组织宝结岭民兵中队。

8月上旬，陈枫、李云等在上四九显沥祠堂集合队伍，宣布成立浛江人民抗日义勇大队，全大队100余人，编为2个中队。

8月15日，日本宣布投降。抗日战争胜利后，中共佛冈县工委委员相继离开佛冈，林西平到广州，李适存、宋业安回广州复学。

10月14日，国民党广州行辕派兵会同地方反动武装向浛江上四九地区连续多天"扫荡"，抓走中共党员黄化民、莫大光二人。

1946年

1月，中共江北地委批准建立中共从（化）滘（江）花（县）分委，在军事上成立从滘花支队，驻在二石水。

3月，中共英佛边组织负责人廖宣派朱继良为佛冈特派员。朱继良受命后整顿和领导中共佛冈二区地方组织，并在二区发展一批党员。

6月，东纵北江支队北撤山东，原东纵北江支队独立第一大队改组为鱼湾大队（后改称英佛民主先锋大队）。佛冈游击队的朱继良、李先士的队伍23人，分成李洁明、李汉槎、李奀3个分队进行活动。

7月，佛冈游击队配合新丰赖景勋部、邱振英手枪组夜袭遥田联防队。

9月，中共从滘花分委领导人陈枫、李云等奉命离开从滘区到香港，滘江地下党组织与上级组织一度中断联系。

11月，李先士部在英德白沙棋山坑被国民党和地方武装包围袭击。在突围战斗中，有5名同志壮烈牺牲。从此，李先士、李汉槎部归属英佛民主先锋大队领导。

下半年，佛冈武装队伍曾与赖景勋大队合并活动。

1947年

2月，佛冈游击队配合蓝田、李拔才部围捕烟岭课田村反动武装骨干李华滚、李发毡、李远区、李凤韶等。

3月，成立中共江北地工委，中共滘江地区组织和武装力量归中共江北地工委领导。

3月，根据中共广东区委的决定，成立中共瀚江地工委，佛冈北部地区归中共瀚江地工委领导。

5月，观音山民兵在李拔才部的支持下，处决恶霸地主李定滔，缴长、短枪4支。

夏，成立中共佛冈一区临时委员会，吸收宋振等人入党，建立中共石角支部。

8月17日，黄渠成组织30多名战士突袭国民党联升（四九）乡公所，缴获武器弹药一批，随后宣布成立清从佛人民义勇大队（后改为清从花佛人民义勇大队）。

是月，英佛民主先锋大队队长李拔才率领部队进驻宝结岭、观音山等地，建立和恢复民兵组织，先后成立8个基干民兵中队。同时，高岗成立统一战线委员会和农会，宣布实行"二五"减租。同期，大高洞村李洛组织约30人枪的队伍，礼溪村组织30多人枪的队伍，这两支队伍均属朱继良领导。

10月26日，中共佛冈一区临时区委在水头组织武装起义，起义队伍不费一枪一弹缴获水头乡自卫队全部武器，宣布成立清从佛人民义勇大队水头中队。同期，中共瀚江地工委为了协调新佛边的武装活动，决定成立新佛边区领导机关。

10月下旬，英佛民主先锋大队回到观音山高镇村整编，大队下辖天山中队、华山中队、中岳中队和宝结岭基干民兵中队。

10月底，中共新佛边区领导机关第一次会议在青竹钟魂家里召开，宣布成立佛冈人民抗征救命大队。

11月26日，敌军进犯宝结岭，基干民兵在中队长钟拔才指挥下抗敌。

11月，中共佛冈地下组织加强对国民党佛冈县党部书记长黄祥光的统战工作，通过秘密谈判，黄祥光表示不干涉水头地区的革命武装。

11月，中共瀚江地工委派叶竞、汤山带领武装小分队到佛冈协助整顿武装队伍，派刘少中到佛冈建立中共佛冈县委。县委决定整编部队，取消佛冈人民抗征救命大队番号，成立佛冈人民义勇大队；县委接收一区的党组织关系，集中统一全县党组织开展对敌斗争。

12月23日，清远保安连由连长李裕文带队向上四九地区"扫荡"，清从佛人民义勇大队在古楼山设伏，当场击毙李裕文。同日，英佛民主先锋大队的中岳、华山两个中队由唐乔率领进驻龙潭下、大坝村。敌获悉情报后向观音山地区进犯，根据地损失惨重。

1948年

1月25—26日，何德敷、范烈光集中二区联防队600多人，由何高罕带路向宝结岭进犯。宝结岭村男女老幼在基干民兵中队中队长钟拔才的指挥下奋起还击，击毙何高罕。

1月，佛冈人民义勇大队队长李适存带领范添小队协同英东突击大队渡过北江到达英西活动。于2月回到佛冈。

1月，英佛民主先锋大队攻打高冈（高岗）圩的联防队，在附近各村宣传共产党的有关政策，发动群众拥军，村民捐献稻谷100多石。

2月，陈镜文部与刘少中领导佛冈人民义勇大队一部联合攻打水头粮仓，开仓分粮，救济群众。

2月，清从佛人民义勇大队大队长黄渠成在四九地区发动群众，开展减租减息，发动群众参军。不久，清从佛人民义勇大队先后建立8个中队共800多人，游击根据地水头、黄花、四九、良安连成一片。

3月6日，中共佛冈一区石角支部发动东壁、诚迳（神迳）村的进步青年举行武装起义，宣布成立清从花佛人民义勇大队第九中队。

3月底，国民党军警在汤塘设立滃江"剿共"指挥所，派出1000多人向清从佛边区进行"扫荡"。清从花佛人民义勇大队的主力大鹏队和地方的川山队、飞鹰队在大白洞与敌遭遇，激战一天。接着，派往水头税站的同志在水头洞尾仔村被敌包围。由于部队活动困难，队伍减员较多，清从花佛人民义勇大队决定撤离滃江地区向从（化）龙（门）增（城）边区转移。

3月，清从花佛人民义勇大队编为江北支队第四团，同时宣布清从花佛边县委成立。罗光连任县委书记。

6月，中共佛冈县委安排朱继良在青竹地区发动群众开展减租减息、分田地，并成立青潭乡人民政府。

4月8日，国民党军一个连由水头潭洞偷袭荆竹园，遭佛冈人民义勇大队范添小队和当地民兵痛击。

4月，粤赣先遣支队司令部抽调突击大队二中队归佛冈人民义勇大队指挥，以二中队为基础组成泰山中队。中队100多人，武器配备较强，活动于观音山、诚迳和独凰山一带。

5月3日，江北支队四团由滃江地区转移到从化北部坪地村休整。第二天傍晚，被国民党从化县良口交警中队何作禧部包围，在突围中团长黄渠成、政治处主任林科等17位同志壮烈牺牲。

6月3日，江北支队四团在水头耀洞伏击国民党水头联防队，不幸被敌占据高地并进行反包围，牺牲和被俘的有吴新强等13位同志。

6月5日，中共佛冈县委决定，联合赖景勋大队、周辉大队、佛冈的泰山中队、华山中队及青竹民兵等攻打湖洋村联防队据点。次日，英新佛三县联防"剿共"主任朱公哲和范烈光、郑国庚等纠集佛冈二区各乡的联防队向青竹根据地进犯，被民兵发现及时还击，敌全线败退。

6月10日，国民党军和联防队向宝结岭"进剿"，全村民兵奋起抵抗，天山中队中队长叶名辉带领队伍由宝洞急行军来援，敌人慌忙撤退。

6月11日，国民党军疯狂报复，纠集1500多人的兵力，以炮火开路，进入宝结岭村烧杀抢掠，交通员钟卜虎被俘遇害。

6月12日，国民党军再次进攻宝结岭，并在周围山上构筑碉堡，派联防队驻守，企图封锁宝结岭根据地。是日，在刘少中的部署指挥下，泰山中队和华山中队组织精干小分队化装成国民党联防队，攻打驻石龙陈家祠的国民党联防队。

6月底，中共佛冈县委在下青洞开会，分析上半年敌人向游击区连续"扫荡"的情况及研究对策，决定组织武装工作队深入国统区开展群众工作。

7月，粤赣先遣支队领导邓楚白、黄桐华到青竹召开干部会议，决定留下泰山中队为主力驻守青竹，其他部队组成3个武工队开展工作。

7月，中共江北地委派黄信明回滆江地区整顿队伍，提高部队素质。

8月初，宝结岭基干民兵中队分别编入华山、天山、中岳三个中队。

8月中旬，汤塘联防队袭击江北支队四团定古石税站，被江北支队四团在苦竹迳茶亭伏击。

8月，由刘少中、江枫带领泰山中队到外县活动，3个武工队深入敌后活动。

8月，江北支队四团团长黄信明在汤塘龙头埔召开干部会议，调整武装力量，除黄积年带领主力中队外，组织武工队深入敌后活动，打击顽固势力，争取进步力量。派陈镜文为水头地区特派员，黄超然为武工队队长，活动于水头一带；冯康到诚迳组织南山武工队，到花县百步梯等地活动。

10月2日，国民党反动武装共1000多人，从水头、迳头向青竹地区进犯，妄图摧毁青竹根据地，遭到当地军民节节抗击，狼狈撤退。

10月，根据中共中央香港分局的决定，粤赣先遣支队改为广东人民解放军江北支队。

10月，江北支队四团在黄花独松脑阻击国民党军一个团的进犯。

11月，江北支队四团在黄花举行解放东北的祝捷大会。开会当天，从化、清远、佛冈三县敌人分成三路进攻黄花。江北支队四团在老人松山上伏击，敌人丢下掠夺财物逃命，江北支队把截获的财物发还群众。

冬，通过统战政策宣传教育，国民党水头地区联防队小队起义，一区联防队自动解散。

冬，黄花建立乡人民政府，陈新华任乡长。

冬，江北支队四团在湮二珊瑚地区活动时，在汤塘石门通往从化跌死马山径伏击路经此地的国民党正规军，毙敌副团长1名。

1949年

1月1日，中国人民解放军粤赣湘边纵队正式成立。17日，纵队决定广东人民解放军北江先遣支队改为中国人民解放军粤赣湘边纵队北江第一支队，下辖4个团和1个总队。

1月，成立中共新翁佛边区县委。

1月，成立中共英佛边区县委员会。

1月，中共新翁佛边区县委在新丰回龙合子召开会议，总结1948年反"扫荡"斗争的经验，提出发展新区、巩固老区、迎接解放全中国的胜利的号召。英佛边地区武装编入北一支二团领导。

2月15日，广东人民解放军江北支队改编为中国人民解放军粤赣湘边纵队东江第三支队，下辖4个团和1个独立营。江北支队四团改为东三支四团。

2月26日，在黄花宣布中国人民解放军粤赣湘边纵队东江第三支队第四团成立。

3月，清远驻滃江交警队和滃江联防队数百人，分三路向四九解放区进犯，遭到东三支四团在房仔、古楼山、欧坑一带阻击后败走。

4月9日，通过统战工作，朱如义、朱寿庵和迳头联防中队的朱世轰、朱如盘起义。

4月，中共英佛边区县委副书记、北一支二团团长陈培兴被委派负责佛冈工作，原中共新翁佛边区县委委员朱继良、李适存转为中共英佛边区县委委员。

4月，东三支三团和四团主力武装袭击从化陂下国民党粮仓，并在从化开展军事大巡行，后移师滃江四九地区，四九乡联防队土崩瓦解，纷纷逃离。至此，四九地区全境解放，并成立四九乡人民政府。

4月，北一支在迳头、高岗、三八、水头等部分地区组织军事大巡行。此后，一批地方反动武装开始土崩瓦解。

5月20日，北一支四团在三江黄竹坜和梅子坪附近设伏，击毙英新佛三县联防主任范烈光、佛冈县政府军事科科长范秀中。

5月22日，二区大陂乡联防大队队长郑国庚和副大队长何非非率部起义，迳头乡联防中队队长朱如铮也率部投诚。起义部队经过改编成立佛冈独立第五大队，下辖金星和火星两个连。

5月30日，北一支四团在佛冈党组织和武装力量的配合下，于挂牌径伏击国民党军，歼灭国民党九十一师二七二团一个营。

5月，北一支司令部、政治部由新丰移驻佛冈县迳头青竹。

6月24日，东三支司令员黄柏带领四团廖诗添中队、三团李观保中队奔袭从化良口圩，活捉杀害黄渠成和林科等人的从化县交警中队队长何作禧，从化驻良口的交警队队长李祯华率部投降。

6月，成立佛冈军事管制委员会，下设政权股、文教股、组织股，不久增设民政股、财粮股、军事股。

6月，各乡人民政权相继建立，计有迳头乡、白石乡、观石乡、大陂乡。

6月，东三支四团划归北江第一支队领导，编为北一支六团。

7月5日，浛二泰安乡乡长陈泽和与谭仲通率领乡自卫队人员与武器起义，改编为北一支六团抗征大队。

8月20日，北一支六团成立支前动员会（后改为迎军动员会），组织担架队、运输队、向导，进行支前准备。

8月，中共英佛边区县委在佛冈大陂觉民学校（佛冈军事管制委员会所在地）召开县委会议。

8月，水头武工队在北一支六团黄谷银中队的支持下，袭击驻在水头鹅厂的联防队，俘中队长李礼麻以下30多人，缴获其全部武器。

9月3日，北一支六团一举解放汤塘圩。

9月20日，中共浛江地方组织在围镇村召开军民大会，宣布成立中共浛江县委，书记黄信明；成立浛江县人民政府，黄信明任县长。

9月，北一支独立第五大队金星连、火星连到英德活动时，编入二团和主力五团，转战北江各地。

9月，二区民兵数百人向驻台山乡的国民党地方武装发起进攻，李启超交警队向英德逃遁，台山乡乡长林瑞生和何德敷丢下粮食物资向英德侧塘溃逃。高岗、社岗下、墩下宣告解放，建立台山乡人民政府。至此，二区全境解放。

10月6日，解放军南下工作先遣团李海涛、单德成、江柏良、祁秀扬、罗秀廷等到达汤塘，协助北一支六团成立滃江支前司令部。

10月6日，中共滃江地委派周辉到达佛冈二区检查支前工作，在大陂成立北江第一支队支前司令部，周辉任司令员，李适存任副司令员，动员二区群众组成支前民工大队，由朱兆熊带队赴翁源支前，随解放军南下支前服务。

10月10日，中国人民解放军一二七师到达佛冈县城，在佛冈县游击队和群众的配合下，包围驻守佛冈县城的国民党军三〇七团，经过激战，全歼该敌。

10月12日，佛冈全境解放。

10月14日，中共佛冈县委和佛冈县人民政府成立，周辉任县委书记兼县长。

《佛冈县革命老区发展史》的编纂工作按照中国老区建设促进会《关于编纂全国1599个革命老区县发展史的安排意见》和广东省老区建设促进会、广东省老区建设办公室《关于印发编纂〈革命老区发展史〉丛书有关文件的通知》以及中共清远市委办公室的部署，于2018年3月至2019年上半年进行。

《佛冈县革命老区发展史》编纂工作分为四个阶段开展。第一阶段为筹备工作阶段（2018年3月至5月）。在此阶段主要完成以下三项工作：（1）由佛冈县老区建设促进会（简称"县老促会"）向中共佛冈县委呈报《关于开展编纂〈革命老区县发展史〉工作有关问题的请示》，得到县委的批复同意。（2）组成编委会和编辑部。编委会主任董和平（县委书记），第一副主任余爱国（县委副书记、县长），副主任由县委常委李贤成、石尚明、王卓越、谭华军和县老促会会长李玉方担任，委员由县相关部门和镇领导担任。另设立指导协调小组，组长李玉方，副组长徐积琴（县老促会副会长），成员周都明（县老促会副会长兼秘书长）。编辑部由县老促会和县史志办人员组成，其中县史志办主任李协湖、廖镜洲任主编，另设副主编和编辑。（3）编制《佛冈县革命老区发展史篇目大纲》。根据中国老促会的编纂要求，结合佛冈的老区形成和发展的实际情况，编制《佛冈县革命老区发展史篇目大纲》。该篇目大纲包括前言、正文和后记3个部分，其中正文按革命老区史料分为5章共16节。第二阶段为编纂初稿阶段（2018年6月至9月）。在此阶段主要完成以下三项工作：（1）开展编纂业务培训。组织编辑部人员学习革命老区发展史的文件资料，提高思想认识和业务水平。（2）收集相关资料。编辑部分成5个工作组，分别收集相关资料，并指定总纂、录入、审校人员。（3）开展初稿编纂。由各工作组根据收集的资料编纂初稿，编辑部主编和总纂人员介入指导。第三阶段为送审修改阶段（2018年10月至2019年5月）。在此阶段主要完成以下两项工作：（1）完成送审稿并修改。对初稿进行审查修改后形成送审稿，先交由县编委会初审，再呈送市老促会审查。（2）修改定稿。由本书编委会挑选熟悉老区建设发展情况的前任县领导及相关单位的专业人士10人组成审读组，对本书文稿内容作全面审读。本书编辑部根据审读意见和省老促会《关于坚持高标准确保〈革命老区县发展史〉编纂质量的通知》进行补充修改，进一步完善内容和版式，由本书编委会呈报县委批准定稿。第四阶段为付印出版阶段。在此阶段主要工作是编辑部与出版和印刷单位联系协调，共同完成印刷出版工作。

通过以上四个阶段的编纂工作，佛冈县革命老区发展史编纂委员会按时按质完成中国老促会和省、市老促会交给的编纂出版任务。在此，谨向所有关心和支持本书编纂出版工作的单位和各方面人士致以衷心的感谢！让我们在革命老区精神的激励下，不忘初心、牢记使命、与时俱进，按照党的十九大指引的方向和目标团结奋进，谱写革命老区发展新篇章。

编辑部

2019年8月

广东人民出版社　党政精品图书

围绕中心，服务大局，做最具高度、深度和温度的主题出版物

中宣部主题出版重点出版物

《中华人民共和国通史》（七卷本）

· 全国第一部反映中华人民共和国70年光辉历程的多卷本通史性著作

· 中央党校、中央党史和文献研究院权威专家倾力打造

《账本里的中国》

一册册老账本，串起暖心回忆，讲述你我故事，体味民生变迁。

《全国革命老区县发展史丛书·广东卷》

· 挖掘广东120个革命地区的红色记忆

· 中国老区建设促进会牵头组织

《红色广东丛书》

· 广东省委宣传部重点主题出版物

· 传承红色基因，弘扬革命精神

本书配有智能阅读助手，为您1V1定制

《佛冈县革命老区发展史》阅读计划

帮助您实现"时间花得少，阅读体验好"的阅读目的

建 议 配 合 二 维 码 一 起 使 用 本 书

您可根据自己的学习需求，量身定制专属于您的阅读计划：

阅读服务方案	阅读时长指数	为您提供的资源类型	帮助您达到以下学习目的
1. 高效阅读	阅读频次 较低　每次时长 较短　总共耗费时长 ▮	总结类	快速学习和掌握红色精神。
2. 轻松阅读	阅读频次 较多　每次时长 适中　总共耗费时长 ▮▮	基础类	简单了解革命老区的历史。
3. 深度阅读	阅读频次 较高　每次时长 较长　总共耗费时长 ▮▮▮	拓展类	继承和发扬红色精神，推动老区发展。

针对您选择的阅读计划，您可以享受以下权益：

立刻获得的主要权益

▶ **专享本书社群服务：** 提供创造价值与私密的深度共读服务，群内分享阅读干货，发起话题探讨

▶ **1套阅读工具：** 辅助您高效阅读本书，终身拥有

每周获得的主要权益

▶ **专属热点资讯：** 16周社科文学类资讯推送，每周2次

▶ **精选好书推荐：** 16周文学社科热门好书推荐，每周1次

长期获得的主要权益

▶ **线下读书活动推荐：** 精选活动，扩充知识开拓视野
不少于1次

▶ **抢兑礼品：** 免费抽取实物大礼
不少于2次限时抽类

微信扫码
添加智能阅读助手

只需三步，获取以上所有权益：

1. 微信扫描二维码；
2. 添加智能阅读助手；
3. 获取本书权益，提高读书效率。

❶ 鉴于版本更新，部分文字和界面可能会有细微调整，敬请包涵。